Anton Brehm

Medienpädagogik und Medienpraxis für soziale Berufe

Lehr- und Arbeitsbuch

Band 1

Lambertus

Anton Brehm

Medienpädagogik und Medienpraxis für soziale Berufe

Lehr- und Arbeitsbuch

Band 1

Lambertus

ISBN 3-7841-1545-4

Alle Rechte vorbehalten
© 2004, Lambertus-Verlag, Freiburg im Breisgau
Umschlag, Gestaltung und Illustrationen: Ursi Anna Aeschbacher, Biel-Bienne
Herstellung: Franz X. Stückle, Druck und Verlag, Ettenheim

Bibliografische Information Der Deutschen Bibliothek

Die Deutsche Bibliothek verzeichnet diese Publikation in der Deutschen Nationalbibliografie; detaillierte bibliografische Daten sind im Internet über http://dnb.ddb. de abrufbar.

Inhalt

	Einführung in das Lehrbuch	**11**
	Aufbau des Buches	13
1.	**Medienbiografie und Mediennutzung**	**15**
1.1	Meine eigene Mediengeschichte	17
1.1.1	Fragen zur eigenen Mediengeschichte	22
1.1.2	Erhebung der Mediengeschichte von Kindern und Jugendlichen	24
1.1.3	Medienerlebnis eines Siebenjährigen	24
1.2	Mediennutzung von Kindern (6 bis 13 Jahre)	27
1.3	Medienverhalten Jugendlicher in Deutschland (12- bis 19-Jährige)	29
1.4	Mediennutzung, Freizeit- und Themeninteressen der ab 50-Jährigen	42
1.5	Mediennutzung im digitalen Zeitalter (Rückblick/Zukunft)	45
2.	**Theoretische und praktische Fragen der Medienpädagogik**	**49**
2.1	Von der „Bewahrpädagogik" zur themengeleiteten Rezeption der Medien	51
2.1.1	Bewahrpädagogische Autoren	51
2.1.2	Die themengeleitete Rezeption	54
2.2	Medienkompetenz	60
2.3	Wahrheit und Wirklichkeit in den Medien	62
2.3.1	Was kann man den Medien „glauben"?	62
2.3.2	Unterrichtspraktische Anregungen	67
2.4	Wahrnehmung der Medien durch Kinder und Jugendliche	69
2.4.1	Entwicklungspsychologische Phasen während der Kindheit	69
2.4.2	Medienwahrnehmung von Jungen und Mädchen	72

2.5	Wirkung von Medien: Beispiel „Gewalt"	74
3.	**Printmedien für Kinder, Jugendliche und alte Menschen**	**83**
3.1	Das Märchen	85
3.1.1	Märchenarten: Volksmärchen und Kunstmärchen	85
3.1.2	Besonderheiten des Volksmärchens	89
3.1.3	Das Kunstmärchen	129
3.2	Das Bilderbuch	142
3.2.1	Kennzeichnung des Bilderbuches	142
3.2.2	Kategorien/Themenkreise des Bilderbuchs	145
3.2.3	Pädagogische Bedeutung des Bilderbuches	161
3.2.4	Methodische Grundsätze bei der Bilderbuchbetrachtung	163
3.2.5	Bilderbuch-Projekte	166
3.2.6	Beurteilung von Bilderbüchern	167
3.3	Das Kinderbuch	175
3.3.1	Bereiche der erzählenden Kinderliteratur	175
3.3.2	Kennzeichen eines guten Kinder- und Jugendbuches	177
3.3.3	Beispiele pädagogisch wertvoller Kinderbücher „Ben liebt Anna", „Ronja Räubertochter", „Konrad oder Das Kind aus der Konservenbüchse"	180
3.3.4	Wie kann ich Kinder zum Lesen motivieren?	200
3.4	Kinder- und Jugendzeitschriften	205
3.4.1	Typen von Kinder- und Jugendzeitschriften	205
3.4.2	Die Jugendzeitschrift „BRAVO"	207
3.5	Das Jugendbuch	213
3.5.1	Bereiche der erzählenden Jugendliteratur	214
3.5.2	Beispiel „Ilse Janda, 14 oder Die Ilse ist weg"	216

3.5.3	„Sonntagskind"	222
3.6	Jung und Alt: Generationen im Dialog	228

Anhang 231

Wo ist welches Märchen interpretiert? 233

Märcheninterpretationen 234

Der Autor 253

Einführung in das Lehrbuch

Kinder und Jugendliche wachsen in einer Welt auf, die immer mehr von Medien beeinflusst wird. Auch alte Menschen können sich dem Medienzeitalter nicht mehr entziehen. Ein ganzes Medienensemble gehört selbstverständlich zum Alltag heutiger junger und alter Menschen. Sie verbringen einen großen Teil ihrer Freizeit mit Medien. Medienbesitz und Mediennutzung prägen ihr Weltbild, ihre Wertvorstellungen und ihre sozialen Beziehungen.

Die Mitarbeiter in sozialen Einrichtungen sehen zunehmend die Notwendigkeit, sich mit dieser Medienwelt auseinander zu setzen. Sie brauchen medienpädagogische Kompetenzen, um so angemessen und qualifiziert auf die Fragen ihrer „Klienten" eingehen zu können.

Das vorliegende Lehr- und Arbeitsbuch gibt eine Einführung in die Medienpädagogik für die speziellen Anforderungen und Bedürfnisse von Mitarbeiter(inne)n in sozialen Berufen. Es ist nicht nur für den Bereich der Kleinkindpädagogik konzipiert, sondern auch für die Jugend- und Heimerziehung, Heilerziehungspflege und Altenpflege. Es richtet sich aber auch an Lehrer/-innen allgemeinbildender Schulen in der Grund-, Haupt- und Realschule.

Das Buch ist entstanden aus über 30-jährigen Erfahrungen im Unterricht und in allen Fachschulen der Sozialpädagogik am Institut für soziale Berufe Ravensburg sowie in Seminaren der Erwachsenbildung.

Aufbau des Buches

Das Buch ist so aufgebaut, dass die Unterrichtsvorbereitung entlang der Themen möglich ist. Unterrichtspraktische Anmerkungen, Wiederholungsfragen und Anwendungsaufgaben vertiefen die Inhalte und ermöglichen eine Übertragung in die Praxis.

Band 1 gibt eine **Einführung** in die

- Medienbiografie und Mediennutzung von Kindern, Jugendlichen und erwachsenen Menschen;
- theoretischen und praktischen Fragen der Medienpädagogik.

Im **Hauptteil** werden die **Printmedien** für Kinder, Jugendliche und alte Menschen vorgestellt: Märchen, Bilderbücher, Kinder- und Jugendbücher und Kinder- und Jugendzeitschriften. Geschichten zu diesen literarischen Gattungen werden beispielhaft ausgewählt.

Band 2 wird die **audiovisuellen Medien** behandeln (Fernsehen, Computer[spiele]), Internet, Jugendmedienschutz, „Religion" in Filmen, ethische Fragen der Medienpädagogik, medienpädagogische Elternarbeit, aktive Medienarbeit: Fotografieren, ein Video/Hörspiel erstellen etc.).

Herausgeber und Autor hoffen, dass Dozent(inn)en, Studierende und Mitarbeiter/-innen in sozialen Berufen an diesem Lehr- und Arbeitsbuch viel Freude haben werden und vor allem, dass es sie erfolgreich in der Arbeit unterstützt.

Herzlichen Dank sei an Herrn Theodor Thesing gesagt, dem Direktor des Instituts für soziale Berufe Ravensburg, der dieses Buch angeregt hat.

Anton Brehm, Dipl. Pädagoge und Medienreferent

1. Medienbiografie und Mediennutzung

1.1 Meine eigene Mediengeschichte

Warum nutzen bestimmte Menschen ein Handy, andere dagegen nicht? Warum begeistern sich die einen für Talkshows, während dies andere völlig kalt lässt? Warum gehen bestimmte Menschen ins Kino, während andere lieber auf Konzerte gehen? Warum sehen sich manche so gerne Fernsehserien an? Warum soll ich mich mit meiner eigenen Mediengeschichte befassen? In Mediengesprächen kann auf der Grundlage der eigenen Mediengeschichte erörtert werden, welche Faktoren das Medienverhalten des Einzelnen beeinflussen: der Charakter und/oder das soziale Umfeld. Mediengespräche geben Einblicke in einen ganz persönlichen Medienkosmos, aus dem heraus die individuelle Mediennutzung, die Einstellung zu bestimmten Medien sichtbar werden. Das Nachdenken

über die eigene Mediengeschichte hilft ferner, das aktuelle Medienverhalten von Kindern und Jugendlichen besser zu verstehen (siehe Kap. 1.6) und dabei insbesondere ihre tieferen Bedürfnisse für die Mediennutzung.
Medien haben folgende Funktionen:

Information:
- Orientierung: „wissen was los ist";
- praktische Fragen lösen: zum Beispiel Fahrplan;
- Entscheidungen treffen: zum Beispiel Verbrauchertests;
- Neugier, allgemeines Interesse.

Identität:
- Bestärkung der eigenen Werthaltungen;
- Selbstfindung, zum Beispiel durch Idole, Vorbilder.

Soziale Integration:
- Der gemütliche Fersehabend mit der Familie;
- Prestige: ein Handy (wie die anderen) besitzen;
- zeigen können, was man alles mit dem PC kann;
- Abgrenzung, Opposition der Jugendlichen gegenüber den Medienvorlieben der Eltern.

Interaktion:
- Gesprächsanlass, Knüpfen von Kontakten;
- Gemeinsamkeit, Wahlnachbarschaft.

Unterhaltung:
- Ablenkung, Zerstreuung;
- ästhetischer Genuss;
- Beeinflussen der Stimmung (emotionale Regulation), zum Beispiel schnelle Musik, um morgens munter zu werden.

Kompensation:
- Realitätsflucht;
- Ersatz für nicht auslebbare Bedürfnisse.

Ausdruck:
- körperlicher Ausdruck;
- Erleben starker Gefühle, zum Beispiel in der Musik.

Zeit:
- Gliederung des Tagesablaufs: morgens die Tageszeitung lesen, abends die Fernsehnachrichten sehen, Sonntagabend den Krimi sehen.

Die Fragestellung in der gegenwärtigen Medienpädagogik lautet nämlich nicht mehr: „Was machen die Medien mit den Rezipient(inn)en?" sondern: „Was machen die Rezipient(inn)en mit den Medien?" und vor allem: „Was und warum machen sie es?" Die eindimensionale Wirkung der Medien nach dem Stimulus-Response-Modell der Lernpsychologie (Behaviorismus) wird heute von keinem ersthaften Medienpädagogen mehr vertreten.

Kinder im Alter von drei bis circa sechs Jahren stellen zum Beispiel Fragen nach Gut und Böse, Groß gegen Klein. Die Frage nach Recht und Unrecht und das Erleben der Macht der Erwachsenen und der eigenen Ohnmacht sind zum Beispiel wichtige Themen für Kinder. In vielen gegenwärtigen Serien wie zum Beispiel Pokémon, Digimon, Dragon Ball Z, Power Rangers … sind diese beiden Gegensätze auch die dramaturgischen Hauptantriebskräfte. Sie bieten Kindern eine Ansatzfläche, diese existenziellen Fragen zu bearbeiten, auch wenn einige dieser Serien „Ecken und Kanten" haben.

Der gegenwärtige Standpunkt der rezipientenorientierten Medienpädagogik kann wie folgt zusammengefasst werden:
Die Aneignung der Inhalte und der Medien ist eingebettet in die Alltagserfahrungen des jeweiligen Kindes. Die Erfahrungen in der Familie, die Art und Weise, wie Konflikte gelöst werden, spielen eine große Rolle. Wie Mediengewalt aufgenommen und von Kindern verarbeitet wird, hängt sehr davon ab, wie Eltern und Geschwister streiten und verhandeln. Menschen geben mit ihrem Vorbild wichtige Impulse zur Persönlichkeitsentwicklung. Nur vollzieht sich dies heute in ständiger Interaktion mit Medienfiguren, die von den Erwachsenen oft als Konkurrenz empfunden werden. Die Medien sind hierbei aber ein wichtiges Bezugssystem für Kinder, das zwischen ihrer Innen- und Außenwelt vermitteln kann.

Auch bei **Dreizehn- bis Zwanzigjährigen** stehen die Medienthemen im Zusammenhang mit den Lebensthemen der Jugendlichen. Barthelmes (2001) fand in einer Längsschnittuntersuchung heraus, dass die Lieblingsfilme dieser Altersgruppe immer mit ihrer persönlichen Situation zu tun haben. Die Inhalte dieser Lieblingsfilme sind ein Schlüssel zur Situation der Jugendlichen. Wichtige Themen sind Männer- und Frauenbilder sowie die Verlässlichkeit von Beziehungen. Das Ziel ist nicht die Nachahmung der Stars, sondern die Suche nach der eigenen Persönlichkeit. Jugendliche finden neue Aspekte „ihres" Themas in den Filmen und entwickeln sich mit diesen weiter. Medien sind damit ein Spiegel für das eigene Selbst.

Der **Zusammenhang von Lebens- und Medienthemen bei Jugendlichen** soll an der folgenden Zusammenstellung von Barthelmes (2001) verdeutlicht werden:

Alter/Lebensthemen	Medienthemen/Entwicklungen
13 bis 14 Jahre	
Abgrenzung gegenüber einer (oft als dominant erlebten) Mutter bei gleichzeitiger Abwesenheit des Vaters	Action- und Abenteuerfilme, Karatefilme, Kickboxfilme
	Thema: Macht und Ohnmacht; Stärke und Schwäche
Veränderung und Vertiefung der Beziehung zu den Eltern	Beziehungsfilme, Melodramen, Serien (Familienserien)
Suche nach dem Vater	Action- und Abenteuerfilme
Freundschaftsbeziehungen (Gleichaltrigengruppen; „beste Freundin", „bester Freund")	Beziehungsfilme, Melodramen, Tanzfilme („Dirty Dancing", „Pretty Woman", „Grüne Tomaten") (Ablehnung von exklusiven Erotik- und Sexfilmen; das Thema Sexualität ist persönlich zu nah, als dass in Medien nach Antworten gesucht wird; hier eher Lesen der Zeitschrift Bravo)
Arbeit am Selbstbild (Frauen- und Männerbilder)	
	Beziehungsfilme, Abenteuer, Action, Horrorfilme („Es", „Friedhof der Kuscheltiere")
	Thema: Angst vor der Zukunft oder: Von einem, der auszog, das Fürchten zu lernen
	Komödien („Nackte Kanone", „Der Prinz von Zamunda", „Otto"-Filme)
	Thema: Lebensbewältigung mittels Spaß, Spaß am Leben
15 bis 16 Jahre	
Schule, Ausbildung, Beruf, Lebensbewältigung	Zunehmende Vorliebe für Problemfilme, ernsthafte Filme („Schindlers Liste", „Philadelphia")
Beziehungen zu den Eltern, Konflikte mit den Eltern, Zeit der „massiven" Abgrenzung (sich die Eltern anders wünschen)	Horrorfilme („Es", „Misery", „Friedhof der Kuscheltiere") (Das Normale, das angeblich Gute, ist nicht sicher; das Böse kommt immer freundlich)
Trennung/Scheidung der Eltern (sich die Eltern zusammen wünschen)	Beziehungsfilme, Melodramen, Beziehungsthriller („Eine verhängnisvolle Affäre", „Der Feind in meinem Bett")
Suche nach dem Vater	Abenteuer und Sciencefiction („Krieg der Sterne", „Indiana Jones")
Freundschaftsbeziehungen, erotisch-sexuelle Erfahrungen	Das Thema ist persönlich zu nah, da jetzt intensive persönliche Erfahrungen gemacht werden; wenig Suche in Spielfilmen, eher in Serien wie „Gute Zeiten, schlechte Zeiten"

Alter/Lebensthemen	Medienthemen/Entwicklungen
19 bis 20 Jahre	
Volljährig sein, erwachsen sein, sich durchsetzen, das Leben bestehen Schule, Abschluss, Beruf, Job Freundschaftsbeziehungen, Partnerbeziehungen/Paarbeziehungen Herausbildung eines persönlichen/individuellen Medienumgangs	Thriller, Sciencefiction, Mystery („Outer Limits", „Millennium") Zunehmendes Interesse an Pornofilmen Fernsehen verliert insgesamt an Bedeutung Verstärkte Teilnahme an kulturellen Szenen; wichtig: gemeinsame Zeit miteinander als Paar; dabei spielt vor allem die Musik eine Rolle; Fernsehen wird dann wieder wichtig, wenn das Paar zusammenzieht und berufstätig ist Auf der Grundlage medienbiographischer Erfahrungen der Herkunftsfamilie: Interessen, Vorlieben und Gewohnheiten

Quelle, Literatur

Barthelmes, Jürgen: Funktionen von Medien im Prozess des Heranwachsens. In: Media Perspektiven, Heft 2/2001, S. 87. Hrsg.: Arbeitsgemeinschaft der ARD-Werbegesellschaften. Frankfurt a.M.

Kohm, Roland: Medienbiographie und Mediensozialisation. Leben mit Medien. In: perfo 1/2002, S. 4. Hrsg.: Evangelisches Medienhaus – Medienzentrale – Augustenstrasse 124, 70197 Stuttgart

1.1.1 Fragen zur eigenen Mediengeschichte

Fragebögen

Daten zur persönlichen Mediengeschichte
1. Was war mein erstes Filmerlebnis?   • Welches war mein erster Kino-Film? Wann war das?   • Wo habe ich meinen ersten Film gesehen und was verbinde ich für Erinnerungen damit (Kino, Gasthaus, Kirche, Gemeindesaal)?
2. Welche Meiden gab es zu meiner Kindheit zu Hause (Zeitung, Radio, Fernseher, Tonbandgerät, Plattenspieler usw.)?
3. Gab es zu Hause ein Telefon? Wie wurde damit umgegangen?
4. An welche Radiosendungen aus meiner Kinder- und Jugendzeit erinnere ich mich?   • In welchem Umfeld wurde Radio gehört?   • Was waren meine Lieblings-Schallplatten, CDs, Lieblings-Hits, Lieblings-Stars?
5. Wann wurde zu Hause ein Fernseher angeschafft und wo wurde er aufgestellt?   • War es schon ein Farbfernseher? Wann ersetzte er das sw-Gerät?   • Erinnere ich mich an meine erste Fernsehsendung?
6. Gab es zu Hause bestimmte Gewohnheiten der Mediennutzung (bestimmte Rituale, Regeln, Einschränkungen, Verbote, Belohnungen usw.)?

Gegenwärtige Mediennutzung
1. Welche Medien habe ich zu Hause verfügbar, und welche nutze ich regelmäßig? Welche nutze ich nie oder nur selten?
2. Wo stehen mein Fernseher, mein Computer, mein Radio heute?
3. Wie viele Fernsehprogramme kann ich empfangen? Welche nutze ich?
4. Welche Lieblingssendungen habe ich in Fernsehen und Radio?
5. Wann war ich zuletzt im Kino? In welchem Film?
6. Wieviel Zeit verbringe ich durchschnittlich am Tag mit Medien (einschließlich Zeitungen, Telefon, Autoradio und PC)?
7. Welche Medien lehne ich für mich prinzipiell ab?
8. Wenn ich auf einer einsamen Insel wäre und könnte nur ein „Medium" mitnehmen – welches würde ich auswählen?

Kleine Statistik der Mediennutzung					
Nutzung	sehr häufig	häufig	ab und zu	selten	nie
Zeitungen lesen					
Zeitschriften/ Illustrierte lesen					
Bücher lesen					
Fernsehen					
Videokassetten ansehen					
Radio hören					
Schallplatten/CD/ Kassetten hören					
Ins Kino gehen					
Telefonieren					
Am Computer arbeiten					
Computer-/Video- spiele spielen					
Surfen im Internet					
Fotografieren					
Filmen					

Geräteausstellung			
Gerät	Anzahl	Gerät	Anzahl
Fernsehgerät		CD-Player/DVD-Player/ MP3-Player/DAT-Recorder	
Mini-Fernseher/Watchman		Videorecorder	
Radio (einschließlich Kofferradio, Radiowecker etc.)		Stereoanlage (kompakt)	
Autoradio		Telefon/Handy	
Plattenspieler		Telefax	
Kassettenrecorder (auch mobile)		Videokamera, Camcorder	
Walkman		Fotoapparat (herkömmlich/ digital)	
Personal-Computer		?	

1.1.2 Erhebung der Mediengeschichte von Kindern und Jugendlichen

Bei **Kindern im Alter von drei bis 13 Jahren** empfiehlt es sich, sie Bilder ihrer Lieblingshelden malen zu lassen und (ohne Namensnennung) aufzuschreiben, warum sie diesen Helden, diese Heldin so „gut" finden. („Wer ist dein Lieblingsheld, deine Lieblingsheldin in Geschichten, Bilderbüchern, Kinderbüchern, Kinder- und Jugendzeitschriften, Fernseh- und Kinofilmen, Computerspielen …?")

Ferner sind *Collagen* sehr hilfreich, um die Lieblingssendungen der Kinder- und Jugendlichen herauszufinden (zum Beispiel aus Fernsehzeitschriften die Lieblingssendungen herausschneiden und in einen symbolischen Fernsehbildschirm aus Karton einkleben lassen).

Jugendliche können zum Beispiel mit folgenden Fragen zu ihren Medienvorlieben interviewt werden oder sich gegenseitig interviewen (auf Video oder Kassettenrecorder aufnehmen, Brief schreiben lassen, Homepage erstellen …): „Was sind für mich oder dich Vorbilder? Mein Traummann beziehungsweise meine Traumfrau? Ist für mich ein Happy-End notwendig? So ein Film, was bringt mir der? Was mögen Jungs, was finden Mädchen gut?"

Quelle, Literatur

Brehm, Anton: Kinder und ihre Fernsehhelden. Elternabendmodell. Hrsg.: Fachstelle Medien, Sonnenbergstrasse 15, 70184 Stuttgart (o.J.)
Kramer, Carla: Kinder und ihre Medienbiografie. Elternabendmodell. Hrsg.: Fachstelle Medien, a.a.O.
Rogge, Jan-Uwe: Umgang mit dem Fernsehen. Kap. 1: An den Medien kommt keiner vorbei – Wie Erwachsene mit dem Fernsehen umgehen. Luchterhand 1996 (praktische Vorschläge für den Unterricht)

1.1.3 Medienerlebnis eines Siebenjährigen

Die Lehrerin van den Hövel (1991) ließ im Kontext des Deutschunterrichts ihre Kinder Wochenbilder malen und selber kommentieren. Es geht um ein Medienerlebnis des 7-jährigen Andreas. Die Lehrerin meint, dass Andreas Zeichnung das „Bild", das man sich von ihm machte, scheinbar bestätigte. Vor allem aber schien es ein Verhalten zu erklären, das nicht nur an diesem Tag fast den gesamten Unterricht begleitete. „Andreas war nicht zu bändigen, redete dauernd dazwischen, schon im Erzählkreis (mit dem der Unterricht beginnt) war er unkonzentriert, störte die anderen Kinder. „Bewaffnet", wie es die Lehrerin nannte, mit *He-Man* und *Skeletor* lenkte er seine Freunde vom Zuhören ab, erschreckte erfolgreich ein Mädchen, das neben ihm saß, indem er bei einer Figur die Augen herausfahren ließ.

Sein Bild zeigt Folgendes: In der linken, unteren Bildhälfte ist ein Fernsehapparat zu sehen, der Funken sprüht (so der Kommentar von Andreas). In der unteren Bildmitte sind ein Bett, eine Katze, eine Safttüte, Kekse, Blumen, ein Kind zu sehen. Rechts im Bild ist unübersehbar mit dicken

Strichen etwas durchgestrichen. Große Aufregung bei den Erwachsenen: Andreas hat zu viel ferngesehen – das ganze Wochenende, wie er stolz erzählt. Auch He-Man-Filme, zumindest brüstet sich Andreas damit. Offensichtlich haben diese Filme Andreas jedoch geängstigt: Der von ihm gemalte Fernsehapparat sprüht Funken, er explodiert – eine Symbolik, ein Zeichen dafür, so die Interpretation der Lehrerin, dass Andreas Angst hatte, dass ihn die Filme mit der darin gezeigten Brutalität und Aggression und den Kampfhandlungen überfordern.

Andreas befand sich tatsächlich in Not. Es waren aber nicht in erster Linie die Inhalte der gesehenen Filme, die ihn in Angst und Schrecken versetzt hatten, sondern etwas anderes. Andreas war zwei Tage und eine Nacht allein zu Hause gewesen – das hatte er später unter sein Bild geschrieben. „Gut versorgt" mit Keksen und Saft, zur Gesellschaft hatte er seine Katze und den Fernsehapparat! Das Alleinsein war es, was ihn ängstigte und ihn in eine existenzielle Notsituation versetzt hatte. Andreas hat dies ganz sensibel zum Ausdruck gebracht. Die Symbolik des Funkensprühens, Brennens, die er dem Fernsehapparat zugeordnet hat, ist, weiß man um die Begleitumstände, eine Symbolik für die Ausweglosigkeit seines Wochenendes: Keiner war für ihn da, keiner hat mit ihm geredet. Kein Fernsehfilm ist in der Lage, das Gespräch und Zusammensein mit Eltern oder Freunden zu ersetzen. Das Problem dieses Kindes ist weitaus mehr als ein zweifelsohne vorhandener hoher Fernsehkonsum, der noch dazu Horror-, Gewalt- und Action-Filme einschließt. Andreas ist deutlich überfordert, vielleicht sogar die Mutter, die nicht in der Lage war, ihren siebenjährigen Sohn an diesem Wochenende gut zu vorsorgen (wie sich später herausstellte, musste sie arbeiten, hatte aber niemanden gefunden, der ihren Sohn betreuen konnte).

Quelle, Literatur

Barthelmes, Jürgen/Sander, Ekkehard: Erst die Freunde, dann die Medien. Medien als Begleiter in Pubertät und Adoleszenz. Deutsches Jugendinstitut München 2001

Hövel van den, Martina: Wenn Kinder mit He-Man und Barbie spielen. In: Aufenanger, Stefan (Hrsg.): Neue Medien – Neue Pädagogik. Bundeszentrale für politische Bildung, Bonn 1991

Neuss, Norbert: Symbolische Verarbeitung von Fernseherlebnissen in Kinderzeichnungen. KoPäd Verlag München 1999

Rogge, Jan-Uwe: Kinder können fernsehen. Rowohlt Reinbeck 2001 (2. Aufl.)

1.2 Mediennutzung von Kindern (6 bis 13 Jahre)

Die Studie **Kinder und Medien 2002** (KIM 2002), zusammengefasst von Feierabend/Klingler (2002) brachte folgende Ergebnisse:

Medienausstattung
- Es sind deutliche Zuwächse bei Handys, Computer und Internet zu verzeichnen.
- Das Einkommen spielt bei der Medienausstattung teilweise eine Rolle.
- Im Osten besitzt jedes zweite Kind ein eigenes TV-Gerät, im Westen jedes dritte.
- Auch der Medienbesitz hängt zum Teil vom sozio-ökonomischen Status ab.

Freizeitaktivitäten
- Fernsehen ist die häufigste Aktivität außerhalb der Schule.
- Kinder spielen am liebsten draußen und treffen sich mit Freunden.
- Vor allem Computer- und TV-Nutzung steigern sich mit dem Alter der Kinder.

Medienbindung
- Das Fernsehen hat die höchste Bindung bei Kindern.
- Drei Viertel der Sechs- bis 13-Jährigen wollen dieses Medium am wenigsten missen.

Computernutzung
- Es ist ein leichter Zuwachs bei der PC-Nutzung in allen Altersgruppen zu verzeichnen.
- Kinder nutzen den PC vor allem zu Hause, gefolgt von der Schule.
- Die Eltern bleiben die ersten Kompetenzvermittler für den Umgang mit dem Computer.
- Der PC wird vornehmlich nachmittags und auch abends genutzt.
- Computerspiele und Lernprogramme sind die häufigsten Anwendungen.
- Die Kontrolle der Eltern nimmt mit zunehmendem Alter der Kinder ab.

Computerspiele
- Kinder bekommen Computerspiele überwiegend von Erwachsenen beziehungsweise Eltern geschenkt.
- Strategie- und Simulationsspiele rangieren in der Gunst der Kinder vor den Actionspielen.
- Jungen beschäftigen sich häufiger und länger mit Computerspielen als Mädchen.

Internet
- Gut die Hälfte der kindlichen PC-Nutzer verfügt über Interneterfahrungen.
- Vor allem Kinder ab zehn Jahren sind interneterfahren.
- Bei mehr als 50 Prozent der onlinenutzenden Kindern gehört Internet noch nicht zum Alltag.
- Auch das Internet wird hauptsächlich zu Hause genutzt.
- Ein Drittel der Kinder surft meistens alleine im Internet.
- E-Mails und Informationssuche sind die häufigsten Anwendungen.
- Anregungen zur Internetnutzung stammen von Freunden und Eltern.
- 43% der Kinder haben Internetseiten von TV-Sendungen schon einmal besucht.
- Der Internetauftritt des KI.KA ist am bekanntesten, gefolgt von toggo.de (Super RTL).

Praktische Medienkompetenz
- Kinder sind kaum mit den Produktionsbedingungen der Medien vertraut.
- Kinder zeigen Interesse, selbst Medienbeiträge zu produzieren.

Medienaktivitäten in der Familie
- Es herrscht eine partnerschaftliche Beziehung zwischen Kindern und Eltern bei der Fernseh- und Videonutzung.
- Vier von zehn Kindern nutzen Computerspiele alleine.
- Die gemeinsame PC- und Internetnutzung mit Eltern steigt mit dem Alter der Kinder an.

Fazit

- Massenmedien gehören zum Alltag der Kinder.
- Die starke Position des Fernsehens ist ungebrochen.
- Die Familie bleibt die wichtigste Instanz zur Vermittlung von Medienkompetenz.

Quelle, Literatur

Feierabend, Sabine/Klingler, Walter: Kinder und Medien 2002. In: Media Perspektiven, Heft 6/2003, S. 278ff.. Hrsg.: Arbeitsgemeinschaft ARD-Werbegesellschaften Frankfurt a.M. (Inzwischen ist die KIM-Studie 2003 erschienen. Silke Feierabend u.a. In: Media Perspektiven, Heft 4/2004, S. 151ff. a.a.O.)

1.3 Medienverhalten Jugendlicher in Deutschland (12- bis 19-Jährige)

Fünf Jahre **JIM-Studie Jugend**, Information (Multi-)Media von 1998 bis 2002 von Feierabend/Klingler (2003) brachten folgende Ergebnisse:

Themeninteressen

Freundschaft und Musik interessieren Jugendliche am meisten

Von größtem Interesse für Jugendliche waren im Jahr 2002 der Bereich Freundschaft (97%) sowie das Themengebiet Musik (88%). Auch die Themen Liebe und Partnerschaft (77%), Ausbildung und Beruf (75%), Sport (72%) und Mode/Kleidung (64%) erfreuten sich großer Beliebtheit. Als wichtig empfand mehr als die Hälfte der Befragten die Bereiche Kino/Filme, Musikstars/Bands, Internet, Computer (ohne Spiele/Internet), Gesundheit/Medizin und Reisen. Das geringste Interesse brachten die Jugendlichen den Bereichen Wirtschaft und Politik entgegen.

Geschlechts- und altersspezifische Schwerpunkte

Geschlechtsspezifische Interessengebiete traten im Jahr 2002 erneut nach den bekannten Mustern auf. Von Mädchen und jungen Frauen wurden häufiger die Themenfelder Liebe und Partnerschaft, Mode, Reisen, Gesundheit und Kunst/Kultur als besonders interessant bewertet; bei Jungen und jungen Männern stießen die Bereiche Sport, Technik, Auto, Computer und Computerspiele auf überdurchschnittliches Interesse.

Dabei stehen die Themeninteressen in engem Zusammenhang mit dem Alter der befragten Jugendlichen. Stars aus Film, Fernsehen und der Musikbranche, die Bereiche Computer und Computerspiele, aber auch Kino/Filme, Sport und Umwelt(schutz) verlieren mit zunehmendem Alter der Jugendlichen an Bedeutung. Steigendes Interesse artikulieren die älteren Befragten für die Bereiche Ausbildung/Beruf (12 bis 13 Jahre: 60%, 18 bis 19 Jahre: 86%), Liebe/Partnerschaft (12 bis 13 Jahre: 57%, 18 bis 19 Jahre: 89%), Autos (12 bis 13 Jahre: 57%, 18 bis 19 Jahre: 47%) und Bundespolitik (12 bis 13 Jahre: 10%, 18 bis 19 Jahre: 21%). Freundschaft, Internet, Musik, Kunst/Kultur und Mode/Kleidung sind altersneutrale Themenfelder.

Thema Ausbildung/Beruf hat bei Jugendlichen an Bedeutung gewonnen

Der Vergleich zum Jahr 1998 macht deutlich, dass sich an der Rangfolge der Themenbereiche wenig verändert hat. An Bedeutung gewonnen haben vor allem Fragen rund um das Thema Ausbildung/Beruf, wohl auch ein Abbild der sich weiter zuspitzenden Ausbildungssituation Jugendlicher und generell der Entwicklung auf dem Arbeitsmarkt. Ebenfalls leicht angestiegen ist das Interesse an Themenfeldern Liebe/Partnerschaft, Freundschaft, Schule und Mode/Kleidung. Darüber hinaus scheinen sich auch mehr Jugendliche für Kunst/Kultur, Wirtschaft und Bundespolitik zu interessieren als noch vor fünf Jahren. Deutlich weniger Interessierte findet hingegen das Thema Umwelt/Umweltschutz.

Der Blick auf die Geschlechter zeigt, dass bei Mädchen das Interesse an Sport und Schule deutlich zugenommen hat, während es bei den Jungen hier keine Veränderung gab. Das Thema Umwelt beziehungsweise Umweltschutz hat bei den Jungen sehr viel stärker verloren als bei den Mädchen.

Freizeitaktivitäten

Nichtmediale Aktivitäten: Sich mit Freunden treffen bleibt führend

Das Freizeitverhalten junger Menschen ist von großer Stabilität gekennzeichnet. Sich mit Freunden beziehungsweise anderen Leuten treffen steht 1998 wie 2002 bei den Jugendlichen an erster Stelle, es folgen mit Abstand Sport, Ausruhen und Unternehmungen mit der Familie. Der Anteil der Jugendlichen, die regelmäßig einen Einkaufsbummel machen, ist in den letzten Jahren etwas zurückgegangen, gestiegen ist dagegen der Anteil der Partygänger. Weibliche und männliche Jugendliche weisen dabei ähnliche Entwicklungen auf. Stärker als bei Jungen hat sich bei den jungen Frauen sportliches Engagement entwickelt, wenngleich der Besuch von Sportveranstaltungen für Mädchen an Attraktivität verloren und bei Jungen offensichtlich gewonnen hat.

Fernseher, Tonträger und Radio erreichen die meisten Jugendlichen

Im Jahr 2002 ist das Fernsehen das Medium, das die meisten Jugendlichen erreicht – 94% sehen mindestens mehrmals pro Woche fern. Auf dem zweiten Rang folgt dicht dahinter die Nutzung von Tonträgern (93%), den dritten Platz nimmt das Radio ein (86%). Mehr als zwei Drittel der Jugendlichen nutzen mindestens mehrmals pro Woche einen Computer. Tageszeitungen werden von 56% der Jugendlichen mindestens mehrmals pro Woche gelesen, es folgen Zeitschriften (43%), Bücher (37%) und Videos (20%).

Mädchen bevorzugen stärker Hörmedien und Bücher

Die geschlechtsspezifische Betrachtung der Nutzung einzelner Medien macht deutlich, das Mädchen und junge Frauen eine höhere Affinität zu auditiven Medien aufweisen als Jungen. Besonders stark ist der Unterschied zwischen den Geschlechtern bei der Buchnutzung. Jedes zweite Mädchen greift täglich bis mehrmals pro Woche zu einem Buch, bei den Jungen nur jeder vierte. Anders sieht es bei Computern aus: Noch immer nutzen Jungen Computer häufiger als gleichaltrige Mädchen (77% beziehungsweise 62%). Auch das Anschauen von Videos ist für Jungen deutlich attraktiver als für Mädchen.

Alters- und bildungsspezifische Unterschiede bei der Mediennutzung

Mit zunehmendem Alter der Jugendlichen gewinnt die Zeitungslektüre an Bedeutung, Hörspielkassetten, Comics und Bücher verlieren an Bedeutung. Bildungsspezifische Unterschiede zeigen sich insbesondere im Bereich Computer: Nur 56% der Hauptschüler zählen zu den häufigen

PC-Nutzern gegenüber 78% der Gymnasiasten. Ähnlich ausgeprägt ist der Unterschied bei den Medien Buch und Zeitung. Gymnasiasten nutzen diese Printmedien viel häufiger als gleichaltrige Hauptschüler.

PC-Nutzung hat deutlich zugenommen

Vergleicht man die Angaben mit denen der Jugendlichen aus dem Jahr 1998, so zeigen sich erstaunlich ähnliche Werte. Auch damals führten Fernsehen, Tonträger und das Radio die Liste an. Deutlich nach vorne geschoben hat sich dagegen die Computernutzung. Während sich 1998 nur 48% der Zwölf- bis 19-Jährigen zumindest mehrmals pro Woche mit diesem Medium beschäftigt haben, stieg dieser Anteil im Jahr 2002 auf 70% – und überholt damit die Tageszeitung, Zeitschriften und Magazine deutlich (wobei letztgenannte den größten Rückgang aufweisen). Stabil bleibt das Lesen von Büchern. Leicht zurückgegangen ist im Vergleichszeitraum die Frequenz der Tageszeitungsnutzung und auch Videos werden nicht mehr ganz so häufig gesehen.

Mädchen haben bei der Computernutzung stark aufgeholt

Allerdings haben sich hier Jungen und Mädchen nicht gleichermaßen entwickelt. Am deutlichsten zeigt sich der Unterschied hinsichtlich der Computernutzung. So ist bei jungen Frauen die regelmäßige Nutzung um 29 Prozentpunkte gestiegen, während junge Männer im gleichen Zeitraum – von höherer Ausgangsbasis aus – nur eine Zunahme von 14 Prozentpunkten aufweisen. Mädchen haben in diesem Bereich stark aufgeholt. Stark zurückgegangen ist nach Auskunft der befragten Mädchen (minus 11%-Punkte) die regelmäßige Zuwendung zu Zeitschriften und Magazinen, bei den Jungen fällt der Rückgang deutlich geringer aus (minus 3%-Punkte). Auch schauen heute weniger Mädchen regelmäßig Videos (15%) als noch vor fünf Jahren (24%), bei den Jungen hat sich die Zuwendung zu Videos etwas erhöht. Leicht zurückgegangen ist bei den jungen Männern die Zuwendung zum Buch, bei den Mädchen ist sie dagegen leicht gestiegen.

PC-Nutzung: Schulbildung spielt nach wie vor eine große Rolle

Zwischen 1998 und 2002 hat sich der erkennbare Unterschied im PC-Zugang nach Ausbildung und sozialer Schicht keinesfalls abgeschwächt. Betrachtet man zum Beispiel die Schulbildung, dann zeigt sich hier der deutlichste Unterschied bei der Computernutzung. Jugendliche, die die Haupt- oder Realschule besuchen, haben ihren Umgang mit dem Computer in den vergangen fünf Jahren deutlich weniger erhöht (plus 17 beziehungsweise 18%-Punkte) als Gymnasiasten (plus 26%-Punkte) – und dies, obwohl das Ausgangsniveau geringer war.

Themenkompetenz der Medien 2002

Thema Musik

Internet und Fernsehen sind wichtigste Informationsquellen: Insgesamt geben 88% der Jugendlichen an, sich sehr für das Thema Musik zu interessieren. Das Internet (28%) und das Fernsehen (25%) sind hierbei für die Jugendlichen die wichtigsten Informationsquellen. Für ein Fünftel der Jugendlichen sind aber auch Zeitschriften und das Radio bedeutsam, wenn es um Neues aus der Musikszene geht. Mädchen und junge Frauen weisen hierbei einer höhere Affinität zu Zeitschriften und dem Radio auf als Jungen und junge Männer. Diese wiederum nutzen häufiger als Mädchen das Internet, um sich über Musik zu informieren.

Thema Liebe/Partnerschaft

Für 77% der Jugendlichen bevorzugen Zeitschriften für das, was sich um das Thema Liebe/Partnerschaft dreht. Tipps, Anregungen und allgemeine Informationen holen sich die interessierten Zwölf- bis 19-Jährigen bevorzugt aus Zeitschriften (34%), das Internet ist nur für ein Fünftel wichtigstes Informationsmedium zu diesem Themenbereich. Für jeweils knapp 10% liefern das Fernsehen beziehungsweise Bücher den besten Orientierungsrahmen.

Thema Ausbildung/Beruf

Internet ist wichtigstes Infomedium. Dem Thema Ausbildung/Beruf bringen drei Viertel der Jugendlichen hohes Interesse entgegen. Als wichtigstes Informationsmedium in diesem Bereich nennt fast die Hälfte dieser Jungen und Mädchen das Internet. Es folgen mit deutlichem Abstand Zeitschriften und Tageszeitung. Fernsehen und Radio sind für dieses Themenfeld wenig relevante Informationsmedien.

Veränderungen im Medienzugang

Ausstattungsrate mit Handys hat sich verzehnfacht

Die persönliche Verfügbarkeit von Medien hat sich in den vergangenen fünf Jahren deutlich verändert. Dies ist einerseits auf neue Technologien zurückzuführen, andererseits ist die Verbreitung mancher Geräte sprunghaft angestiegen. Die steilste Karriere weist dabei das Handy auf. Während 1998 gerade 8% der Zwölf- bis 19-Jährigen ein eigenes Mobiltelefon besaßen, hat sich die Ausstattungsrate im Jahr 2002 nach deren Angaben auf 82% verzehnfacht. 20 Prozentpunkte zugelegt hat die Verfügbarkeit von CD-Playern (2002: 51%), stark angestiegen ist auch der persönliche Besitz von Computern – von 35 Prozent 1998 auf 47 Prozent 2002. Ebenfalls um 12 Prozentpunkte hat sich die Verbreitung von Spielekonsolen erhöht (2002: 35%). Zugang zu einem eigenen Fernsehgerät (Besitz oder eigene Verfügungsmöglichkeit) haben im Jahr 2002 zwei

Drittel der Jugendlichen, 6 Prozentpunkte mehr als fünf Jahre zuvor. Leicht gestiegen ist auch die Verfügbarkeit eines Videorecorders von 26 auf 31%. Neuere Technologien, die im Jahr 1998 noch nicht mit abgefragt wurden, sind der eigene Internetzugang (2002: 28%), Mini-Disc-Recorder (17%), MP3-Player (7%) und DAT-Recorder (2%).

Männliche und ältere Jugendliche erkennbar besser mit Medien ausgestattet

Mädchen verfügen im Allgemeinen über weniger eigene Medien und Geräte der Unterhaltungselektronik als Jungen. Am gravierendsten fällt der Unterschied beim Besitz von Spielekonsolen auf (Jungen: 48%, Mädchen: 22%). Aber auch hinsichtlich der persönlichen Verfügbarkeit von Computer und Internet liegt der Versorgungsgrad der Jungen um jeweils 15 Prozentpunkte über dem der Mädchen. Nur Handys und HiFi-Anlagen sind bei Jungen weniger verbreitet als bei Mädchen.

Im Altersverlauf nimmt die persönliche Medienausstattung der Jugendlichen erwartungsgemäß zu, eine Ausnahme bilden lediglich Spielkonsolen für das Fernsehgerät, hier nimmt die Ausstattung mit zunehmendem Alter ab. 56% der Zwölf- bis 13-Jährigen haben ein eigenes Fernsehgerät, bei den 18- bis 19-Jährigen kann mit 91% nahezu von einer Vollversorgung gesprochen werden. Während sich der Computerbesitz über die Altersgruppen hinweg als stabil erweist, können mehr 18- bis 19-Jährige vom eigenen Internetzugang aus surfen als Zwölf- bis 13-Jährige (32% beziehungsweise 19%).

Bedeutung des Radios

Auch Radio gehört zum Alltag der Jugendlichen

Neben Fernsehen, Tonträgern und Computern ist auch das Radio fest in den Alltag Jugendlicher integriert. So gaben in der JIM-Studie 2002 86% der Zwölf- bis 19-Jährigen an, mindestens mehrmals pro Woche Hörfunkprogramme zu nutzen. Nach Selbsteinschätzung der Jugendlichen beträgt ihre durchschnittliche Radionutzung 138 Minuten am Tag (Montag bis Freitag, 2002).

Musik bleibt wichtigstes Radioelement

Musik ist wie auch im Jahr 1998 das wichtigste Radioelement für Jugendliche. Am zweitwichtigsten sind den Zwölf- bis 19-Jährigen Nachrichten (68%), es folgen Veranstaltungshinweise für die Region, in der die Jugendlichen leben (61%), sowie humoristische beziehungsweise Comedybeiträge (60%). Für jeweils etwa die Hälfte der Jugendlichen sind Sport, Informationen über Musikkonzerte der jeweiligen Radiosender, themenspezifische Radiosendungen oder generell regionale Beiträge wichtige Bestandteile eines Radioprogramms. Interaktive Elemente wie Hörerwünsche (44%), aber auch die Moderation (43%) oder Tipps rund um das Internet (40%) und Computerspiele (31%) sind weniger Jugendlichen sehr wichtig.

Geschlechtsspezifische Programmpräferenzen

Regionale Veranstaltungen, Veranstaltungen/Konzerte von Radiosendern, Moderation und Hörerwünsche sind Mädchen wichtiger als Jungen. Demgegenüber sind insbesondere Sportberichte und Tipps für Computerspiele für Jungen und junge Männer von größerer Bedeutung.

Computernutzung

93 Prozent der Zwölf- bis 19-Jährigen sind Computernutzer

2002 zählten mit 93 Prozent fast alle Zwölf- bis 19-Jährigen zur Gruppe der Computernutzer (Personen, die sich mindestens einmal im Monat in ihrer Freizeit mit einem Computer beschäftigen). Im Vergleich zum Jahr 1998 bedeutet dies ein Anstieg um 22 Prozentpunkte. Waren damals noch deutliche Unterschiede zwischen Jungen (78%) und Mädchen (63%) feststellbar, so liegen beide Gruppen mittlerweile fast gleichauf. Die Altersgruppe der 18- bis 19-Jährigen hat hier überdurchschnittliche Zuwächse zu verzeichnen. Betrachtet man die verschiedenen Bildungsgruppen, so zeigt sich zwar auch hier in allen Gruppen ein Anstieg, dennoch ist nach wie vor ein Gefälle sichtbar. Während 97 Prozent der Gymnasiasten zur Gruppe der Computernutzer zählen, sind es bei den Hauptschülern nur 84 Prozent.

Unterschiede hinsichtlich Geschlecht, Alter, Bildungsgrad

Auch im Jahr 2002 zählten Jungen und junge Männer (77%) häufiger zu den intensiven Computernutzern (mindestens mehrmals pro Woche) als Mädchen und junge Frauen (62%). Trotzdem haben sich die Geschlechter angenähert – vor fünf Jahren zählten lediglich 33 Prozent der Mädchen und 63 Prozent der Jungen zu dieser Gruppe.

Den größten Anteil intensiver Computernutzung stellten im Jahr 2002 die 14- bis 15- und 16- bis 17-Jährigen (jeweils 75%). Von den jüngsten der hier betrachteten Jugendlichen, den Zwölf- bis 13-Jährigen, zählten 61 Prozent zu den intensiven Nutzern, bei den Ältesten sind es gut zwei Drittel.

Neben dem Alter bringt auch der Bildungsgrad der Jugendlichen und damit verbunden häufig die soziale Situation zu Hause unterschiedliche Nutzungsintensitäten mit sich. Während nur gut die Hälfte der Hauptschüler zu den intensiven Computernutzern zählte, sind über drei Viertel der Gymnasiasten dieser Gruppe zuzurechnen. Deutlich wird das Bildungsgefälle auch bei den Nichtnutzern. Während es bei den Gymnasiasten fast keine Nichtnutzer gibt, haben 3 Prozent der Realschüler und 9 Prozent der Hauptschüler keine Erfahrung mit dem Computer. 1998 gaben im Übrigen noch 32 Prozent der Hauptschüler an, nie einen Computer zu nutzen, bei den Gymnasiasten waren es schon damals lediglich 13 Prozent (Realschüler: 21%). Langsam schließt sich aber auch bei den Jugendlichen aus der Hauptschule die Zugangs- beziehungsweise Nutzungslücke.

Computernutzung heute stark mit Internet verbunden

Im Gegensatz zum Jahr 1998 – damals führte das Spielen von Computerspielen die Liste der am häufigsten (täglich/mehrmals pro Woche) ausgeübten Anwendungen an – war 2002 das Surfen im Internet beziehungsweise die Nutzung von Onlinediensten die am häufigsten von Jugendlichen am Computer ausgeführte Tätigkeit. 56 Prozent der Zwölf- bis 19-Jährigen gingen mehrmals pro Woche oder täglich online – das entspricht einer Steigerung um 49%-Punkte. Im Jahr 2002 nahm das Spielen von Computerspielen den zweiten Platz ein (44%). Mit der fast gleichen Intensität nutzten Jugendliche den Computer als Abspielstätte von Musik-CDs oder zum Schreiben von Texten. Ein Drittel arbeitete am Computer regelmäßig für die Schule, 15 Prozent der Zwölf- bis 19-Jährigen nutzten mit dieser Intensität Lernprogramme. Speziellere Anwendungen wie die Nutzung von digitalen Nachschlagewerken (17%), Bild- und Videobearbeitung (14%), Malen und Zeichnen (11%) oder Programmieren (9%) wurden nur von einem geringen Anteil der Jugendlichen regelmäßig ausgeübt.

Geschlechtsspezifische Nutzungsschwerpunkte am PC

Weibliche und männliche Nutzer setzen bei der Beschäftigung mit Computern unterschiedliche Schwerpunkte. Bei Mädchen und jungen Frauen hat das Internet die höchste Priorität, danach folgt das Schreiben von Texten und die Arbeit für Schule oder Ausbildung. Jungen und junge Männer nutzen den Computer am häufigsten zum Spielen, auch das Surfen im Internet nimmt einen großen Stellenwert ein, sehr viel häufiger als Mädchen hören sie am Computer auch Musik. Mit zunehmendem Alter der Jugendlichen nimmt das Spielen am Computer deutlich ab – während 60 Prozent der zwölf- bis 13-jährigen Computernutzer mehrmals pro Woche spielen, sind es bei den 18- bis 19-jährigen nur noch 27 Prozent.

Faszination von Computerspielen hat bei Mädchen abgenommen

Computerspiele haben, obwohl sie noch immer zu den häufigsten Computeranwendungen (66% Jungen, 21% Mädchen) zählen, im Vergleich zum Jahr 1998 an Faszination verloren (minus 9%-Punkte), allerdings nur bei den Mädchen (minus 16%-Punkte).

Computerspiele werden seltener gemeinsam mit anderen gespielt

1998 gaben noch 20 Prozent der Computerspieler an, überwiegend mit anderen zusammenzuspielen; dieser Wert hat sich 2002 auf 15 Prozent reduziert – bei computerspielenden Mädchen (minus 9%-Punkte) stärker als bei Jungen (minus 3%-Punkte). Überwiegend alleine spielte 1998 ein Viertel der Spielenutzer, 2002 waren es bereits 35 Prozent. Bei Mädchen ist diese Entwicklung weniger stark ausgeprägt (1998: 33%, 2002: 38%) als bei Jungen (1998: 21%, 2002: 33%).

Computer mit Konkurrenzdruck auf die anderen Medien

Der Nützlichkeitsaspekt wird nach wie vor fast von allen Jugendlichen bestätigt, wenngleich Mädchen und junge Frauen 2002 etwas weniger häufig als noch 1998 die Notwendigkeit von Computerkenntnissen für die Berufswahl betonen. Der Aussage „ohne Computer geht heute nichts mehr" stimmten 2002 mehr Jugendliche zu (77%) als 1998 (68%), vor allem bei Jungen und jungen Männern hat sich dieses Meinung verfestigt.

Der Aussage „Ich sehe lieber fern, als mich mit Computern zu beschäftigen" stimmten 1998 insgesamt 60 Prozent der Jugendlichen zu, 2002 sind nur noch 48 Prozent dieser Meinung (Mädchen 58%, Jungen 40%). Stabiler sind da die Werte derer, die Bücher dem Computer vorziehen – 1998 waren es 43 Prozent, 2002 ist dieser Anteil auf 39 Prozent zurückgegangen. Allerdings ziehen sich Mädchen, die generell eine höhere Bindung zu Büchern haben, von dieser Aussage stärker zurück.

Internetnutzung

83 Prozent der Jugendlichen haben Interneterfahrung

Noch stärker als die Computernutzung hat sich die Zuwendung der Jugendlichen zum Internet entwickelt. Zählten 1998 erst 18 Prozent der Zwölf- bis 19-Jährigen zum Kreis derer, die über Interneterfahrung verfügten und zumindest selten online waren, hat sich dieser Anteil im Jahr 2002 auf 83 Prozent erhöht. Die Angleichung der Geschlechter hat hier noch stärker als bei der Computernutzung stattgefunden. Während 1998 das Verhältnis interneterfahrener Mädchen und Jungen 1 zu 1,5 war, liegen die Geschlechter inzwischen gleichauf. Die Schere zwischen den Bildungsgruppen hat sich dabei allerdings nicht geschlossen, sie besteht auf höherem Datenniveau nach wie vor. So war 1998 nur jeder zehnte Hauptschüler zumindest selten im Internet, aber bereits knapp ein Viertel der Gymnasiasten. Bis zum Jahr 2002 haben alle Gruppen zugelegt, aber noch immer steht den Hauptschülern mit Interneterfahrung (69%) ein deutlich höherer Anteil bei den Gymnasiasten gegenüber (92%).

Der Blick auf die Internet-Nutzungsfrequenz der Zwölf- bis 19-Jährigen im Jahr 2002 zeigt, dass zwei Drittel zu den intensiven Nutzern zählen, die mindestens mehrmals pro Woche online sind. Ein weiteres Viertel kann als eher unregelmäßige Nutzer bezeichnet werden, die wöchentlich beziehungsweise mehrmals im Monat surfen. Jeder zehnte User zählt hingegen zu den selteneren Nutzern (einmal im Monat oder seltener).

Bildungsgrad spielt bei Nutzungshäufigkeit kaum eine Rolle

Die Häufigkeit der Internutzung ist bei Mädchen etwas geringer ausgeprägt als bei Jungen. Im Altersvergleich weisen nur die Zwölf- bis 13-Jährigen eine unterdurchschnittliche Nutzungsfrequenz auf. Der Bildungsgrad der Jugendlichen spielt bei der Nutzungshäufigkeit hingegen kaum eine Rolle. Zwar zählen die Hauptschüler generell weniger oft zur

Gruppe der Internetnutzer als die Gymnasiasten. Wenn Jugendliche aber zum Kreis der Internetnutzer gehören, dann hat der Bildungsgrad kaum noch Einfluss auf die Nutzungshäufigkeit. So zählen 64 Prozent der Internetnutzer, die eine Hauptschule besuchen, zu den intensiven Surfern, bei den Realschülern sind es 60 und bei den Gymnasiasten 64 Prozent.

Internet gehört inzwischen zum Alltag der Jugendlichen

Der Vergleich mit dem Jahr 1998 zeigt, dass nicht nur der Anteil der interneterfahrenen Jugendlichen deutlich angestiegen ist, die Onlinenutzung hat sich auch als fester Bestandteil im Leben der Jugendlichen zunehmend etabliert. So gab im Jahr 1998 erst ein gutes Viertel der Internetnutzer an, täglich beziehungsweise mehrmals pro Woche zu surfen, mittlerweile sind es über zwei Drittel. Gleichzeitig ist der Anteil derer, die seltener als einmal pro Monat online sind, von 19 Prozent auf 7 Prozent gesunken.

E-Mails sind mittlerweile wichtigste Internettätigkeit

An erster Stelle der regelmäßig (mindestens mehrmals pro Woche) ausgeführten Internetaktivitäten steht mit 48 Prozent der Empfang und Versand von E-Mails. Die Suche nach Informationen (35%) und Musikhören im Internet (30%) folgen an zweiter und dritter Stelle. Ein Viertel der Jugendlichen besucht regelmäßig einen so genannten Chatroom, mit gleicher Intensität erfolgt der Download von Musik und der Abruf von Nachrichten beziehungsweise aktuellen Informationen (23%). Jeder fünfte Jugendliche nutzt das Internet regelmäßig für die Suche von Informationen über Beruf/ Universität, Schule beziehungsweise Ausbildung.

Jungen nutzen das Internet in der Regel intensiver als Mädchen

Jungen und junge Männer geben bei nahezu allen abgefragten Aktivitäten eine intensivere Nutzung an als Mädchen und junge Frauen. Eine Ausnahme bildet der Versand und Empfang elektronischer Post; diese Form der Kommunikation wird von Mädchen häufiger betrieben als von Jungen. Für Jungen bietet das Internet offensichtlich die Möglichkeit, sich intensiv mit den Themen Musik und Computerspiele auseinander zu setzen.

Vor fünf Jahren war die Informationssuche wichtigste Internettätigkeit

An erster Stelle der Onlineaktivitäten stand im Jahr 1998 die Suche nach Informationen zu einem bestimmten Thema. Musikhören bildete 1998 für 22 Prozent der Jugendlichen die zweithäufigste Anwendung (2002: 30%). Deutliche Unterschiede hinsichtlich der regelmäßigen Netzaktivitäten zeigen sich insbesondere beim Versand und Empfang von E-Mails. Während 1998 lediglich ein Fünftel der Jugendlichen regelmäßig E-Mails nutzte, kommunizierte 2002 knapp die Hälfte der Jugendlichen intensiv mit elektronischer Post.

Die Hälfte der jugendlichen E-Mail-Nutzer verfügt über eine persönliche Onlineadresse

Aktuell verfügt die Hälfte der E-Mail-Nutzer über eine persönliche Onlinepost-Adresse, ein Drittel kann unter Verwendung mehrerer Absender kommunizieren.

Wöchentlich werden rund acht E-Mails verschickt

Im Durchschnitt versandten die Jugendlichen im Jahr 2002 pro Woche 8,3 E-Mails. Jungen und junge Männer versandten mit 9,8 E-Mails etwas mehr elektronische Post als Mädchen (7,0). Mit dem Alter steigt die Anzahl der verschickten Mails (12 bis 13 Jahre: 5,2; 18 bis 19 Jahre: 8,7). Jugendliche, die einen Internetzugang haben, versenden deutlich mehr (11,4) als der Durchschnitt der zwölf- bis 19-jährigen E-Mail-Nutzer. Mädchen bekommen deutlich weniger Post als Jungen (8,6 zu 13,5). Im Altersverlauf verdoppelt sich der elektronische Posteingang nahezu (12 bis 13 Jahre: 6,8; 18 bis 19 Jahre: 11,1).

Knapp ein Drittel bezieht Newsletter per E-Mail

So genannte Newsletter sind mit ein Grund dafür, dass die Jugendlichen mehr Post bekommen als sie selbst versenden. Knapp ein Drittel der E-Mailer hat solche regelmäßigen Informationsdienste abonniert, 16 Prozent sogar gleich mehrere. Jungen und junge Männer zählen häufiger zu Abonnenten von Newslettern als Mädchen und junge Frauen.

Medienbindung

Rangfolge 1998: Fernsehen vor Radio und Computer

Im Jahr 1998 entschieden sich die meisten Jugendlichen bei der Frage nach dem Medium, auf das sie am wenigsten verzichten könnten, für das Fernsehen (37%), es folgte damals das Radio (26%), der Computer wurde von jedem fünften Jugendlichen genannt. Für Zeitschriften hatten sich bei dieser 9 Prozent entschieden, für Zeitungen 8 Prozent.

Rangfolge 2002: Computer rückt auf zweiten Platz

Bis ins Jahr 2002 haben sich diese Wertigkeiten verschoben. Das Fernsehen führt noch immer, verliert aber 6 Prozentpunkte. Der Computer hat sich mit 26 Prozent auf den zweiten Platz geschoben und das Radio (19%) auf Rang drei verwiesen. Bücher sind immerhin für 12 Prozent der Jugendlichen wichtigstes Medium, Zeitschriften verlieren einen, Zeitungen 4 Prozentpunkte.

Bei Jungen nimmt PC sogar den ersten Platz ein

Die Differenzierung nach Jungen und Mädchen zeigt für das Jahr 2002, dass der Computer (38%) das Fernsehen (31%) bei Jungen und jungen Männern auf den zweiten Platz verdrängt hat. Radio, Bücher sowie Zeitschriften und Zeitungen erreichen bei den männlichen Jugendlichen keine vergleichbaren Voten.

Bei Mädchen liegen Bücher noch vor dem PC

Bei den Mädchen und jungen Frauen hingegen liegt das Fernsehen im Jahr 2002 (32%) vorne, ein Viertel würde sich für das Radio entscheiden, es folgen Bücher vor dem Computer, dann Zeitschriften und Zeitungen.

Bedeutung des Radios wächst mit steigendem Alter

Nach den Daten von 2002 verliert das Fernsehen mit zunehmendem Alter der Jugendlichen (12 bis 13 Jahre: 37%, 18 bis 19 Jahre: 27%), das Radio (12 bis 13 Jahre: 14%, 18 bis 19 Jahre: 24%) hingegen gewann dazu.

Medien als Gesprächsthema

Medien spielen im Alltag der Menschen nicht nur durch die reine Nutzung eine Rolle, vielmehr sind sie auch als Gesprächsgegenstand präsent.

Fernsehen dominiert Gespräche über Medien

Im Jahr 1998 sprachen 60 Prozent der Jugendlichen mindestens mehrmals pro Woche mit Freundinnen und Freunden über das Fernsehen, mit großem Abstand waren auch Zeitschriften, die Zeitung, Videospiele oder das Radio im Gespräch. Das Thema Internet fand nur bei 9 Prozent der Jugendlichen Eingang in Unterhaltungen. Deutlich anders sah dies im Jahr 2002 aus. Zwar bot das Fernsehen (62%) den Jugendlichen nach wie vor den größten Gesprächsstoff, und bei Jungen hat sich der Gesprächsbedarf hier um 5 Prozentpunkte erhöht. Mittlerweile wird aber auch das Thema Handy bei 37 Prozent der Jugendlichen im Freundeskreis thematisiert. Das Internet ist inzwischen für ein Drittel regelmäßig Inhalt von Gesprächen in der Clique, bei Jungen (41%) noch immer fast doppelt so häufig wie bei Mädchen (24%). Deutlich verringert hat sich hingegen das Radio beziehungsweise Radioprogramm als Inhalt von Kommunikation (minus 8%-Punkte). Auch Zeitungen und Zeitschriften bieten immer weniger Jugendlichen Gesprächsanlass. Stabil bei 11% (Mädchen 16%, Jungen 7%) sind dagegen die Werte für das Buch, allen Unkenrufen zum Trotz.

Fazit

PC und Internet sind zunehmend in den Alltag von Jugendlichen integriert

Die JIM-Studie 2002 untersucht nunmehr das fünfte Jahr in Folge das Medienverhalten der Zwölf- bis 19-Jährigen in Deutschland. Über diesen Zeitraum lässt sich kontinuierlich beobachten, wie Jugendliche Computer und Internet sowie mobile Kommunikationsmedien zunehmend in ihren Alltag integrieren. Die Ausstattungsrate mit Handys bei Jugendlichen hat sich in den letzten fünf Jahren verzehnfacht, inzwischen verfügt jeder zweite Jugendliche über einen eigenen Computer, ein Viertel kann auf einen eigenen Internetzugang zugreifen.
Entsprechend nehmen diese Medien – und allen voran das Internet – bei den Jugendlichen eine immer wichtigere Rolle ein. Dies spiegelt sich neben der zunehmenden Ausstattung auch in einer ansteigenden Nutzung wieder. Acht von zehn Jugendlichen nutzen zumindest selten das Internet, während 1998 erst 18 Prozent aller Jugendlichen zu den Internetnutzern zählten.

Emotionale Bindung an PC und Internet nimmt ebenfalls zu

Die intensive Nutzung von Computer und Internet in der Freizeit führt auch zu einer immer stärkeren emotionalen Bindung an diese Medien. Bei der Frage nach dem unverzichtbarsten Medium liegt das Fernsehen zwar noch immer an erster Stelle, der Abstand zum zweitplatzierten Computer wird jedoch von Jahr zu Jahr geringer. Bei männlichen Jugendlichen hat der Computer – nach Gleichstand im Vorjahr – das Fernsehen bereits vom ersten Platz verdrängt.

Wie werden sich alte und neue Medien positionieren?

Auch bei der Informationsbeschaffung Jugendlicher spielen Computer und Internet eine immer größere Rolle. Zwar zeigt die Untersuchung auch, dass klassische Medien wie Fernsehen, Radio, Tageszeitung oder Publikumszeitschriften ihre ganz spezifischen Themenkompetenzen aufweisen, aber auch hier erscheint einem großen Teil der Jugendlichen der Blick ins Internet inzwischen lohnend.

Quelle, Literatur

Feierabend, Sabine/Klingler, Walter: JIM-Studie 2002. In: Media Perspektiven, Heft 10/2003. Hrsg.: Arbeitsgemeinschaft der ARD- Werbegesellschaften. Frankfurt a.M.

1.4 Mediennutzung, Freizeit- und Themeninteressen der ab 50-Jährigen

Ergebnisse der SWR-Studie 50+, zusammengefasst von Grajczyk/Klingler/Schmitt (2001):

Freizeitverhalten

Ältere pflegen Kontakte mit Freunden/Bekannten und treiben regelmäßig Sport. Das Fernsehen, Radio und die Zeitung werden fast täglich genutzt.

Medienausstattung: Besitz elektronischer Geräte im Haushalt

Bei nahezu allen Befragten mit 50 bis 74 Jahren (99%) befindet sich zumindest ein Fernsehgerät im Haushalt. Im Zusammenhang mit den meisten übrigen elektronischen Medien lassen sich zwischen den beiden Altersgruppen der 50- bis 64-Jährigen und der 65- bis 74-Jährigen bemerkenswerte Unterschiede feststellen. Über einen CD-Player verfügen zum Beispiel fast drei Viertel (73%) der Befragten, wobei es bei den Jüngeren bis 64 Jahren 81 Prozent sind. Ein Videorecorder existiert in 69 Prozent der Haushalte, und auch hier ist der Anteil bei den 50- bis 64-jährigen Befragungsteilnehmern mit 75 Prozent deutlich größer als bei der älteren Teilnehmergruppe (58%). Vergleichsweise niedrig war die Anzahl von Computern, bei den jüngeren Befragten verfügten darüber 40 Prozent der Haushalte, bei den Befragten zwischen 65 und 74 Jahren 17 Prozent der Haushalte. Am wenigsten verbreitet war bei den 50- bis 74-Jährigen der Besitz eines Online-/Internetanschlusses (12%) sowie der eines Notebooks (6%).

Das verbreiteste nichtelektronische Medium ist sowohl bei den jüngeren als auch bei den älteren Befragungsteilnehmern das Abonnement einer regionalen Tageszeitung (74%). Über ein Abonnement einer überregionalen Zeitung verfügen 16 Prozent der Befragten im Haushalt.

Fernsehnutzung

55 Prozent der Älteren schauen zwei bis vier Stunden täglich fern. Nur 7 Prozent der Befragten geben an, das Medium Fernsehen im Durchschnitt am Tag weniger als eine Stunde zu nutzen. 21 Prozent der 50- bis 74-Jährigen schauen zwischen ein und zwei Stunden fern. Der größte Prozentteil (35%) verbringen täglich zwei bis vier Stunden vor dem Fernsehgerät. Jeder fünfte Teilnehmer schaltet das Fernsehgerät drei bis vier Stunden pro Tag ein. Bei 9 Prozent beträgt die Fernsehdauer vier bis fünf Stunden täglich. Ältere nutzen das Fernsehen intensiver als jüngere Vergleichsgruppen. Die Nachrichten werden am häufigsten gesehen. Öffentlich-rechtliche Programme werden eindeutig bevorzugt. Das Erste ist Marktführer bei den ab 50-Jährigen.

Hörfunknutzung

50- bis 69-Jährige werden überdurchschnittlich vom Hörfunk erreicht. Ältere hören überwiegend Programme der ARD. Die Radionutzung dient der Information, Entspannung und dem Spaß. Das Radio hat eine hohe inhaltliche und tagesbegleitende Relevanz. Die klassische Musik ist am beliebtesten. Es folgt dicht darauf die Volksmusik.

Computernutzung

Mehr als zwei Drittel der Älteren nutzen keinen Computer. Der PC wird vor allem als „Schreibmaschine" und für berufliche Zwecke genutzt. Die Männer nutzen den Computer häufiger als Frauen.

Internet-/Onlinenutzung

Vor allem Jüngere der Befragten nutzen das Internet/Online. 16% aller Internet/Onlinenutzer sind 50 Jahre oder älter. Auch bei Älteren finden sich vermehrt Online-Nutzer aus allen Berufsschichten. Interessante Infos und E-Mails sind die häufigste Internetnutzung. Die Dauer der Online-Nutzung ist auch bei den ab 50-Jährigen gestiegen; sie dauert bereits 82 Minuten an Werktagen. Die ab 50-Jährigen sehen die Probleme beim Internetsurfen ähnlich wie die Gesamtnutzerschaft. 43 Prozent geben an, dass sie sich durch die Werbung auf Internetseiten gestört fühlen. Als häufigstes Problem während des Surfens im Internet wird angegeben, dass der Seitenaufbau zu lange dauert. Ältere nutzen Online-Angebote von TV-Ratgeber- und Servicesendungen. Die Online-Zusatzinformationen dienen der Publikumsbindung. Weniger als ein Drittel der älteren Onliner glaubt, dass Onlinenutzung auf Kosten des Fernsehens geht.

Medien als Gesprächsthema

Die Zeitungen sind das häufigste Gesprächsthema.

Allgemeine Themeninteressen

Ältere haben ein hohes Interesse an Natur und Umwelt sowie am politischen Geschehen.

Selbstbild und Einschätzung der Lebenssituation

62% der Älteren übernehmen gern Verantwortung. Die Themen „Frieden" und „Gesundheit" sind am wichtigsten.

Soziale Kontakte

Menschen ab 65 Jahren haben weniger soziale Kontakte als 50- bis 64-Jährige.

Fazit

Die Medien haben eine hohe Bedeutung für 50- bis 74 Jährige. Die Medien sind häufig Gesprächsthema. Die Berufstätigkeit und die Mobilität wirken sich auf die Mediennutzung aus. Der öffentlich-rechtliche Rundfunk hat eine hohe Bedeutung für diese Altersgruppe.

Quelle, Literatur

Grajczyk, Andreas; Klingler, Walter; Schmitt, Sibylle: SWR-Studie „50+". In: Media Perspektiven, Heft 4/2001, S. 189ff. Hrsg.: ARD-Werbegesellschaften. Frankfurt a.M. (Inzwischen ist die Studie „Mediennutzung der älteren Generation 2003" erschienen: Blödorn, Sascha; Gerhards, Maria. In: Media Perspektiven, Heft 4/2004, S. 163ff., a.a.O.)

1.5 Mediennutzung im digitalen Zeitalter (Rückblick/Zukunft)

Mediennutzung am Ende des 20. Jahrhunderts: ein Rückblick

Schrape (2001) verdeutlicht die Entwicklungslinien der Mediennutzung in Deutschland anhand eines 4-Phasen-Modells:

Ausgangsphase

Die Ausgangsphase (frühe fünfziger Jahre) war gekennzeichnet durch eine starke Dominanz der Printmedien. Zwei Drittel aller Haushalte besaßen schon damals eine Tageszeitung und die Auflage der Publikumszeitschriften überstieg bereits die Zahl der Haushalte. Nur rund fünfzig Prozent der Haushalte verfügten über ein Radio und etwa zehn Prozent über einen Plattenspieler. Die tägliche Freizeit eines Erwachsenen betrug objektiv circa drei Stunden am Tag, subjektiv nur etwa die Hälfte. Für die Mediennutzung wurden circa anderthalb Stunden verwendet, davon circa eine Stunde zum Radiohören und 36 Minuten für die Lektüre der Tageszeitung. Das Fernsehen wurde erst 1953 eingeführt und verbreitete sich in den fünfziger Jahren zunächst nur langsam.

1. Expansionsphase

Die 1. Expansionsphase der elektronischen Medien (Radio und Fernsehen) erfolgte in den sechziger und siebziger Jahren. Das Fernsehen verbreitete sich und unterhaltungselektronische End- und Zusatzgeräte (Hifi-Anlagen, Plattenspieler, Tonbandgeräte, Kofferradios, Kassettenrecorder usw.) wurden erworben. Neben der Kaufkraftentwicklung wurde der starke Anstieg der Mediennutzung begünstigt durch massive Arbeitszeitverkürzungen bei gleichzeitiger Zunahme der Freizeit. Das Radiohören und das Fernsehen nahmen zu.

2. Expansionsphase

Diese Phase begann mit der Öffnung des Rundfunkmarktes für private Veranstalter ab 1984. Das Programmangebot (Radio und Fernsehen) wurde ausgeweitet und vervielfältigt und die technischen Reichweiten (Kabel und Satellit) ausgebaut. Die Dauer der Mediennutzung wuchs aber nur noch unwesentlich. Dies lässt sich auf zwei Ursachen zurückführen. Zum einen verlangsamte sich das Freizeitwachstum und zum anderen war offenbar ein Sättigungsniveau erreicht. Gewachsen ist nur die Fernsehnutzung (1985/95: + 24 Minuten).

3. Transformationsphase

Sie wurde ab 1993/94 mit der Debatte um die multimediale Informationsgesellschaft eingeleitet und ist verbunden mit weitreichenden Veränderungen in Wirtschaft und Gesellschaft. Durch die Digitalisierung und die Konvergenz bislang getrennter Märkte/Branchen entsteht eine weitere Generation „neuer Medien", deren Verbreitung in den Haushalten derzeit anläuft und den bevorstehenden Wandel der Mediennutzung bereits sichtbar macht.

Betrachtet man ausschließlich den Zeitraum der letzten zehn Jahre (1989 bis 1999) wird die zunehmende Dominanz der audiovisuellen Medien im Zeitbudget der Mediennutzer deutlich.

Mediennutzung 2010

Schrape (a.a.O.) meint, dass alte Medien nicht durch neue Formen der Medienkommunikation verdrängt werden. Die alten Medien würden sich vielmehr ändern; sie passen sich an und die Nutzungsmuster werden vielfältiger (Beispiele: TV/Programmzeitschriften, PC-Zeitschriften, Online-, Internet-Zeitschriften). Das Fernsehen wird weiterhin überall verbreitet sein. Es wird nur eine Vielfalt der Nutzungsmuster der verschiedenen sozialen Gruppen (Milieus) geben. Die These, die Printmediennutzung der Jugend gehe zurück, weil die jüngeren Altersgruppen immer weniger, immer schlechter erreicht und immer weniger lesen würden, teilt Schrape nicht. Allein die Schule zwinge die Vierzehn- bis Neunzehnjährigen zum regelmäßigen Lesen von Schulbüchern. Jugendliche nutzten eine Vielzahl von Medien (auch Printmedien).

In Zukunft werde es wenig bis gar keinen Spielraum für eine weitere quantitative Zunahme der klassischen Mediennutzung mehr geben. Allerdings wird das steigende Medienangebot zu einem verstärkten Wettbewerb um die vorhandenen knappen Zeit- und Aufmerksamkeitsbudgets führen. Ferner ist zu erwarten, dass die zunehmende PC/Online-Nutzung zu Lasten der Nutzungsdauer und der Nutzungsfrequenz bestehender Medien gehen wird.

Quelle, Literatur

Scharpe, Klaus: Mediennutzung im digitalen Zeitalter. Vortrag am 23.9.2001. In: SWR-medienforum, Folge 7/2001

Wiederholungsfragen

1. Welche Funktionen haben Medien für Kinder und Jugendliche heute (Abschnitt 1.1)?
2. Welcher Zusammenhang besteht zwischen den Lebens- und Medienthemen bei Kindern und Jugendlichen (Abschnitt 1.1)?
3. Welche Auffassung von Medienpädagogik steht hinter dem Medienerlebnis des 7-jährigen Andreas (Abschnitt 1.4)?
4. Zu welchen Ergebnissen kommt die Studie KIM 2002 zur Mediennutzung von 6- bis 13-Jährigen (Abschnitt 1.5)?
5. Zu welchen grundsätzlichen Ergebnissen kommt die JIM-Studie 2002 zum Medienverhalten Jugendlicher in Deutschland (12- bis 19-Jährige) (Abschnitt 1.6)?
6. Zu welchen grundsätzlichen Ergebnissen kommt die SWR-Studie „50+" zur Mediennutzung, zu Freizeit- und Themeninteressen der ab 50-Jährigen (Abschnitt 1.7)?

Anwendungsfragen

1. Erstellen Sie Ihre eigene Medienbiografie und die von Eltern im Kindergarten, der Schule, bei alten Menschen und vergleichen Sie die Unterschiede (Abschnitt 1.2).
2. Erheben Sie die Medienbiografie von Kindern im Kindergarten, der Schule und diskutieren Sie die Ergebnisse mit den Eltern oder Lehrern dieser Kinder (Abschnitt 1.3).
3. Nehmen Sie Bereiche Ihrer Wahl aus den Ergebnissen der Studien KIM 2002, JIM 2002 und SWR 50+ heraus und befragen Sie Kinder, Jugendliche, alte Menschen in Ihrer Einrichtung. Vergleichen Sie die Ergebnisse mit den oben aufgeführten Studien.
4. Lassen Sie die Medienbiografien der Schüler in Zweiergruppen austauschen. Der Partner stellt die Medienbiografie im Plenum vor.
5. Stellen Sie Ihre persönliche Medienbiografie im Plenum vor (Rückfragen!).
6. Lassen Sie die Medienbiografien der Schüler mit den Ergebnissen der JIM-Studie 2002 und/oder der SWR 50+ Studie vergleichen (Unterschiede?).

2. Theoretische und praktische Fragen der Medienpädagogik

2.1 Von der „Bewahrpädagogik" zur themengeleiteten Rezeption der Medien

2.1.1 Bewahrpädagogische Autoren

Im Folgenden werden zwei herausragende Autoren für den bewahrpädagogischen Ansatz vorgestellt: Marie Winn (1979) und Neill Postman (1979/1982).

- Marie Winn (eine Amerikanerin) veröffentlichte ein Buch mit dem Titel: **Die Droge im Wohnzimmer**. Es erreichte auch in Deutschland eine hohe Auflage und wurde unter anderem in der Lehreraus- und Fortbildung empfohlen. Winn behauptet, dass das totale Fernsehkind in seinem Verhalten gestört sei. Auch der Wert guter Sendungen gehe beim achtstündigen Fernsehtag verloren. Das passive „Dauerglotzen" mache krank. Viele Kinder verstünden die Inhalte vieler Sendungen nicht. Sie guckten wie in Trance auf die Bewegungen der wechselnden Bilder. Fernsehen sei für Kinder harte Arbeit. Es beanspruche sie völlig, erschöpfe sie mehr als Spielen, die für ihre Entwicklung wichtige Aktivität verkümmere. Alles dies zusammengenommen könne Kinder dumm, freudlos und schließlich aggressiv machen. Von Eltern werde die Abhängigkeit ihrer Kinder von der „Droge aus der Steckdose" oft als Erziehungsmittel, als Belohnung oder Strafe missbraucht. Fernsehmissbrauch führe zu einer übertriebenen Ausprägung des Gesichtssinns (Sehen) und zu einer Vernachlässigung der anderen Sinne, vor allem des Sprechsinns. Sprechzentrum und Sehzentrum würden nicht mehr richtig koordiniert. In diesem Sinn könne man die Fernsehgeneration krank nennen.

- Postman (Professor für Medienforschung an der New York University) veröffentlichte 1982 das Aufsehen erregende Buch: **Das Verschwinden der Kindheit**. Postman behauptet, Kinder werden heute immer schneller und früher erwachsen. Das liege nicht nur am beschleunigten biologischen Entwicklungstempo, es liege vor allem an unserer Gesellschaft. Sie lasse Kinder keine Zeit mehr, Kinder zu sein. Unsere Kinder würden zu schnell und zu früh erwachsen, sie seien auf dem Wege, Pseudo-Erwachsene zu werden. Wer zu früh einen bestimmten Reifegrad erreichen müsse, bleibe dort stehen. Postman räumt hier den Kommunikationsmedien den entscheidenden Einfluss sowohl auf die Entstehung als auch auf die Abschaffung der modernen Kindheit ein. Früher gab es noch eine natürliche Trennungslinie zwischen Kindern und Erwachsenen. Durch die audiovisuellen Medien, insbesondere das Fernsehen, werde diese Trennungslinie zerstört. Im Zeitalter des Buches als Informations- und Kommunikationsmedium mussten die Kinder Fähigkeiten wie Selbstbeherrschung, Geduld, Aufnahmebereitschaft, Reflexionsvermögen und analytisches Denken lernen. Diese Eigenschaften seien im Zeitalter des Fernsehens, das auf die Bilderschau beschränkt bleibe, überflüssig geworden. Das Bild spreche nicht gerade den Intellekt, sondern Emotionen an. Das Bild sei auf eine konkrete Darstellung festgelegt, während die Sprache eine Abstraktion aus der Erfahrung darstelle. Nach Postman hat diese Bilderkultur daher eine Regression im kognitiven Bereich zur Folge und trage dazu bei, dass die intellektuelle Hierarchie zwischen Erwachsenen und Kindern, die Kindheit erst möglich mache, abgebaut werde. Da das Fernsehen von seiner Form her keine kognitiven Anforderungen an sein Publikum stelle, bedürften Kinder nicht erst der Unterweisung durch Erwachsene, um die dargebotenen Inhalte zu begreifen. Ferner komme hinzu, dass durch die Übermittlungsgeschwindigkeit der elektronischen Medien die Kontrolle und Planung des Wissenserwerbs der Kinder durch Eltern und Schule verhindere. Das „Verschwinden der Kindheit" begründet Postman ferner damit, dass das Fernsehen das „Medium der totalen Enthüllung" darstelle, das keine Tabus und Geheimnisse mehr kenne. Den Kindern würden Themen wie Sexualität, Gewalt, Krankheit, Tod sowie auch die Schwächen der Erwachsenen durch das Fernsehen zugänglich gemacht und diese Geheimnisse nicht mehr wie früher von Erwachsenen nach und nach offenbart. In einer Kultur, die keine Geheimnisse mehr kenne, könnten sich Schamgefühl und Höflichkeitsformen, die beide die Kontrolle von Triebregungen und Selbstbeherrschung verlangten, nicht ausbilden. Zusammengefasst läuft Postmans Argumentation darauf hinaus: Wo Anstand und verbalanalytische Fähigkeiten nicht mehr wichtig seien, verlieren Elternhaus und Schule ihre vorherrschende Stellung bei der kindlichen Entwicklung. Die Autorität der Älteren über die Jüngeren werde untergraben. Es verringere sich daher der Abstand zwischen den Generationen und folglich verschwinde die Kindheit.

- In einem weiteren Bestseller lautet Postmans provozierender Befund: **Wir amüsieren uns zu Tode** (1985). Seine These lautet: In einer Fernsehkultur leidet die Urteilsfähigkeit, das Zerstreuungsgeschäft bringt die Demokratie in Gefahr. Mehr Programme, mehr Kanäle im Fernsehen bieten mehr Möglichkeiten zur Zerstreuung. Mehr süßes Gift? Bilder seien uns wichtiger geworden als Begriffe. Wir machten uns Bilder von der Wirklichkeit, anstatt ihr auf den Grund zu gehen. Schau ist gefragt, Zerstreuung. Doch wer sich nur von vielen bunten Bildern beeinflussen lasse, schwäche seine Urteilskraft. Er lässt die Chance und die Notwendigkeit ungenutzt, seinen Verstand zu schärfen, er wird für Manipulationen jeglicher Art anfälliger.

Ein Textauszug aus: „Wir amüsieren uns zu Tode" möge dies veranschaulichen:

„In banger Erwartung sahen wir dem Jahr 1984 entgegen. Als es kam und die Prophezeiung nicht eintrat, stimmten nachdenkliche Amerikaner verhaltene Loblieder an – auf sich selbst. Die Wurzeln der freiheitlichen Demokratie hatten gehalten. Mochte anderswo der Terror ausgebrochen sein – uns zumindest hatten Orwells Alpträume nicht heimgesucht. Aber wir hatten vergessen, dass es neben Orwells düsterer Vision eine zweite gegeben hatte – ein wenig älter, nicht ganz so bekannt, ebenso beklemmend: Aldous Huxleys *Schöne neue Welt*. Entgegen einer auch unter Gebildeten weit verbreiteten Ansicht haben Huxley und Orwell keineswegs dasselbe prophezeit. Orwell warnt vor der Unterdrückung durch eine äußere Macht. In Huxleys Vision dagegen bedarf es keines großen Bruders, um den Menschen ihre Autonomie, ihre Einsichten und ihre Geschichte zu rauben. Er rechnete mit der Möglichkeit, dass die Menschen anfangen, ihre Unterdrückung zu lieben und die Technologien anzubeten, die ihre Denkfähigkeit zunichte machen. Orwell fürchtete diejenigen, die Bücher verbieten, Huxley befürchtete, dass es eines Tages keinen Grund mehr geben könnte, Bücher zu verbieten, weil keiner mehr da ist, der Bücher lesen will. Orwell fürchtete jene, die uns Informationen vorenthalten. Huxley fürchtete jene, die uns mit Informationen so sehr überhäufen (‚Informationsmüll'), dass wir uns vor ihnen nur in Passivität und Selbstbespiegelung retten können. Orwell befürchtete, dass die Wahrheit in einem Meer von Belanglosigkeiten untergehen könnte. Orwell fürchtete die Entstehung einer Trivialkultur, in deren Mittelpunkt Fühlfilme, Rutschiputschi, Zentrifugalbrummball und dergleichen stehen. Wie Huxley in *Dreißig Jahre danach* oder *Wiedersehen mit der „Schönen neuen Welt"* schreibt, haben die Verfechter der bürgerlichen Freiheiten und die Rationalisten, die stets auf dem Posten sind, wenn es gilt, sich der Tyrannei zu widersetzen, nicht berücksichtigt, dass das Verlangen des Menschen nach Zerstreuungen fast grenzenlos ist. In 1984, so fügt Huxley hinzu, werden die Menschen kontrolliert, indem man ihnen Schmerz zufügt. In *Schöne neue Welt* werden sie dadurch kontrolliert, dass man ihnen Vergnügen zufügt. Kurz, Orwell befürchtete, das, was uns verhasst sei, werde uns zugrunde richten. Huxley befürchtete, das, was wir lieben, werde uns zugrunde richten."

Fazit

Womit stimmen beide Autoren im Grundsätzlichen überein? Beide wollen Kinder und Jugendliche vor den Wirkungen des Fernsehens schützen. Die Wirkung des Fernsehens wird überschätzt, eine totale Vereinnahmung des Zuschauers wird befürchtet. Es werden die negativen Auswirkungen registriert. „Was macht das Medium mit dem Kind"? ist die zentrale Frage dieser Richtung. Als Erziehungsziel wird angestrebt: möglichst geringe Nutzung des Mediums, um so Gefahren gering zu halten, also Kinder vor den Medien zu schützen.

2.1.2 Die themengeleitete Rezeption

Seit einigen Jahren gibt es in der Medienforschung die Medienalltagsforschung. Sie untersucht, welchen Einfluss das Alltagsleben auf die Mediennutzung hat und welchen Beitrag die Medien zur Identitätsbildung des Kindes leisten. Innerhalb der Medienalltagsforschung wurde der Ansatz der *themengeleiteten Rezeption* entwickelt. Erkenntnisse über die Bedeutung und Wirkweise von Medien werden durch genaue Beobachtung des kindlichen Medienverhaltens und unter Einbeziehung der lebensgeschichtlichen Erfahrungen und sozialen Beziehungen des Kindes, vor allem innerhalb der Familie, gewonnen.

Folgende Thesen geben einen Einblick in die Denkweise der themengeleiteten Rezeption:

- Eine zentrale Frage, der die themengeleitete Rezeptionsforschung nachgeht, ist: Welche kindlichen Bedürfnisse werden beim Medienkonsum befriedigt?

- Die themengeleitete Rezeptionsforschung bezieht sich auf Erkenntnisse der Entwicklungspsychologie, die besagen, dass Themen wie „Stark-Sein", „Schwäche", „Angst vor Verlassenwerden", „Geborgenheit", „Macht", „Rivalität", „Geliebtwerden" und andere für Kinder je nach Entwicklungsstand sehr wichtig sind und dass sie sich mit ihnen auseinander setzen. Neben den Anregungen, die das soziale Umfeld zu dieser Auseinandersetzung bietet, entnehmen die Kinder aus Kassetten, Büchern, Film und Fernsehen Impulse für ihre Themen.

- Vorlieben für spezielle Film- und Fernsehinhalte können anzeigen, mit welchen aktuellen und auch verborgenen, aber trotzdem wirksamen Problemen die Kinder sich beschäftigen.

- Fernsehen wird als *aktiver* Prozess verstanden. Kinder konzentrieren sich auf die Themen und Situationen, die ihnen bewusst oder unbewusst ein wichtiges Anliegen sind; andere Themen treten zurück. Das heißt, Kinder wählen aus den Medienprodukten das aus, was sie zur Bewältigung ihrer alltagsbezogenen Themen brauchen. Ein Kind, das beispielsweise gerade die Krankheit oder den Tod eines Familienangehörigen erlebt hat, widmet sich diesem Thema in einem Film – aber auch in Kinder- und Jungendbüchern – sicher mit sehr viel mehr Aufmerksamkeit und Betroffenheit als ein Kind, das keine unmittelbare (Alltags-)Erfahrung damit hat.

- Kinder identifizieren sich mit Medienfiguren. Sie begleiten ihre Fernsehfigur (sei es ein Held einer Action-Serie, eine Comic-Figur, ein ganz normales Familienmitglied einer Familienserie) bei Erlebnissen und Handlungen und erleben so neue Handlungsmöglichkeiten. Aus diesem Mit-Erleben können die Kinder gestärkt in den Alltag zurückkehren und dort mit ihren Problemen, zum Beispiel Zurücksetzung oder anderen Frustrationen besser fertig werden. Auch ungeliebte und ungelebte Gefühle wie Wut, Angst, Rache, Neid, Eifersucht, Zweifel können durch Identifikation mit- und durchgelebt werden.

- Die Begegnung mit Geschichten und Charakteren der Medienprogramme gibt den Kindern unter anderem Anregungen und Vorstellungen über das soziale Handeln anderer, die sie verwenden können, um sich mit ihrem eigenen Handeln auseinander zu setzen. Kinder, vor allem im Vorschulalter, bewältigen ihre Medieneindrücke im freien Spiel nach selbst festgelegten Regeln. Im Nachahmen, in der Variation der Handlung, im Aussprechen ihrer Gedanken und im spielerischen Ausdruck ihrer Gefühle verarbeiten sie ihre Medienerlebnisse. Jedes Kind entwickelt dabei seine eigene, individuelle Art, sich mit Medien und Medieninhalten zu beschäftigen. Das Spielen ermöglicht zum Beispiel den Kindern, emotionale Bedrängnisse und Anspannungen auszugleichen.

Charlton u.a. (1990) kommen in ihrer **Strukturanalytischen Rezeptionsforschung** zu dem Ergebnis: Kinder gebrauchen Medien unter bestimmten Voraussetzungen in „eigensinniger" Weise im Rahmen ihrer Auseinandersetzung mit sich und ihrer Umwelt. Es gilt an den Potenzialen der Kinder anzusetzen und das heißt, es gilt den „Eigensinn" der Kinder gegenüber den an sie herangetragenen Medienbotschaften zu stärken. Das Wissen um die Themen, die die Kinder in ihrem Medienumgang leiten, erleichtert eine solche begleitende und stützende Haltung auf Seiten der Erwachsenen.

Die Frage der „bewahrpädagogischen" Medienerziehung lautete: „Was macht das Medium mit dem Kind"? Die Frage der „themengeleiteten Rezeption" lautet umgekehrt: „Was macht das Kind/der Jugendliche mit dem Medium?". Dieser neue Ansatz nimmt das Kind ernst, geht von der Lebenswelt des Kindes aus. Das hat zur Folge, dass wir Bescheid wissen müssen über die Lebenswelt des Kindes, seinen Kenntnis- beziehungsweise Erfahrungsstand mit Medien, seine momentane Lebenssituation, seine grundlegenden physischen und psychischen Bedürfnisse wie Orientierungs- und Sicherheitsbedürfnisse, Zugehörigkeits- und Liebesbedürfnisse, Achtungs- und Geltungsbedürfnisse, Selbstverwirklichungsbedürfnisse und den Stand seiner sozialkognitiven Entwicklung.

„Biene Maja" und der Wunsch nach Selbstständigkeit

An einer Studie der vierjährigen Sonja belegt Rogge (2001) eindrücklich den neuen Ansatz der Medienpädagogik.

Sonja, vier Jahre, malte im Abstand von mehreren Wochen ähnliche Bilder, die sich durch den Größenunterschied zwischen den beiden Figuren auszeichneten. Immer war eine große Biene hinter einer kleinen her. Sonja zeichnete zunächst die kleine Biene, dann die größere und achtete darauf, dass der Kontakt zwischen den beiden Figuren sehr eng war. Geriet der Abstand zu weit, benutzte sie Pinselstriche, um die Berührung zwischen der großen und der kleinen Biene herzustellen. Erst nach dem dritten Bild war Soja zu einer Erklärung bereit:

„Das ist die Biene Maja. Dahinter ist die Königin. Die ist dabei. Und Maja reißt immer aus, die fliegt immer weg. Die will was erleben. Abenteuer. Bei Biene Maja ist immer was los, weit weg fliegt die. Aber die kommt ja doch zurück. Da braucht die Königin keine Angst zu haben.

Frage: Ich kenne die Biene Maja nicht so gut. Kommt da eine Königin vor?

Sonja: Weiß ich nicht. Doch manchmal schon. Aber jedes Kind braucht doch eine Mutter, die aufpasst.

Worauf?

Dass einem nichts passiert. Da passiert doch so viel, sagt meine Mutter.

Was passiert?

Ja, wenn wir nicht aufpassen auf der Straße oder so. Da gibt uns einer Süßigkeiten, und dann passiert was Schlimmes.

Wie ist es mit der Maja?

Na ja, der passiert nichts. Das ist ja auch 'n Film, und der muss weitergehen.

Ist die Königin deine Mutter? Kann sie das sein?

Meine Mutter ist netter und schöner, aber aufpassen tut sie noch viel mehr.

Wieso?

Sonja: Ich darf nie, was die Biene Maja darf, herumfliegen und so.
Wie meinst du das?

Ich soll aufpassen, vorsichtig sein. Oder ich darf nicht alleine weg. Dabei passe ich doch auf. Aber manchmal finde ich meine Mutter gut. Und manchmal nervt sie auch wieder ganz schön."

Das Bild entstand im Zusammenhang mit einer Elternberatung in einem Kindergarten. Ich legte das Bild Sonjas Mutter vor und bat um ihre Interpretation. Als sie das Bild sah, sagte sie sofort: „Die Große bin wohl ich." Sie erzählte mir von ihrer „Macke", sich sehr intensiv um Sonja zu kümmern:

„Als sie ein halbes Jahr war, habe ich mich getrennt und habe die ganze Zeit ein schlechtes Gewissen und denke, ich muss das wiedergutmachen und dann auch noch allen beweisen, ich schaff das auch so. Ich kann da nicht aus meiner Haut."

Sonjas Mutter lebt allein, arbeitet ganztags als Sekretärin und hat noch eine zweite Tochter, die acht Jahre älter ist als Sonja. Sonja hat einen sehr durchstrukturierten Tagesablauf: Sie wird morgens zum Kindergarten gebracht, geht nachmittags zu ihrer Großmutter, hat daneben aber noch weitere Termine pro Woche, zum Beispiel den Flöten-, den Ballett- und den Gymnastikkurs. Wenn Sonjas Mutter nach Hause kommt, kümmert sie sich intensiv um die Tochter. Auch gemeinsames Fernsehen, gemeinsames Spiel oder Vorlesen gehören dazu. Sonja bricht häufig aus dieser verordneten Nähe aus, sucht Distanz.

Sonjas Mutter: „Ich kann da nicht mit umgehen. Ich packe das nicht, wenn sie mich nicht will. In der letzten Zeit ist es immer häufiger zum Streit gekommen, weil Sonja unbedingt ihren Kopf durchsetzen will. Und wenn sie ihren Bock hat, dann geht sie in ihr Zimmer und nimmt sich ihre Maja." (Sonja hat eine Maja-Kuschelpuppe, der sie immer alles erzählt.) „Neulich habe ich ihr die Sendung verboten, weil sie frech war. Aber das war natürlich Eifersucht, weil sich dieses scheußliche Tier zwischen uns drängt".

Sonja brachte Herrn Rogge eines Tages die Puppe mit in den Kindergarten.

„Du erzählst ihr viel?

Alles. Das ist meine beste Freundin. Die weiß alles über mich. Der kann ich alles anvertrauen.

Sie ist immer da, wenn du willst? Und wenn du nicht willst, dann liegt sie wohl in deinem Bett?

Auf dem Sofa liegt sie und passt auf.

Spricht die Puppe denn auch zu dir?

Ich zu ihr! Die hört nur zu!

Kann es sein, dass die Mama so sein sollte wie die Maja auf deinem Arm?"

Sonja grinst und nickt zaghaft: „Mama will immer alles von mir wissen. Wenn ich nach Hause komm, dann muss ich immer alles erzählen. Und wenn ich was Gefährliches sag, was passiert ist, dann meckert sie immer gleich, ich soll vorsichtig sein".

Sonja versucht, sich aus der Umklammerung ihrer Mutter zu lösen, selbstständig zu werden. Die „Biene Maja" zeigt ihr Eigenständigkeit, lebt ihr Unabhängigkeit vor. Die Figur in der Fernsehserie weiß, wo sie zu Hause ist; ahnt um die Sicherheit, die ihr der Freund Willi bietet. Trotzdem fliegt sie fort, sucht sie Abenteuer, um sich zu beweisen und sich zu finden.

Wenn Sonja sich mit der „Biene Maja" identifiziert, so stellt die Beziehung keine direkte Übernahme des vorgestellten Filmmodells dar, vielmehr arbeitet sie sich an den inszenierten Situationen ab. Sie übernimmt das, was sie braucht, erkennt das, was für sie von Bedeutung ist. Und Sonja findet sich immer dann in der Biene Maja wieder, wenn sie ihre eigenen Erlebnisse und Gefühle, ihre Wünsche nach Distanz und Autonomie in einer für sie annehmbaren Weise zum Ausdruck gebracht sieht. Sonja besetzt die Biene Maja mit eigenen Erfahrungen, sie spielt Lösungsmöglichkeiten durch und phantasiert. Sonja vergleicht eigene

Erfahrungen mit den Fernsehszenen, arbeitet sich daran ab und versucht dann, diese in der Realität auf eine praktizierbare, vor allem für sie gemäße Weise umzusetzen.

Erlinger (2002) belegt treffend, wie Kinder in Sendungen mit Ablösethemen ihre Wünsche und Bedürfnisse hineininterpretieren:

> „Alle echten Kindersendungen sind Aufbruchgeschichten. Den Helden hält es nicht in seinem Alltag. Er verlässt die gewohnte Welt, seine Sicherheit und seine Bequemlichkeit, er zieht aus, besteht Abenteuer, bewährt sich und kehrt zurück oder kommt zu einem neuen Ziel ... Die Biene Maja erkundet die Welt, lernt Tiere und Menschen kennen, gerät in die Gefangenschaft der Hornisse, kann freikommen und ihr Bienenvolk vor dem Überfall der Hornisse warnen und wird schließlich, nach Bewährung unter Lebensgefahr, unter dem Beifall des gesamten Volkes Beraterin der Bienenkönigin.
>
> Die Fernsehreihe erzählt diesen Aufbruch 104 Mal, in jeder Folge neu. Es ist ein Aufbruch in die nahe Welt. Ein Aufbruch in die kleine Welt. Mit den Augen der Biene und ihrer Freunde wird den Kindern erlaubt, die Dinge und Verhältnisse ‚von oben' und ganz aus der Nähe zu sehen. Kinder, die normalerweise hochschauen müssen, können hier die Vogelperspektive und die Auge-in-Auge-Position einnehmen. Die Handlung und die Ästhetik ihrer Präsentation machen Kinder ‚groß' ... Maja, der Star, ist selbstbewusst. Bildlich wird hier sichtbar, was der Gestus der gesamten Reihe ist: Maja schaut in und auf die Welt und verschafft sich aus ihrer Warte Ein- und Überblick ... Die Heldin Maja ist eine Alltagsheldin. Manchmal unvorsichtig, manchmal auf eigene Faust, manchmal mit einem Freund zusammen entdeckt sie ihre nahe Welt. Was sie vermittelt, ist Staunen über und Liebe zu ihrem überblickbaren Kosmos, in dem, wie in den Märchen, eine zum Guten hin orientierte Ordnung herrscht. Die aufmüpfige und kecke Biene wird, ebenfalls wie jeder beliebige andere Märchenheld, so positiv markiert, dass sie eine verantwortungsvolle Tätigkeit übernehmen und ihr Wissen und ihre Erfahrungen an ihre Gesellschaft weitergeben kann. Am Ende wird Maja Lehrerin und tritt an die Stelle ihrer ehemaligen Lehrerin Cassandra."

Quelle, Literatur

Charlton, Michael/Neumann, Klaus: Medienrezeption und Identitätsbildung. Tübingen 1990

Erlinger, Hans-Dieter: Notizen zum goldenen Zeitalter des Angebotsfernsehens für Kinder. In: Televizion, Heft 14/2001, S. 23ff. Hrsg.: Internationales Zentralinstitut für Jugend- und Bildungsfernsehen (IZI) München

Postmann, Neill: Das Verschwinden der Kindheit. Frankfurt 1982

Postmann, Neill: Wir amüsieren uns zu Tode. Frankfurt 1985

Rogge, Jan-Uwe: Kinder können fernsehen. Vom Umgang mit der Flimmerkiste. Rowohlt Reinbek 2001 (2. Auflage)

Winn, Marie: Die Droge im Wohnzimmer. Rowohlt Reinbek 1979

2.2 Medienkompetenz

Legt man das Konzept der themengeleiteten Rezeption der Medienarbeit zu Grunde, ergibt sich daraus auch ein neuer Begriff von „Medienkompetenz".

Medienkompetenz wird dabei zur alles bestimmenden Schlüssel- und Basiskompetenz erhoben, die über die weitere Zukunft eines Individuums entscheidet. Medienkompetenz war bisher einseitig auf den technischen Aspekt verengt. Kompetenz bedeutet in diesem Sinne, möglichst fehlerfrei verschiedene Computerprogramme handhaben zu können. Hier formulieren sich Interessen, die Kinder und Jugendliche schon frühzeitig auf die Erfordernisse der digitalen Wirtschaft mit ihren schnellen Rhythmen und ihrer fortwährenden Innovation ausrichten.

Kohm (2000) plädiert für ein „erweitertes Verständnis" von Medienkompetenz.

> „Medienkompetenz meint hier den selbstbewussten und sozial verantwortlichen Umgang mit Medien, der die Entfaltungsmöglichkeiten des Individuums fördert. Letztendlich geht es hierbei um die Fähigkeit, Medien in einem empanzipierenden Sinne nutzen zu können ... Medienkompetenz ist in Wirklichkeit ein wichtiger Teil einer umfassenden kommunikativen Kompetenz, die wiederum Teil eines selbstbestimmten und gebildeten Individuums ist. Medienkompetenz im falsch verstandenen Sinne ist viel zu sehr an der Oberfläche der technischen Veränderungen orientiert. In Wirklichkeit ist zu fragen, welches die Bedürfnisse der Kinder sind und auf welches Ziel hin sie gebildet sein sollen."

Nach Kohm (1999) beinhaltet Medienkompetenz:

- **Medienkritik:** Die Fähigkeit, Medienverhältnisse der Gesellschaft zu erfassen, auf die Bedeutung für das eigene Selbst zu verstehen und zu bewerten.

- **Medienkunde:** Dies heißt zum einen, das notwendige Wissen über die verschiedenen Medienarten, ihren Aufbau, ihre Zielsetzungen und Funktionen im Mediensystem zu erwerben. Zum anderen meint diese Kategorie, über Fertigkeiten zu verfügen, Medien für eigene Aussagen einzusetzen, zum Beispiel ein Textverarbeitungsprogramm beherrschen, eine Internet-Seite zu gestalten (Bedienungswissen).

- **Mediennutzung:** Darunter fällt die Fähigkeit, Medienangebote „rezeptiv-anwendend" zur eigenen Persönlichkeitsverwirklichung effizient zu nutzen.

- **Mediengestaltung:** Diese Dimension beschreibt die kreative und innovative Seite der Mediennutzung und vor allem der Produktion. Dazu gehört besonders das ästhetische Beurteilen eigener und fremder Medienaussagen.

Medienkompetenz heißt zusammengefasst, über Orientierungswissen zu verfügen, das einen befähigt, Medien beziehungsweise die eigene Mediennutzung kritisch zu reflektieren und sozial verantwortet einzusetzen. Dies verlangt entsprechende Fähigkeiten in der Wahrnehmung, Nutzung und Gestaltung.

Quelle, Literatur

Baacke u.a.: Medienkompetenz. In: Handbuch Medien. Hrsg.: Bundeszentrale für politische Bildung. Bonn 1999

Böhm, Dietmar: Kindern multimediale Welten erschließen. Vom Ansatz einer handlungsorientierten Medienpädagogik. In: kindergarten heute, Heft 1/2002, S. 36ff. Herder Freiburg

Internationales Zentralinstitut für das Jugend- und Bildungsfernsehen (IZI) (Hrsg.): Medienkompetenz. In: Televizion Themen-Heft 11/1998/1 (Internetkompetenz für Kinder; Grundschüler mit Medien vertraut machen; Fernsehsendungen machen medienkompetent; Medienkompetenz in „eigener Regie" ... München 1998)

Kohm, Roland: Beziehung statt Erziehung. In: perfo Heft 2/1999, S. 13f. Hrsg.: Evangelisches Medienhaus – Medienzentrale -, Augustenstrasse 124, 70197 Stuttgart

Kohm, Roland: Medienkompetenz. In: Zeitschrift „KiTa aktuell BW", Heft 11/2000; Karl Link-Verlag Kronach

Schell/Stotzenberg/Theunert: Medien-Kompetenz: Grundlagen und pädagogisches Handeln. München 1999

2.3 Wahrheit und Wirklichkeit in den Medien

2.3.1 Was kann man den Medien „glauben"?

Doelker (o.J.) fasst die Fragen zu diesem Thema treffend zusammen:
Auf dem Weg vom Urmenschen zum Mitglied der heutigen Informationsgesellschaft hat sich auf der Welt unendlich viel ereignet. Jeden Tag kommen neue Ereignisse und Informationen hinzu. Obwohl nur ein Bruchteil dessen, was wir als „Wirklichkeit" oder „Realität" begreifen, auf unseren ganz persönlichen Erfahrungen beruht, glauben wir doch sehr genaue Vorstellungen davon zu haben. Das Meiste, was wir nicht selbst erlebt haben, wurde und wird uns „erzählt" – von anderen Menschen aus unserem Umfeld oder in den Medien: Zeitungen, Zeitschriften, Bücher, Radio oder Fernsehen. Schätzungsweise beruht über 90 Prozent unseres heutigen Wissens von der Welt auf Informationen, die durch Medien vermittelt werden.

Auf diese Weise kann es zu einem bestimmten Sachverhalt eine oder viele unterschiedliche Meinungen beziehungsweise „Wirklichkeiten" geben. Bei der Entstehung der „Wirklichkeit" spielen unterschiedliche Faktoren zusammen, zum Beispiel der Entwicklungsstand und die persönlichen Erfahrungen eines Menschen; das Umfeld, in dem die Person sich bewegt; die Zuverlässigkeit der Quellen, aus denen Informationen bezogen werden.

Um mit den durch die Medien vermittelten Informationen kompetent und richtig umgehen zu können, müssen vor allem Kinder die Arbeitsweise der Medien kennen- und durchschauen lernen. Nur so können sie später selbst entscheiden, ob und wie „wahr" diese Wirklichkeit wirklich ist.

Fragen – Antworten

Von welchem Alter an können Kinder Realität und Fiktion voneinander unterscheiden?

Dafür, dass diese Unterscheidung bisweilen auch Erwachsenen schwerfällt, zeugen Ausflüge in die Schwarzwaldklinik oder Anfragen an den Derrick-Darsteller Horst Tappert zu Kriminalfällen. Als Faustregel kann gelten, dass sich diese Unterscheidungsfähigkeit etwa mit dem Eintritt in die Grundschule zu entwickeln beginnt.
Die Frage „Mama, ist das wahr?" wird aber auch später noch gestellt und hängt unter anderem mit der Realitätsnähe einer Geschichte zusammen. Zudem kann ja auch eine erfundene Handlung auf wahren Begebenheiten beruhen. Oft lässt sich an bestimmten Merkmalen erkennen, dass es sich bei einer Darbietung um Fiktion handelt, zum Beispiel an den künstlich hergestellten Figuren in einem Zeichentrickfilm. Auch Begleitmusik oder in der Wirklichkeit unmögliche Handlungsabläufe (zum Beispiel Menschen, die wie Batman durch die Luft fliegen) sind

solche Fiktionalitätssignale. (Inzwischen werden bereits digitale Filme hergestellt, bei denen kaum noch festzustellen ist, was da oben auf der Leinwand eigentlich real ist; Beispiele hierfür sind die Computerspiel-Verfilmung „Tomb Raider" und der virtuelle Actionfilm „Final Fantasy", ferner Steven Spielberg futuristisches Drama „A.I" und das Chaos-Klamauk „Monkeybone" (siehe auch: „Real, digital, schnurzegal" in: DER SPIEGEL 27/2001, S. 62ff.; Monstererfolg „Shrek 2" in: Stern 27/2004, S. 160ff.).

Wie objektiv kann Fernsehen, können Medien Wirklichkeit abbilden?

Wir glauben, was wir mit eigenen Augen sehen. Doch den Bildern ist nicht immer zu trauen. Grundsätzlich gilt: Medien können Wirklichkeit nie vollständig abbilden. Auch eine Live-Übertragung des Fernsehens zeigt nur einen Teil der Realität: Ausschnitte zu einem bestimmten Zeitpunkt aus einem bestimmten Blickwinkel. Straßeninterviews entsprechen nicht einem Querschnitt durch die Meinungen der Bevölkerung. Bei Nachrichten werden teilweise Ereignisse nachgestellt oder inszeniert (wie zum Beispiel bei „Aktenzeichen XY") oder durch Aufnahmen aus den Archiven illustriert. Ein seriöser Journalismus legt solche Hilfsmittel offen dar, zum Beispiel mit Einblendungen wie „gestellte Szene" oder „Archivbild".

Auch persönliche Meinungen und Kommentare sollten als solche erkenntlich und von der „objektiven" Nachricht abgesetzt sein ... Den Kindern ist klarzumachen, dass keine Darbietung eine absolute und einzig mögliche Wirklichkeit wiedergeben kann. Es ist zu bedenken, dass jeder Medienkonsument auf Grund seiner eigenen Persönlichkeit, seinen Erfahrungen und Erwartungen, eine Darbietung etwa anders wahrnimmt.

Wird in den Medien nicht generell manipuliert?

Manipulation heißt, dass ein Sachverhalt bewusst verfälscht dargeboten wird, wobei diese Verzerrung den Interessen des betreffenden Machers dient und zum Nachteil der Konsumenten erfolgt. Zum Beispiel werden Personen oder Einrichtungen in ein schiefes Licht gerückt oder dann bestehende Mängel verschwiegen. Infolge der Vielzahl von Anbietern in einem demokratischen Mediensystem (verschiedene Sendungen und Zeitungen) wird es kaum möglich sein, wichtige Ereignisse und Sachverhalte zu verschweigen oder sehr einseitig in ein manipulatives Gebaren umzuschlagen. Es ist zu bedenken, dass oft aus äußeren Zwängen (Zeit- oder Platzknappheit) oder in Folge ungenügender Professionalität Mängel oder Unzulänglichkeiten auftreten ... Kinder sollten auf mögliche Verzerrungen oder manipulative Elemente hingewiesen werden, um so deren Lesen, Zuhören und Zuschauen um eine kritische Note zu bereichern.

Manipulationstechniken im Fernsehen

Hörburger (1966) stellte folgende Manipulationstechniken im Fernsehen fest:
- Weglassen von Bildern,
- Hinzufügen von Bildern,
- gezielte Auswahl von Bildern (Beispiel: nur Kriegszerstörungen; intakte Strassen werden ignoriert),
- Veränderung des Bildmaterials (Manipulation),
- betont schnelle oder langsame Schnittfolge,
- Kommentar und Bild stimmen nicht überein,
- Überfrachtung durch Informationen,
- Unterschlagung von Informationen,
- tendenziöser Kommentar zum Bild,
- falsche O-Töne, die nicht zum Bildmaterial gehören,
- „propagandistische" Musik,
- tendenziöse oder gar falsche Übersetzung,
- Vorzensur oder Nachzensur durch den Sender,
- Monopol der Bildbeschaffung (z.B. Presseoffiziere beim Militär),
- „Schere im Kopf".

Journalisten wollen keine Hintergrundberichte

Ein Interview vom 3. Januar 2001 (Hörburger 2002) mit dem Leiter des Büros der Caritas International in Mazedonien zur Medienberichterstattung während des Kosovokrieges zeigt deutlich, dass Journalisten oft an keinen Hintergrundberichten interessiert sind, sondern sensationelle Berichte und Bilder verkaufen wollen:

Welche Medienvertreter waren vor Ort?

J.K.: Es gibt drei Gruppen von Medienvertretern, die vor Ort waren. Da sind zuerst die Journalisten, die sich immer in Krisenregionen aufhalten. Dann gibt es die Journalisten, für welche die Krise eine Gelegenheit war, um für zwei, drei Wochen von der Redaktion wegzukommen. Und dann gibt es die Gruppe, die in Anzug und Krawatte auftaucht und meistens mit Regierungsvertretern zusammen anreist. Die warten im Büro, bis die Leute aus dem Feld kommen und ihnen berichten, anstatt sich selbst ein Bild zu machen. Korrespondenten, die ständig vor Ort sind, gibt es nur wenige.

Wie gut sind die Journalisten über die Lage vor Ort informiert?

J.K.: Die Krisenberichterstatter kennen sich in der Regel in Krisenregionen aus und wissen auch relativ viel über die Hintergründe. Die zweite Gruppe, diejenigen Journalisten, die von zu Hause weg wollen, bringen das als Informationen mit, was sie in den Medien zu Hause gehört haben und sind eigentlich nur an wilden Geschichten interessiert. Und die dritte Gruppe, die ist wahrscheinlich am besten informiert, weil sie sich intensiv auf solche Reisen vorbereitet. Aber insgesamt hatte ich den Eindruck, dass alle desinformiert waren. Das liegt daran, dass die Informationen, die es in den einzelnen Ländern über die Situation vor Ort gibt, sehr unterschiedlich sind. Das deutsche Fernsehen stellt die Lage völlig anders dar als das britische und französische.

Das heißt ja zugespitzt: Die Medien sehen nur das, was sie sehen wollen und berichten auch nur darüber. Wie kommt es zu dieser verzerrten Wahrnehmung?

J.K.: Zum einen sind die Journalisten durch die Wahrnehmung des Konflikts in ihrem Heimatland geprägt. Diese Wahrnehmungsmuster haben oft eine jahrzehntelange Tradition, beispielsweise, dass die Deutschen sich eher den Kroaten verbunden fühlen, während die Franzosen in der Regel eher mit den Serben sympathisieren. Diese Sachen wirken unbewusst weiter. Zum Zweiten spielen strukturelle Faktoren eine Rolle. Journalisten müssen ihre Geschichten auch verkaufen. Verkaufen lassen sich alle Ereignisse mit Nachrichtenwert. Eine Geschichte, in der die Vertreibung aus der Perspektive eines einzelnen Kindes geschildert wird, hat einen höheren Nachrichtenwert als ein Bericht über die jahrhundertealten Konflikte, die hinter der heutigen Krise stecken. Mit dem Kind kann man sich identifizieren, mit Konflikten nicht. Daneben gibt es gezielte Versuche, die Berichterstattung zu beeinflussen. Zum Dritten liegt diese verzerrte Wahrnehmung auch daran, dass die Militärs vor Ort ein Interesse an einer bestimmten Berichterstattung haben und nur Informationen herausgeben, die dem entsprechen. Wenn nur die Gräueltaten der Serben bekannt werden, heißt das automatisch: Die Albaner sind die Guten, und überprüfen kann man das vor Ort nur schwer.

An welcher Art von Informationen waren die Journalisten interessiert?

J.K.: Die Journalisten wollten keine Hintergrundberichte. Hintergrundberichte kann man nicht verkaufen. Was man verkaufen kann, sind: weinende Kinder, fliehende Massen, Sterbende, Frauen in Not. Schwierig wird es schon, wenn du sagst: das sind Männer, die Not leiden; das kann man schon wieder nicht verkaufen, weil es nicht in die Erwartungen der Zuschauer passt. Für die Hintergrundberichte hat sich allenfalls die dritte Gruppe der Journalisten ansatzweise interessiert. Als ich einmal einige aus dieser Gruppe, alles Journalisten renommierter Blätter, darauf angesprochen habe, warum sie immer wieder die gleichen Lügen schrieben, bekam ich als Antwort: „Die Wahrheit ist zu komplex, um sie den deutschen Lesern zu vermitteln."

Welche Rolle haben die Bilder in der Berichterstattung gespielt?

J.K.: Die Bilder haben ganz entscheidend die Wahrnehmung des Kosovokrieges geprägt. Mein Standardbeispiel dafür ist: Als ich mit meiner Schwester nach Pristina fuhr, schlief sie im Wagen. Bei der Einfahrt wecke ich sie und sage: „Wir sind in Pristina". „Das kann nicht sein", sagt sie. „Ich habe diese Stadt jeden Tag über Monate hinweg im Fernsehen gesehen; Pristina ist völlig zerstört und hier ist ja überhaupt nichts zerstört." Das Bild, das die Medien übermittelt haben, hatte mit der realen Situation nichts zu tun. Im Zentrum von Pristina war nur ein Haus zerstört. Man sucht sich immer nur die Bilder raus, die man verkaufen kann. Mit Bildern kann man besser Emotionen hervorrufen als mit Texten.

Entstehen durch häufiges Fernsehen und allgemein häufigen Medienkonsum falsche Vorstellungen von der Wirklichkeit?

J.K.: Einerseits führen mangelndes Verstehen oder dann Missverstehen von Mediendarbietungen zu falschen Vorstellungen. Dies ist zum Beispiel der Fall, wenn sich Kinder Sendungen anschauen, die nicht für diese Altersstufe bestimmt sind und sie deshalb überfordern. Vor allem bei Vorschulkindern entstehen so zum Teil Verwirrungen und Verwechslungen, wenn sie Erwachsenenprogramme anschauen. Aber auch beim Konsum von Unterhaltungssendungen und Serienfilmen ist man nicht gegen die Bildung von falschen Vorstellungen gefeit. Selbst wenn man sich bewusst ist, dass Spielhandlungen erfunden sind, bezieht man gleichwohl Informationen über die Wirklichkeit aus ihnen: Vorstellungen über Hunde oder Delphine aus Tierserien, über Ärzte aus Arzt-Serien, über

Kriminalität oder die Arbeit der Polizei aus Krimis. So können Fehleinschätzungen der Wirklichkeit entstehen.

Gibt es ähnliche Wirkungen auch bei Trickfilmen, die doch offensichtlich nicht für Wirklichkeit gehalten werden können?

J.K.: Gewisse Abläufe und Verhaltensmuster können unabhängig von der Darbietungsweise gelernt werden. So zum Beispiel die Vorstellung, dass der Stärkere Recht hat beziehungsweise sein Recht durchsetzen darf oder dass Gewalt wirkungs- und folgenlos sei. Aus der Werbung beispielsweise wird die Annahme abgeleitet, dass es für alle Probleme eine einfache Lösung gibt – nach dem Muster „Alle Flecken weg, wenn man über das richtige Waschmittel verfügt".

2.3.2 Unterrichtspraktische Anregungen

Kohm (1998) hat zu diesem Thema eine Unterrichtseinheit mit verschiedenen Themenblöcken entwickelt:

Zu der Einheit: **Glaubwürdigkeit der Medien** schlägt er vor, den Film „Ein Film – drei Texte" (KF-224/VC 250; 21 Min.; ausleihbar bei: Evangelische Medienzentrale – EMZ – Augustenstrasse 124, 70197 Stuttgart) zu zeigen. Er beinhaltet einen Kurzbericht über Puerto Rico, der mit drei konträren Kommentaren unterlegt wurde. Je nach Inhalt entstehen drei völlig verschiedene Eindrücke der stets gleichbleibenden Bildinhalte. Eine Alternative wäre „*Trau – Schau – Wem. Vertrauen im Zeitalter der Digitalisierung*" (Dokumentarfilm 43 Min.; ausleihbar bei Fachstelle Medien – fm –, Sonnenbergstrasse 15, 70184 Stuttgart). Dieses Video beschäftigt sich mit der Glaubwürdigkeit elektronisch manipulierter Bilder, die zum Beispiel als Beweismittel vor Gericht dienen.

Besonders reizvoll ist es, wenn technisch interessierte Jugendliche bei der Eigenproduktion von Videos oder mit Computertricks selbst Erfahrungen mit der Veränderung von Bildmaterial sammeln. „Wer Bescheid weiß, wird beim Zuschauen aufmerksamer auf solche Techniken achten. Verschiedene Arbeitsgruppen suchen sich eine Kurzmeldung aus der Zeitung und verfilmen sie auf dreierlei Weise: einmal professionell richtig, ein anderes Mal mit ‚propagandistischer' Musik unterlegt und in der dritten Version passen Bilder und Text des Sprechers nicht zusammen. Bei der Vorführung der Videos sollen die anderen den bösen Tricks der Filmemacher auf die Schliche kommen."

Zu der Einheit: **Die Wirklichkeit der Medien** empfiehlt es sich, den Kurzfilm „*Regen in New York*" (6 Min.; EMZ: KF 482/VC 846) zu verwenden. Dieser Kurzfilm spitzt die Frage auf das Groteske zu, ob wir noch an Ereignissen teilhaben wollen, die uns das Fernsehen direkt ins Wohnzimmer liefert. In Hamburg starren drei Personen auf den Fernseher in Erwartung der Übertragung eines Tennisspiels in New York, das wegen Regens nicht beginnen kann. Der Film ist eine Satire über die Haltung, nur das sei Realität, was auf dem Fernseher zu sehen sei.

Ebenfalls empfehlenswert ist der Kurzfilm: *„Hat Kohl Madonna geküsst?"* (29 Min.; fm. 51-0582, 29) versucht, auf die Frage einzugehen, ob man heute Bildern und Filmdokumenten noch trauen darf. Der Film zeigt von der einfachen Fotomontage bis zu aufwändigen digitalen Fälschungen historischer Filmdokumente mit Beispielen aus den Spielfilmen *„Forest Gump"* und *„In the line of fire"*, dass man Bilder und Dokumentationen heute fast beliebig manipulieren kann.

Diese Einheit könnte auch mit dem Medienpaket (EMZ: MP 4096) *„Big Brother – Die Inszenierung der Realität"* (Lothar Mikos u.a. Köln 2001, Videokassette 74 Min. und Arbeitshefte) bestritten werden. Das Medienpaket mit zwei Arbeitsheften für den Unterricht sowie Ausschnitten aus „Big Brother"-Sendungen setzt sich umfassend mit diesem Phänomen auseinander.

Siehe auch das Medienpaket „Krieg im Fernsehen" (EMZ: MP 4074): ausgewählte Filmszenen aus „Weltspiegel", „Auslandsjournal" und Tagesschau über die Kriege im ehemaligen Jugoslawien und in Somalia.

Quelle, Literatur

Doelker, Christian: Medien und Wirklichkeit: 10 Antworten. Reihe: Medienkompetenz und Medienpädagogik in einer sich wandelnden Welt. In: medienpädagogischer forschungsverband südwest Baden-Baden (o.J.)

Evers, Marco: Lügenworte auf dem Video. US-Tüftler sind in der Lage, Menschen auf dem Bildschirm beliebige Sätze in den Mund zu schieben. Steht jetzt die Glaubwürdigkeit von Filmen in Frage? In: DER SPIEGEL, 22/2002, S. 176f.

Hörburger, Christian: Krieg im Fernsehen. Auszug in: Politik und Unterricht, Heft 1/2002, S. 43; Hrsg.: Landeszentrale für politische Bildung Baden-Württemberg, Stafflenbergstraße 38, 70184 Stuttgart

Kohm, Roland: Wahrheit und Wirklichkeit in den Medien. In: perfo Heft 4/1998, S. 3ff.. Hrsg.: Evangelisches Medienhaus – Medienzentrale – a.a.O

medien praktisch (Hrsg. Gemeinschaftswerk der Ev. Publizistik). Auf der Suche nach der Wirklichkeit. Themenheft 1/96, 20. Jg., Frankfurt a.M. (Hier vor allem die Beiträge: Wetzel, Kraft: Fernsehen und Krieg. Zum Beispiel: Sarajewo; Mikos, Lothar: Zur medialen Inszenierung von Wirklichkeit; Bayer, Johanna: Recht auf Wirklichkeit. Fernsehnachrichten und wie Kinder sie sehen. In: medien praktisch, Themenheft 1/96. Hrsg.: Gemeinschaftswerk der Ev. Publizistik, Frankfurt.)

medien+erziehung (Hrsg. Institut für Medienpädagogik in Forschung und Praxis): Themenheft: Medienwirklichkeiten: der 11. September. 46. Jg. Nr. 1/Februar 2002. kopaed-Verlag München. (Hier vor allem die Beiträge von Maresch, Rodolf: Öffentlichkeiten under attak. Wie „Wirklichkeiten" medial generiert und Zustimmung und Massengefolgschaft beim Publikum hergestellt werden, S. 6ff. Und: Weber, Niels: „Der Terrorismus ist ein Effekt der Neuen Medien". Zur Rolle der Wiederholung als medialer Strategie, S. 15ff.)

Seeßlen, Georg u.a.: Krieg der Bilder – Bilder des Krieges. Abhandlung über die Katastrophe und die mediale Wirklichkeit. Edition TIAMAT, Berlin 2002

Weber-Lamedière, M.: Tod und Propaganda. Autorin Esther Schapira über eine neue Debatte um die Glaubwürdigkeit von Fernsehbilder. In: Focus 13/2002

2.4 Wahrnehmung der Medien durch Kinder und Jugendliche

2.4.1 Entwicklungspsychologische Phasen während der Kindheit

Kinder nehmen Geschichten in den Medien anders wahr als Erwachsene. Das Erlernen zum Beispiel von Fernsehkompetenz ist mit der geistigen und körperlichen Entwicklung des Kindes verbunden. Die Fernsehgewohnheiten und Wahrnehmungsfähigkeiten drei-, fünf-, sieben-, neun-, elf- und 13-jähriger Kinder unterscheiden sich erheblich voneinander. Ebenso gibt es geschlechtsspezifische Unterschiede in der Medienrezeption. Mit der Denkfähigkeit, dem Verständnis von sozialen Beziehungen und den moralischen Orientierungen wächst im Laufe der Kindheit auch das Fernsehverständnis, also etwa die Fähigkeit, Personen im Fernsehen als Abbild der Wirklichkeit wahrzunehmen, zwischen Fiktion und Realität wie auch zwischen Programm und Werbung unterscheiden zu können oder auch die Fähigkeit, mehreren Handlungssträngen (einschließlich Rückblenden und Perspektivenwechseln) in einem Spielfilm folgen zu können.

Entwicklungsverlauf bei Kindern

Alter	Kognitive Fähigkeiten	Sozial-moralische Fähigkeiten	Fernsehbezogene Fähigkeiten
3-6 J.	Denken ist an den unmittelbaren Augenblick gebunden.	Beziehungen werden nur egozentrisch betrachtet.	Ausschnitte und Personen werden aufgenommen, wenn ein Bezug zum eigenen Ich entdeckt wird.
6-10 J.	An konkreten Beispielen werden verschiedene Aspekte gedanklich verbunden und Handlungsfolgen abgeschätzt.	Situationsbezogen wird zunächst die Sichtweise eines direkten Gegenübers nachvollzogen. Allmählich gelingt es, sich selbst aus der Warte des Gegenübers zu beurteilen.	Inhalte und Personen mit Bezug zur eigenen Lebenswelt werden in größeren Handlungskontexten verortet, zunächst in Episoden, dann in Geschichten, Sendungen werden zunehmend differenzierter betrachtet.
10-13 J.	Abstrakte Zusammenhänge werden begriffen und können verallgemeinert werden.	Verschiedene Sichtweisen von mehreren Menschen werden realisiert und können gleichzeitig koordiniert werden. Beziehungen können auch distanziert beobachtet werden.	Rezeption ist gebunden an eigene Interessen, die über die unmittelbare Lebenswelt hinausreichen. Die formalen, dramaturgischen und inhaltlichen Dimensionen des Fernsehverständnisses werden ausgeformt.

Quelle: Theunert u.a. 1995 (Anm. 12, S. 49).

Klein- und Vorschulkinder erkennen beim Fernsehen nur einzelne Szenen

Kleinkinder bis zu zwei Jahren reagieren verstärkt auf Musik und Rhythmen, und bei den Kleinsten dieser Altersgruppe ist die Sehfähigkeit noch nicht voll ausgebildet, das heißt, es werden vor allem Farben und scharfe Konturen wahrgenommen. Inhaltlich werden aus dem Alltag bekannte Gegenstände erkannt, und die Kinder reagieren auf schnelle Bewegungen. So ist von den kleinen Zuschauern der „Teletubbies" bekannt, dass sie die bunten, sich rhythmisch bewegenden Körper der Teletubbies (Tinky Winky, Dipsy, Laa-Laa und Po) nachahmen, indem sie mitsprechen, -singen und -tanzen.

Vorschulkinder bis zu etwa fünf Jahren können als ichbezogen bezeichnet werden, da sie mit Dingen dann verständig umgehen, wenn sie diese direkt sehen oder kennen. Soziale Beziehungen werden ausschließlich aus der eigenen Sicht betrachtet („kindlicher Egozentrismus"). Beim Fernsehen unterscheiden Vorschulkinder Genres nur anhand auffälliger Merkmale, während Fiktion (auch Zeichentrickfilme) und Realität noch nicht sicher getrennt werden. Zunächst erkennen die Kinder nur einzelne Szenen, die später zu Handlungssträngen und schließlich zu Episoden verbunden werden. Nur einfache dramaturgische Gestaltungsmittel werden durchschaut. Für Kinder im Vorschulalter sind das wichtigste Sendungselement die agierenden Personen, wobei primär deren äußeren Merkmale, erst später auch deren Gefühle wahrgenommen werden.

Grundschulkinder können in der Regel zwischen Fiktion und Realität unterscheiden

Im Grundschulalter können Kinder in der Regel bereits konkrete logische Verknüpfungen erfassen und Handlungsfolgen voraussehen. Es gelingt ihnen, sich in andere Personen zu versetzen und sich schließlich aus der Sicht eines anderen zu beurteilen. Grundschulkindern macht es kaum noch Probleme, zwischen Fiktion und Realität zu unterscheiden: Sie wissen, dass in Nachrichten über wirklich Geschehenes berichtet wird und Zeichentrickfilme, Serien oder Spielfilme Erfundenes enthalten. Sie lernen also, Genres nach inhaltlichen und formalen Merkmalen zu trennen. Schwierigkeiten können allerdings auftreten, wenn im Fernsehen Fiktives und Reales vermischt werden (zum Beispiel Reality TV oder realistisch anmutende Spielfilme). Handlungsverläufe und einfache Erzählmuster werden sicher erfasst. Kindern im Grundschulalter sind dramaturgische Gestaltungsmittel vertraut, das heißt, sie wissen zum Beispiel, dass schnelle Schnitte auf Action hinweisen, düstere Musik Gefahr bedeutet, Rückblenden auf Vergangenes verweisen.

Die Suche nach Identifikationsfiguren beginnt im Grundschulalter

Grundschulkinder beginnen, zur Beurteilung von Sendungen ästhetische Kriterien heranzuziehen, so dass ihnen etwa auffällt, wenn Bild und Ton nicht zusammenpassen (so genannte Bild-Ton-Schere) oder wenn die Synchronisation nicht stimmt. Sie verstehen die wichtigsten Inhalte und Erzählmuster von Serien und können auch Spielfilme als Ganzes aufnehmen, wenn die Geschichten und Inhalte nicht zu abstrakt sind, sondern am Wissen und an den Erfahrungen der Kinder anknüpfen. Denn Kinder in diesem Alter bewerten Sendungen und Charaktere nach deren Realitätsbezug. Entsprechend werden Modelle gesucht, die für das eigene Denken und Handeln Vorbild sein können. Die Kinder suchen sich (meistens positive) Helden, mit denen sie sich identifizieren können. Zwar stehen auch für Grundschulkinder die handelnden Personen beim Fernsehen im Mittelpunkt, aber Verhalten und Charakter sind wichtiger als Aussehen und sichtbare Handlungen. Die Personen werden als Einheit aus Innenleben (Absichten, Motive, Gefühle etc.) und äußeren Merkmalen begriffen.

Zehn- bis 13-Jährige verstehen auch komplexe Fernsehinhalte

Bei Kindern ab etwa elf Jahren ist das logische, das heißt formal-abstrakte Denken fast vollständig entwickelt, das heißt, die Intelligenz der Kinder nähert sich der der Erwachsenen. Sie verfügen über die Fähigkeit, sich in verschiedene Menschen hineinzuversetzen und mehrere Standpunkte zu verbinden. Soziale Beziehungen, die von konkreten Personen losgelöst sind, werden aber erst im Jugendalter begriffen, dann werden auch gruppenbezogene und gesellschaftliche Regeln und Werte berücksichtigt. Fernsehinhalte werden gegen Ende der Kindheit, auch wenn sie komplex sind, immer besser verstanden, die Rezeption wird distanzierter, indem die Kinder beginnen, über die Programmangebote nachzudenken. Der Unterschied zwischen Fiktion und Realität wird auch bei weniger eindeutigen Genres wie Reality TV wahrgenommen, und ästhetische Kriterien nehmen eine wichtige Rolle bei der Beurteilung von Fernsehsendungen ein. Schlecht gemachte Sendungen werden zwar erkannt, aber nicht unbedingt gemieden (zum Beispiel: Daily Soaps).
Für die älteren Kinder sind Realitätsbezug (nicht nur auf die eigene Person, sondern auch auf die „große Welt" bezogen) und die Orientierungsfunktion wesentliche Merkmale von Fernsehangeboten, wobei Anregungen zur Ausformung der Geschlechterrollen und -beziehung aufmerksam verfolgt werden. Informative Sendungen werden ebenso genutzt wie fiktive Angebote mit Realitätsbezug.

Quelle, Literatur

Rogge, Jan-Uwe: Umgang mit dem Fernsehen, Kap. 4: Wie Kinder Fernsehsendungen wahrnehmen. Neuwied 1996

Theunert, Hildegard u.a.: Wir gucken besser fern als ihr. Fernsehen für Kinder. München 1995

2.4.2 Medienwahrnehmung von Jungen und Mädchen

Kinder

Aufenanger (1995) fasst die Forschungsergebnisse zur Medienrezeption von Jungen und Mädchen zusammen:
Es gibt kaum starke Frauenfiguren in den von den Kindern geliebten Fernsehsendungen, die Helden sind meistens männlich. Mädchen und Jungen haben unterschiedliche Programmvorlieben. Während die Jungen sich für Actionserien und deren Helden interessieren, bevorzugen jüngere Mädchen eher Serien mit Komik-Charakter; ältere Mädchen entdecken dann auch die Actionserien, betrachten diese aber unter einem etwas anderen Aspekt. Während die Jungen an diesen Heldenfiguren mehr deren kämpferische Eigenschaften mögen, bevorzugen Mädchen mehr deren prosoziale Verhaltensweisen.
Auch beim Verständnis von Gewalt haben Kinder geschlechtsspezifische Ansichten.

- Kinder nehmen überwiegend physische Gewalt wahr. Sie lehnen Gewalt ab, wenn Opfer drastisch Schaden erleiden. Jungen sehen Gewalt jedoch nur bei körperlichen Verletzungen, Mädchen stufen dagegen schon Prügeleien als Gewalt ein.

- Kinder haben eine eigene Gewaltschwelle. Liegt die in Medien dargestellte Gewalt unterhalb dieser Schwelle, dann berührt sie das kaum, sie haben vielfach sogar Spaß dabei. So zum Beispiel in Zeichentrickfilmen, wenn Gewalt sich im Sinne des Guten rechtfertigen lässt, wie in vielen Actionfilmen oder wenn die Folgen von Gewalthandlungen nicht sichtbar sind.

- Liegt die dargestellte Gewalt jedoch oberhalb der individuellen Gewaltschwelle, dann kann dies zu Ablehnung, Verunsicherung und Angst führen. Dies ist besonders dann der Fall, wenn es sich entweder um drastisch sichtbare Folgen von Gewalthandlungen handelt, Gewalt in mysteriösen Zusammenhängen (zum Beispiel Kult- und Opferriten, Krimis, XY ... ungelöst, Reality-TV) auftaucht. Differenzen zwischen Jungen und Mädchen lassen sich hier in jener Hinsicht finden, dass manche Jungen auf drastisch sichtbare Folgen von Gewalt kaum mit den genannten Formen reagieren, sondern von dieser sogar fasziniert sein können.

Rezeption von Horror-Videos durch Mädchen und Jungen im Jugendalter

Mädchen und Frauen, ganz allgemein gesagt, zeigen bei der Rezeption von Gewalt eher Angstsymptome beziehungsweise benennen ihre Erfahrungen in höherem Maße als angstbesetzt als Jungen und Männer dies tun. Während bei den Jungen die angstauslösenden Objekte eher von außen kommen und in Form von Monstern, Geistern oder Phantasiefiguren auftreten, bezeichnen Mädchen mehr aus dem Alltagsleben vorkommende Objekte wie Einbrecher oder Mörder, als angstauslösende Momente. Auch identifizieren Mädchen sich eher mit den Opfern, während die Jungen eher auf die Täter fixiert sind. Die Jungen sprechen weniger über die durch Mediendarstellungen ausgelösten Ängste, Mädchen finden in ihrem Freundeskreis dagegen die Möglichkeit, ihre Erlebnisse und Ängste zu thematisieren. Dieser Umstand ist auf unterschiedliche Sozialisationseinflüsse zurückzuführen, aus denen verschiedene Kommunikationsformen resultieren. Danach sind Mädchen eher an Beziehungen mit intimen Kommunikationsformen orientiert, während die Jungen sich an Eigenschaften ausrichten und persönlichen Kommunikationsformen weniger zugeneigt sind. Frauen und ihre Lebenszusammenhänge kommen in der Darstellung in Massenmedien entweder kaum oder nur trivialisiert vor.

Quelle, Literatur

Aufenanger, Stefan: Medienrezeption von Jungen und Mädchen. In: informationen, Heft 1/1995, Seite 1ff.; Hrsg.: Aktion Jugendschutz Landesarbeitsstelle Baden-Württemberg, Stafflenbergstraße 44, 70184 Stuttgart

Bachmair, Ben: Abenteuer Fernsehen. Ein Begleitbuch für Eltern. Kap. 2 (Bilder für Mädchen, Bilder für Jungen). Deutscher Taschenbuchverlag München 2001

Luca, Renate: Zwischen Ohnmacht und Allmacht. Unterschiede im Erleben medialer Gewalt von Mädchen und Jungen. Campus Verlag Frankfurt 1993

Luca, Renate (Hrsg.): Medien. Sozialisation. Geschlecht. Fallstudien aus der sozialwissenschaftlichen Forschungspraxis. München 2003

Rauw, Regina; Jautz, Olaf; Reiner, Ilka; Ottemeier-Glücks, Franz Gerd (Hrsg.): Perspektiven geschlechtsbezogener Pädagogik. Impulse und Reflexionen zwischen Gender, Politik und Bildungsarbeit. Opladen: Verlag Leske + Budrich 2001

2.5 Wirkung von Medien: Beispiel „Gewalt"

„Viele Kinder: Brutal und rücksichtslos wie Rambo". „Der Montag wird zum Horrortag". Solche und ähnliche Schlagzeilen finden sich regelmäßig in den Presseorganen oder am Stammtisch. Eltern, Lehrer und Erzieher beschäftigt die Frage, wie sich die in den Medien, vor allem im Fernsehen und in den Computerspielen dargestellte Gewalt auf Kinder und Jugendliche „auswirkt". Sie haben Angst, dass die Kinder durch grausame Bilder überfordert werden.

Bereits in Kap. 2.1.2 wurde der derzeitige Forschungsstand zur „themengeleiteten Rezeption" der Medien dargestellt. Von daher kann man nicht mehr von einem direkten ursächlichen Zusammenhang von der in den Medien erlebten Gewalt und der Ausübung von Gewalt im Alltag ausgehen. Die Wirkung der Medien ist nicht monokausal sondern es sind sehr viele Einflussfaktoren zu berücksichtigen.

Folgendes Schaubild mit Erläuterungen von Tulodziecki (1994) veranschaulicht die verschiedenen Einflussfaktoren bei der Medienwirkung:

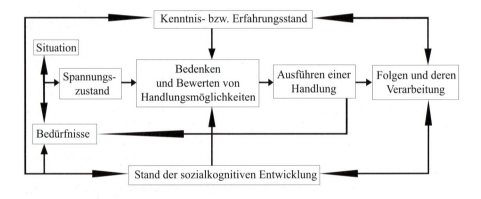

Zu: Situation, Gewalt und Medien

Die Lebenssituation der Kinder und Jugendlichen ist oft so gestaltet, dass nur Aggressionen als geeignetes Mittel erscheinen, um bestimmte Wünsche beziehungsweise verschiedene Bedürfnisse, zum Beispiel nach Zugehörigkeit, zu befriedigen.

In den Medien, unter anderem im Fernsehen, gibt es eine Fülle von Gewaltdarstellungen, und zwar sowohl im dokumentarisch-informierenden als auch im fiktionalen Bereich. Damit sind Kinder und Jugendliche Gewaltdarstellungen vieler Art – von den Nachrichtensendungen über Vorabendserien bis zu Filmen im Abend- und Nachtprogramm – ausgesetzt.

Zu: Bedürfnisse, Gewalt und Medien

Aggressionen betrachtet Tulodziecki als Mittel zur Befriedigung tieferliegender Grundbedürfnisse:

- Grundlegende physische und psychische Bedürfnisse: Sie zeigen sich unter anderem in Hunger, Durst, Sexualität, Streben nach Spannung und Sinneserregung.

- Orientierungs- und Sicherheitsbedürfnisse: Bedürfnisse dieser Art sind beispielsweise im Streben nach Erkundung der Umwelt, nach Ordnung, Schutz und Angstfreiheit erkennbar.

- Zugehörigkeits- und Liebesbedürfnisse: Hierunter kann man Bedürfnisse nach dem Angenommensein in einer Gruppe (Peer-Group), nach Zuneigungen, Kontakt und Liebe zusammenfassen.

- Achtungs- und Geltungsbedürfnis: Dazu gehören die Bedürfnisse nach Stärke, Leistung, Bewältigung von Anforderungen, nach Status, Anerkennung, Dominanz und Wertschätzung.

- Selbstverwirklichungsbedürfnisse: Hiermit ist das Verlangen gemeint, Talente, Interessen und Möglichkeiten, die der oder die Einzelne besitzt, zu aktualisieren und zur Geltung zu bringen, zum Beispiel im sozialen, künstlerischen, sportlichen oder wissenschaftlichen Bereich.

Die Gewaltausübung von Kindern und Jugendlichen kann also als Mittel der Befriedigung von Grundbedürfnissen verstanden werden. Die Gefahr, dass diese geschieht, ist um so größer, je weniger die Lebenswelt der Kinder und Jugendlichen eine humane Befriedigung dieser Grundbedürfnisse zulässt. Insbesondere wächst die Gefahr, wenn in der Lebenswelt der Jugendlichen die physiologischen und psychischen Grundbedürfnisse sowie die Bedürfnisse nach Orientierung und Sicherheit, nach Zugehörigkeit und Liebe sowie nach Achtung und Geltung frustriert werden. Bedürfnisfrustration führt keineswegs zum Absinken eines Bedürfnisses, sondern im Gegenteil zu seiner Verstärkung, bis es sich schließlich in Aggressionen gegen eine andere oder die eigene Person oder gegen Sachen entlädt.

Auch die Medien – mit ihren Gewaltpräsentationen – sind ein Bestandteil der Lebenswelt von Kindern und Jugendlichen und es sind bestimmte Rückwirkungen zu erwarten. Bezogen auf *physiologische und psychische Grundbedürfnisse* kann die Rezeption von Gewaltdarstellungen zum Beispiel das Bedürfnis nach Spannung und Sinneserregung aufnehmen und unter Umständen befriedigen.

Hinsichtlich der *Orientierungs- und Sicherheitsbedürfnisse* kann die Rezeption von Gewaltdarstellungen unter anderem der Erkundung dienen, wie die Welt gestaltet ist, was beispielsweise bei Kriminalfällen, in Kriegen oder bei Katastrophen geschieht. Bei der Rezeption dokumentarischer oder fiktionaler Gewaltdarstellungen mag darüber hinaus die eigene Sicherheit in der Beobachterperspektive als lustvoll empfunden werden, insbesondere wenn sich Kinder und Jugendliche dabei aneinander oder an Eltern kuscheln können und die eigene Sicherheit auf diese Weise körperlich erleben. Das Sicherheitsbedürfnis kann auch dadurch zunächst angeregt und dann befriedigt werden, dass sich Kinder und Jugendliche mit Hauptpersonen in Filmen identifizieren, die zunächst in Gefahr geraten, dann aber selbst oder mit Hilfe von anderen die Gefahren meistern und damit wieder Sicherheit erlangen. Werden Sicherheitsbedürfnisse jedoch nur angeregt und dann weder im sozialen Kontext noch durch den Verlauf von Filmhandlungen aufgelöst, kann es zu erheblichen Ängsten bei Kindern und Jugendlichen kommen.

Die *Zugehörigkeit- und Liebesbedürfnisse* sind bei der Rezeption von Gewaltdarstellungen unter anderem dann im Spiel, wenn man bestimmte Gewaltdarstellungen kennen muss, um in einer Gruppe mitreden zu können, zum Beispiel in einer Gruppe von Jugendlichen, die bestimmte Videoclips bevorzugt. Sie können auch durch Identifikationen aufgenommen werden, zum Beispiel wenn ein gewaltausübender Held mit Liebe und Zuneigung belohnt wird.

Auch *Achtungs- und Geltungsbedürfnisse* können im Zusammenhang mit der Rezeption von Gewaltdarstellungen bedeutsam werden. Das ist zum Beispiel der Fall, wenn Jugendliche sich durch die Kenntnis verschiedener Action-, Krimi-, Kriegs- oder Horrorfilme Achtung in der Gruppe der Gleichaltrigen verschaffen oder bei Horrorfilmen möglichst lange „cool" bleiben. Darüber hinaus können sie sich mit gewaltausübenden „Helden" identifizieren und damit an der Macht „teilhaben", die diese im Film verkörpern.

Das *Selbstverwirklichungsbedürfnis* kann dagegen bei der Rezeption von Gewaltdarstellungen kaum zur Geltung kommen. Denkbar wäre jedoch, dass Jugendliche künstlerische Talente bei der Produktion eigener Filme zum Thema Gewalt entwickeln.

Zu: Erfahrungen, Gewalt und Medien

Kinder und Jugendliche machen mit Gewalt und Gewaltanwendung im Laufe ihrer Sozialisation verschiedene Erfahrungen. Sie erleben Gewalt im direkten Handeln als Opfer, zum Beispiel bei körperlicher Züchtigung durch die Eltern, oder als Gewaltausübende, zum Beispiel bei Prügeleien mit Geschwistern oder Gleichaltrigen. Ferner nehmen sie Gewaltanwendungen in dem sozialen Kontext, in dem sie leben, als Beobachter wahr, zum Beispiel, wenn es zu handgreiflichen Auseinandersetzungen zwischen Kindern oder Jugendlichen auf dem Spielplatz, Pausenhof etc. kommt. Zu diesen Formen der unmittelbaren tritt bei der Mediennutzung die mittelbare Erfahrung von Gewaltausübung in bildhafter und sprachlicher beziehungsweise symbolischer Darstellung. Auf dieser Basis beider Erfahrungsformen bildet sich bei den Kindern und Jugendlichen ihre Vorstellung von Gewalt sowie von Gewaltursachen und -folgen heraus.

Diese Vorstellungen machen den jeweiligen Kenntnis- beziehungsweise Erfahrungsstand zum Thema Gewalt aus, der eine wichtige Einflussgröße bei der Entscheidung für oder gegen Gewaltanwendung sein kann. Welche Vorstellungen im Zusammenspiel unmittelbarer und mittelbarer Formen der Erfahrung im Einzelnen entstehen, ist von der individuellen Biografie und der sozialen Umgebung der Kinder und Jugendlichen abhängig und kann nicht allgemein geklärt werden.

Welche Botschaften vermitteln die Medien zum Thema Gewalt?

Prügeleien machen Spaß und liefern „Action" ohne ersthafte Folgen.

In Slapstikserien, Zeichentrickserien, Actionserien und manchen Spielfilmen wird diese Botschaft oft übermittelt. Es wird häufig geschlagen und getreten beziehungsweise geprügelt, geschossen und mit allen möglichen Waffen gekämpft; die Folgen der Gewaltanwendungen bleiben jedoch unsichtbar. Verletzungen oder gar Blut gibt es nicht, die gewalttätig attackierten Personen tauchen im nächsten Moment wieder quicklebendig auf, und wenn schon mal jemand „vernichtet" wird, dann geschieht dies durch Explosion oder Auflösung, ohne dass körperliche Überreste zurückbleiben. Die negativen Folgen von Gewalt werden ausgeblendet. Kinder können so Spannung und Spaß genießen, die mit der Gewaltrezeption verbunden sind, ohne sich mit den negativen Konsequenzen auseinander setzen zu müssen. In gewisser Weise findet diese Art der Darstellung ihre Entsprechung in den klinisch reinen Kriegsberichterstattungen im Fernsehen (zum Beispiel Irak-Krieg).

Mit Gewalt kann man Konflikte schnell lösen und seine Interessen durchsetzen.

In vielen Serien und Spielfilmen wird zunächst dadurch Spannung erzeugt, dass ein Konflikt in den Mittelpunkt rückt. Die Konfliktlösung wird dann in der Regel – zum Teil auch aus dramaturgischen und zeitlichen Gründen – durch Ausübung von Gewalt herbeigeführt. Gewaltfreie Konfliktlösungen werden demgegenüber wesentlich seltener präsentiert. Insbesondere wenn sich Kinder und Jugendlichen mit gewaltausübenden „Helden" identifizieren, besteht die Gefahr, dass sie lernen, dass Gewaltanwendung ein erlaubtes Mittel der Konfliktlösung im Sinne eigener Interessen zu sein scheint. Eine solche Auffassung wird im Übrigen nicht nur durch fiktionale Darstellungen nahegelegt, sondern auch durch das präsentierte Handeln im politischen Raum bis hin zum Krieg.

Wenn man etwas erreichen will oder in Not ist, muss man sich selbst helfen – notfalls mit Gewalt. Auf die Hilfe oder Rücksicht anderer sollte man nicht hoffen.

Diese Botschaft wird unter anderem dadurch vermittelt, dass in vielen Actionserien und -filmen der „Held" als Einzelkämpfer dargestellt wird. Gleichzeitig erscheinen potenziell helfende Instanzen, zum Beispiel die Polizei, in vielen solcher Filme als hilflos, dumm oder gar korrupt. Insbesondere geschieht dies in so genannten Rächer- oder Selbstjustizfilmen, in denen der „Held" allein gegen das Unrecht angeht. Wenn die Gefahr besteht, dass man angegriffen wird – so können es die Kinder und Jugendlichen aus solchen Serien und Filmen lernen – muss man selbst möglichst stark sein beziehungsweise sich mit überlegener Technik bewaffnen, um für Verteidigung und Gegenangriff gerüstet zu sein. Solidarisches Handeln anzustreben oder zu erhoffen ist zwecklos.

Das Leben ist ein ständiger Kampf. Man ist entweder Sieger oder Besiegter.

Soziale Beziehungen werden in Action- und Horrorfilmen häufig als Kampfsituationen dargestellt. Dabei gibt es eine klare Unterscheidung von Siegern und Besiegten, die in Gewaltaktionen ihre Machtmittel ausspielen. Die kampfbezogene Interpretation sozialer Beziehungen legt es nahe, diese nach den Kriterien von Macht und Stärke zu bewerten. Aus dieser Sicht muss es Kindern und Jugendlichen erstrebenswert erscheinen, selbst der Stärkere zu sein, oder – wenn dies nicht der Fall ist – sich dem Stärkeren anzuschließen und diesem auch bei Gewaltanwendung unhinterfragt zu folgen. So erhöht sich die Chance, letztlich zu den Siegern zu zählen.

Das Leben ist gefährlich. Man ist überall Gefahren ausgesetzt.

Aus der Sicht von Actionfilmen, Krimis, Nachrichten und einer Reihe von dokumentarischen Sendungen ist das Leben in dauernder Gefahr (aktuell: Terroranschlag am 11. September 2001 auf das Word Trade Center in den USA; d. Verf.). Raub, Vergewaltigung, Mord, Totschlag, Unfälle, Naturkatastrophen, Kampfeinsätze und Kriege gehören zum Leben; auch wir könnten jederzeit zum Opfer einer Gewalttat werden. In Horrorfilmen bricht das Böse schlechthin in undurchschaubarer Weise schicksalshaft in das Leben – gerade der friedliebenden Menschen – ein. Wenn es Kindern und Jugendlichen nicht gelingt, die damit verbundene Vorstellung von der Welt angemessen aufzuarbeiten, bleiben ständige Gefühle der Bedrohung, Unsicherheit und Angst zurück. Diese Gefahr besteht besonders bei Gewaltdarstellungen, die Kinder als realistisch einstufen, bei denen sie sich in die Opfer einfühlen, und bei solchen, die in mysteriöse Kontexte eingebunden sind.

Gewalt ist ein gerechtfertigtes Mittel, wenn sie dem richtigen Zweck dient, oder: Der Zweck heiligt die Mittel.

Eine solche Vorstellung kann sowohl durch Horror- und Actionfilme, aber auch durch die politische Berichterstattung grundgelegt werden. In Horror- und Actionfilmen geschieht dies unter anderem dadurch, dass ein brutales Verbrechen an einer sympathischen und unschuldigen Person gezeigt wird. Vor dem Hintergrund der damit erreichten Emotionalisierung beim Zuschauer muss das Verbrechen nun gesühnt beziehungsweise in „gerechter" Weise bestraft werden, so dass der „Held" mit noch brutalerer Gewalt gegen das Böse vorgeht. In Krimis ist die

Rechtfertigung von Gewaltanwendungen durch die Polizei von vorneherein dadurch gegeben, dass es die Aufgabe der Polizei ist, Recht und Ordnung herzustellen und die Sicherheit der Bürgerinnen und Bürger zu garantieren. In der politischen Berichterstattung werden ganze Kriege, zum Beispiel der Irak-Krieg, damit gerechtfertigt, dass dadurch das Völkerrecht gesichert werden soll.

Die Einflüsse, die solche oder ähnliche „Botschaften" zur Gewaltthematik auf die Vorstellungsbildung der Kinder und Jugendlichen haben, sind von den sonstigen (unmittelbaren) Erfahrungsmöglichkeiten abhängig. So können die nichtmedialen Erfahrungen in Familie, Schule und Gleichaltrigengruppe eher in eine ähnliche oder eher in eine entgegengesetzte Richtung weisen. Im Wechselspiel der verschiedenen Erfahrungen – bei gegenseitiger Verstärkung oder Abschwächung – bilden sich dann die jeweiligen Vorstellungen zum Thema Gewalt in den Köpfen der Kinder und Jugendlichen.

Sozial-kognitive Entwicklung, Gewalt und Medien

Die Entscheidung für oder gegen eine Gewaltdarstellung wird unter anderem vom sozial-kognitiven Entwicklungsstand der Kinder und Jugendlichen beeinflusst. Es geht um die Frage, welchen Einfluss die Mediennutzung auf die sozial-kognitive Entwicklung der Kinder und Jugendlichen haben kann.

Entwicklungsstufen der Moral nach Kohlberg (1974)

Orientierung an Strafe und Gehorsam

Auf dieser Stufe werden von den Kindern und Jugendlichen egozentrisch nur die eigenen Bedürfnisse gesehen. Andere Menschen werden nur unter dem Aspekt gesehen, ob sie unter Umständen strafen können beziehungsweise Gehorsam verlangen. Verantwortlich ist man nur für das eigene Wohlbefinden. Eine Handlung, die für einen selbst positive Folgen hat, ist gut; eine Handlung mit negativen Folgen ist schlecht.

Orientierung an den eigenen Bedürfnissen unter Beachtung der Interessen anderer

Wenn man seine eigene Bedürfnisse befriedigen will, ist es zweckmäßig, die Bedürfnisse der anderen zu berücksichtigen und gegebenenfalls mit den anderen zu verhandeln. Immerhin rücken auf dieser Stufe die Interessen der anderen in den Blick. Richtig ist eine Handlung, wenn man die eigenen Bedürfnisse unter Beachtung der Bedürfnisse der anderen befriedigt. Dies kann nach dem Motto geschehen: „Eine Hand wäscht die andere".

Orientierung an der Erwartung von Bezugspersonen und Bezugsgruppen

Man versteht sich selbst als Teil einer sozialen Beziehung, wobei die Erwartungen von Bezugspersonen möglichst erfüllt werden sollten. Eigene Wünsche werden unter Umständen unterdrückt, um den Normen und Erwartungen von Gruppen gerecht zu werden. Richtig ist in diesem Zusammenhang ein Verhalten, das anderen gefällt und deren Zustimmung findet; falsch ist es, andere zu enttäuschen beziehungsweise etwas zu tun, das auf Ablehnung bei den Bezugspersonen stößt.

Orientierung am sozialen System mit einer bewussten Übernahme gerechtfertigter Verpflichtungen

Das Individuum ist mitverantwortlich, dass die gesellschaftlichen Regelungen und Normen eingehalten werden. Richtiges Verhalten ist in der Regel dadurch gekennzeichnet, dass man die Gesetze achtet, seine Pflicht tut und sich für die soziale Ordnung um ihrer selbst willen einsetzt. Falsch ist ein Verhalten, bei dem gesamtgesellschaftliche Regelungen und Normen missachtet werden.

Orientierung an individuellen Rechten und ihrer kritischen Prüfung unter dem Anspruch der menschlichen Gemeinschaft

Jetzt steht das Individuum im Mittelpunkt. Seine Handlungen müssen kritisch unter der Frage betrachtet werden, inwieweit sie aus der Sicht allgemeinen menschlichen Handelns tragbar beziehungsweise verantwortlich sind. Eine Handlung ist dann gerechtfertigt, wenn sie mit den allgemeinen Rechten des Individuums übereinstimmt und gleichzeitig einer kritischen Prüfung unter der Frage standhält, ob diese Rechte von der gesamten menschlichen Gemeinschaft getragen werden könnten.
Untersuchungen zum sozial-kognitiven Urteilsniveau von Jugendlichen zeigen, dass Kinder eher auf der Stufe 2 und Jugendliche eher auf der Stufe 3 argumentieren und die Stufe 4 und 5 nicht erreichen.
Welchen Einfluss die Mediennutzung – insbesondere die Rezeption von Gewaltdarstellungen in den Medien – auf den sozial-kognitiven Entwicklungsstand hat, ist schwer abzuschätzen. Allerdings ist zu befürchten, dass viele Medienangebote – mit ihrer stereotypen Darstellung von Gut und Böse sowie von gewaltsamen Konfliktlösungen und mit der ständigen Werbung für Genuss und Konsum – Orientierungen nahelegen, die höchstens der zweiten Stufe sozial-moralischer Entwicklung entsprechen, etwa nach dem Motto „Wie du mir, so ich dir" oder „Eine Hand wäscht die andere" oder „Der Zweck heiligt die Mittel" oder „Genieße dein Leben, gegebenenfalls auch auf Kosten anderer".
So könnte von der Medienrezeption die Gefahr ausgehen, dass Kinder und Jugendliche in Orientierungen auf der ersten und zweiten Stufe der sozial-kognitiven Entwicklungen verstärkt werden und damit in sozial-moralischer Hinsicht keine Barriere gegen Gewaltanwendung entsteht.

Quelle, Literatur

Aufenanger, Stefan: Über Medien reden: Gewalt – ein gewaltiges Thema. Hrsg.: Bundeszentrale für politische Bildung. Bonn 2000

Baacke, Dieter: Geflimmer im Zimmer. „Wenn der den umhaut, das find' ich lustig!" Kinder und mediale Gewalt. Hrsg.: Bundesministerium für Familie, Senioren, Frauen und Jugend, Berlin (aktualisierte Neuausgabe)

Internationales Zentralinstitut für Jugend- und Bildungsfernsehen – IZI – (Hrsg.): Themenheft „Gewalt im Fernsehen". In: Televizion, Heft 8/1995/2: (Wie beobachten und verarbeiten Kinder Gewaltdarstellungen in Fernsehprogrammen? Die Gewaltdebatte auf dem Weg in den „sozialen Medienmarkt"; „Werther-Effekt"-Suizid und Mediengebrauch; Mediengewalt und Medienpädagogik – Wie Jugendliche mit Actionfilmen umgehen) München 1995

„Manchmal hab' ich große Angst" (Video, 45 Min., ausleihbar bei örtlichen Kreismedienzentren, zum Beispiel Kreismedienzentrum Ravensburg, Verleih-Nr.: 4256944). Der Film geht auf unterschiedlichen Ebenen der Frage nach, wie Kinder Gewalt in Fernsehen und Video erleben. Das Medium gibt Informationen über gesetzliche Möglichkeiten und über Wege für Eltern und Erzieher, sich dem Thema zu stellen.

Rogge, Jan-Uwe: Umgang mit dem Fernsehen (Kap. 5: Medien und Aggression). Neuwied 1996

Tulodziecki, Gerhard: Medien – Gewalt – Schule. In: informationen, Heft 1/1994. Hrsg.: Aktion Jugendschutz, Landesarbeitsstelle Baden-Württemberg, Stafflenbergstraße 44, 70184 Stuttgart

Weiss, Rudolf H.: Mediengewalt bei Kindern und Jugendlichen. In: Beratungslehrer-Informationsdienst der Landesanstalt für Erziehung und Unterricht Stuttgart, 1/1999 (3.1 SLS)

Wiederholungsfragen

1. Beschreiben Sie den bewahrpädagogischen Ansatz der Medienpädagogik anhand von beispielhaften Vertretern dieser Theorie (Abschnitt 2.1.1).
2. Beschreiben Sie die themengeleitete Rezeption von Medien. Bringen Sie ein konkretes Beispiel (Abschnitt 2.1.1).
3. Erläutern Sie den Begriff „Medienkompetenz" (Abschnitt 2.2).
4. Welche Fragen stellen sich für die medienpädagogische Arbeit mit Kindern und Jugendlichen zum Thema: „Wahrheit in den Medien" (Abschnitt 2.3.1)?
5. Stellen Sie an einem Beispiel die Manipulationstechniken im Fernsehen dar (Abschnitt 2.3.1).
6. Erläutern Sie die entwicklungspsychologischen Phasen der Wahrnehmung von Medien durch Kinder und Jugendliche (Abschnitt 2.4.1).
7. Stellen Sie die unterschiedliche Medienrezeption von Jungen und Mädchen dar. Bringen Sie Beispiele (Abschnitt 2.4.2).
8. Erläutern Sie am Beispiel von Gewalt in den Medien, wie sie auf Kinder und Jugendliche wirkt (Abschnitt 2.5).

Anwendungsfragen

1. Suchen Sie aus dem Video: „Hilfe – Kinder lieben Fernsehen!" (VC 988) oder aus dem Medienpaket: „Kinder sehen fern" (MP 4081) Passagen heraus, in denen der Ansatz der „themengeleiteten Rezeption" vertreten wird. (Verleih: EMZ oder evtl. bei örtlichen Kreismedienzentren).

2. Befragen Sie Kinder oder Jugendliche in sozialpädagogischen Einrichtungen, warum sie immer wieder die gleichen Genres bevorzugen (zum Beispiel Märchen, Bilderbücher, Kinderbücher, Jugendbücher, Jugendzeitschriften, Fernsehserien, Computerspiele …). „Was gefällt dir so an dieser Geschichte, diesem Film …?" Deuten Sie die Aussagen auf dem Hintergrund der Lebenswelt der Kinder oder Jugendlichen.

3. Zeigen Sie am Beispiel eines der Filme (Abschnitt 2.3.2) die Glaubwürdigkeit/Wirklichkeit der Medien auf.

4. Lassen Sie Jugendliche einen eigenen manipulierten Film drehen (Abschnitt 2.3.2).

5. Lassen Sie Kinder oder Jugendliche zu einem aktuellen Tagesthema unterschiedliche Medienberichte sammeln und vergleichen (Zeitungsberichte, Radio- und Fernsehberichte verschiedener Sender).

6. Zeigen Sie Kindern, Jugendlichen oder alten Menschen in einer sozialpädagogischen Einrichtung einen Film, in denen harmlose, „lustige" Gewaltszenen vorkommen (zum Beispiel „Tom und Jerry"). Wie unterschiedlich nehmen die Teilnehmer/-innen die Szenen wahr? Oder lesen Sie eine Geschichte (zum Beispiel ein Märchen) vor, in der Gewalt vorkommt.

3. Printmedien für Kinder, Jugendliche und alte Menschen

3.1 Das Märchen

3.1.1 Märchenarten: *Volksmärchen und Kunstmärchen*

Das Volksmärchen

Was ist ein Volksmärchen? Nach Schaufelberger (1987) ist das Volksmärchen

- eine Geschichte von wunderbaren Ereignissen, die ein Held meistert;
- eine Abenteuererzählung, die raffend, sublimierend und ordnend die wesentlichen Bezüge des menschlichen Daseins zur Darstellung bringt;
- eine mit dichterischer Phantasie entworfene Erzählung, besonders aus der Zauberwelt;
- eine nicht an die Bedingungen des wirklichen Lebens geknüpfte Geschichte.

Das Volksmärchen ist „irgendwann von einem hochbegabten Individuum geschaffen, vom Volk im Lauf der Zeit neuen Bedürfnissen anverwandelt und schließlich mit der Fixierung als Buchmärchen (zum Beispiel die Kinder- und Hausmärchen der Gebrüder Grimm) in ihrer Weiterverwandlung gestoppt worden".

Lebenslauf der Gebrüder Grimm – ein „Erlebnisbericht"

Jakob Ludwig Carl Grimm wurde am 4. Januar 1785 in Hanau geboren. Sein jüngerer Bruder Wilhelm Carl erblickte am 24. Februar 1786 das Licht der Welt. Jakob war der flinkere. Sein jüngerer Bruder war zwar größer und kräftiger als er, aber in allem etwas langsamer und bedächtiger. Kurz nach dem elften Geburtstag von Jakob verstarb der Vater. Die Mutter hatte es nun besonders schwer. Das Einkommen war für die Familie sehr bescheiden geworden. Man musste sich einschränken, Kleidung und Essen für die heranwachsenden Kinder hatte Vorrang. Viel Kopfzerbrechen machte der Mutter die Frage, was mit den beiden Ältesten, mit Jakob und Wilhelm, geschehen sollte. Sie sollten in eine höhere Schule, ein Gymnasium. Solche Schulen gab es aber nicht in der Nähe. Eine Tante, welche in Kassel wohnte, besorgte den beiden Brüdern eine Unterkunft und sorgte für sie.

Wenn die beiden Brüder Heimweh hatten, erinnerten sie sich gerne an ihre Kinderfrau, die so schön Märchen erzählen konnte. In den Ferien zu Hause kam ihnen zum ersten Mal die Idee, die Märchen aufzuschreiben, damit sie nicht vergessen würden. Aber die bevorstehenden Prüfungen erlaubten es ihnen nicht, diese Idee weiterzuverfolgen.

Die beiden Brüder studierten nun an der Magdeburger Universität. Jakob durfte sogar seinen Professor zu wissenschaftlichen Arbeiten nach Paris begleiten. Mit seinen 20 Jahren war er also bereits ein weitgereister Mann.

Beliebter Treffpunkt für das junge Volk in Kassel war die Apotheke der Familie Wild. Hier sorgten drei hübsche, muntere Töchter für Fröhlichkeit im Leben. Freundinnen und Freunde gingen in dem gastlichen Hause aus und ein. Märchenerzählen war damals bei Alt und Jung eine beliebte Freizeitbeschäftigung. Gretchen Wild war ein besonderes Erzähltalent. Sie erzählte so eindringlich und lebendig, dass man die Figuren förmlich vor sich sah und alles andere vergaß. Nie war es in der Stube der Wilds so still, als wenn Geschichten erzählt wurden. Nicht nur Gretchen, sondern auch Mutter Wild war ein gute Erzählerin. Und dann gab es noch jemanden, dessen Märchenvorrat schier unerschöpflich schien. Das war die alte Marie. Sie war als Kinderfrau ins Haus gekommen und lebte auch jetzt noch hier.

Auch heute Abend fing sie an zu erzählen. Von „Rapunzel", von der „weißen Taube" und andere vergnügliche Geschichten. Jakob und Wilhelm hörten wie verzaubert zu. Als die alte Marie eine Pause machte, stieß Jakob den Bruder an und meinte: „Wäre es nicht ewig schade, wenn diese Märchen verloren gingen, weil niemand sie mehr erzählen kann? Man sollte sie wirklich aufschreiben und sammeln." – „Daran denke ich immer wieder", stimmte ihm Wilhelm zu und sagte leise: „Hier, bei der alten Marie sind wir ja an der richtigen Quelle." Als Jakob sich an die alte Frau wandte und um ihre Mithilfe bat, stieg ihr die Röte in die Wangen. Ein wenig verschämt und auch wieder geschmeichelt, antwortete sie: „Aber freilich,

**Kinder-
und
Hauß-Märchen.**

Gesammelt
durch
die Brüder Grimm.

———

Kleine Ausgabe.

Mit sieben Kupfern.

———————————

Berlin, 1825.
Gedruckt und verlegt
bei G. Reimer.

es wird mir eine Ehre sein, den jungen Herren dabei zu helfen. Aber soll denn wirklich alles aufgeschrieben werden, was ich so erzähle?" – „Was wir gehört haben und noch hören werden, ist sehr wertvoll für uns."
Nun begannen die beiden Brüder Märchen zu sammeln. Weitere „Gewährsleute", das heißt solche, die ihnen Märchen erzählten, waren in Hessen neben der „alten Marie" auch die Märchenerzählerin Dorothea Viehmann aus Kassel-Niederzwehren, ferner Leute aus bürgerlichen Kreisen, zum Beispiel Jeanette Hassenpflug und adelige Damen, zu denen auch Annette von Droste-Hülshoff gehörte. Bei den meisten dieser

Gewährsleute war der Einfluss der französischen Märchen – besonders von Perrault – vorherrschend.

Jetzt musste das „Rohmaterial" bearbeitet werden. Dies unternahm vor allem der musische Wilhelm Grimm. Die Originalfassungen enthielten Passagen, die für Kinder nicht geeignet waren, zum Beispiel bei „Rotkäppchen" sexuelle Andeutungen; sie wurden „entschärft". Auch wurden aus allen Müttern „Stiefmütter", denn Mütter können nicht so böse sein, wie sie in den Volksmärchen oft dargestellt werden. Dank der Vermittlung von Achim von Arnim erschien der erste Band der Kinder- und Hausmärchen 1812. Gewidmet ist das grüne Buch der Freundin der Brüder Grimm und von Arnims Frau – Bettina. Der zweite Band, der drei Jahre später erschien, enthält ein Portrait der Märchenfrau Dorothea Viehmann.

Die Brüder Grimm haben die Bedeutung der mündlichen Überlieferung erkannt („das Märchen dichtet sich selbst") und diese „getreu" weitergegeben. Im Jahre 1825 erscheint die preisgünstige „Kleine Ausgabe" von 1825.

Quelle, Literatur

Kluge, Manfred: Die Brüder Grimm in ihren Selbstbiografien. Heyne Verlag 1985

Schaufelberger, Hildegard: Märchenkunde für Erzieher. Herder Freiburg 1987

Das Kunstmärchen

Was ist ein Kunstmärchen? Nach Schaufelberger (1987) ist ein Kunstmärchen „ein subjektives Kunst- und Gestaltungsmittel eines einzelnen Autors und Künstlers. Seine entscheidenden Impulse bekam es durch die Romantik und ist immer im Bereich des Wunderbaren angesiedelt. Es ist auch mehr zum Lesen geschaffen, braucht nicht unbedingt die Stimme des Erzählers … Während die Volksmärchen uralt sind, ist es jung, unterliegt allerdings mehr dem Zeitgeschmack …" Als Märchendichter im 19. Jahrhundert sind vor allem Clemens Brentano mit „Des Knaben Wunderhorn" und Hans Christian Andersen zu nennen. Weitere Kunstmärchendichter des 19. Jahrhunderts sind Hauff, Mörike, Storm, Goethe, Tieck, Chamisso. Wir haben auch im 20. Jahrhundert Kunstmärchen, etwa die von Janosch. Vor allem Michael Ende hat zum Beispiel im „Traumfresserchen" und „Momo" bekannte Kunstmärchen verfasst.

3.1.2 Besonderheiten des Volksmärchens

Neysters (1983) fasst die Eigenschaften des Volksmärchens treffend zusammen:

Das mündliche Erzählen wurde bei allen Völkern der Welt für sehr wesentlich gehalten.

In der buchlosen Zeit war das mündliche Erzählen die einzige Möglichkeit, die wichtigsten Ereignisse der älteren Generation weiterzugeben. Auch bei den Völkern, die die Schrift kannten, wurde das Wissensgut weiterhin mündlich vermittelt, da nur so der „Lernstoff" entsprechend der persönlichen Situation der Zuhörer ausgewählt und dargeboten werden konnte. Das Volksmärchen ist eine der vielen Formen, die sich aus der alten Erzähltradition und aus der Notwendigkeit des mündlichen Überlieferns heraus entwickelt haben.

Die typische Form des Volksmärchens und seine hohe dichterische Qualität wurde von unzähligen Generationen von Erzählern in Jahrhunderten entwickelt. Dabei wurde das Märchen so gestaltet, dass alles Überflüssige abgeschliffen und die inhaltliche Aussage auf das Wesentliche konzentriert wurde. Dadurch vermag sich jeder Mensch darin wiederzufinden.

Märchen beschäftigen sich mit Grundsituationen des Lebens.

Im Mittelpunkt des europäischen Volksmärchens steht der Mensch mit all seinen existenziellen Fragen und Problemen, Wünschen und Sehnsüchten, Ängsten und Zweifeln.

Konflikt

Da wird der Bräutigam von der richtigen Braut getrennt. Kinder werden im Wald ausgesetzt, Verbote werden missachtet. Einige Märchen beginnen damit, dass durch den Tod eines Elternteils oder die Angst davor quälende Probleme für das Kind aufgeworfen werden.
Konflikte dieser Art finden wir zum Beispiel in: „Die wahre Braut", „Hänsel und Gretel", „Rotkäppchen", „Aschenputtel".
In der Regel schildert das Märchen, wie im weiteren Handlungsverlauf die Konflikte und Probleme harmonisch gelöst werden und die natürliche Ordnung wiederhergestellt wird.

Wanderschaft

In den meisten Märchen steht ein Mensch im Mittelpunkt des Geschehens. Er ist die tragende Figur der Handlung, der „Märchenheld". Dieser ist kein Held im heroischen Sinne, sondern der Mensch schlechthin, der sich bewähren muss. Er ist wesentlich Wanderer, oftmals ein Suchender. Dem Märchen ist jedes Mittel recht, den Helden in die weite Welt zu schicken, zu den Sternen oder in das Land am Ende der Welt, wie etwa im Märchen „Die sieben Raben". Der Märchenheld löst sich von zu Hause, wandert fast immer allein. Die Aufgabe, die ihm zu Anfang gestellt wird, erscheint zunächst als nicht oder nur schwer lösbar, aber es begegnen ihm Tiere und jenseitige Wesen, die ihm durch Ratschläge oder Zaubergaben helfen. Ohne die letzten Zusammenhänge verstehen zu können, wird er durch die gefährliche, unbekannte Welt geleitet und kommt an das ersehnte Ziel, findet den Sinn seines Lebens.

Glück

Im Märchen wird vom Glück und Unglück erzählt, vom Glücksstreben des Menschen und der Glücksverwirklichung. Das Glück fällt dabei dem Helden nicht einfach zu: er muss sich bewähren, hier mit vollem Einsatz der Kräfte, dort durch Leid und Schmerz; Reichtum, Glück und Gold gehören für das Märchen zusammen; Zufriedenheit und ein langes Leben bilden den äußeren Abschluss eines jeden Märchens. Jeder von uns kennt die stereotypen Schlussformeln ähnlich dieser: „Der König, aber auch die Königin, mit ihren sechs Brüdern lebten lange Jahre in Glück und Frieden." Doch Märchenglück ist vielfältig und kann auch Befreiung (Erlösung) sein, Befreiung von der Hexe („Hänsel und Gretel") oder Erlösung aus verwunschener Tiergestalt („Schneeweißchen und Rosenrot").

Bewährungsproben

Das Märchen zeigt in den Bewährungsproben den Menschen stets als einen, der geprüft wird. Wir kennen Gehorsamsproben, Geduldsproben, Geschicklichkeitsproben, Mut- und Kraftproben. Eine völlig harmlos aussehende Aufgabe kann dabei zu einer Schicksalsprobe im Sinne des Geprüftwerdens werden: wie etwa im Märchen „Frau Holle" das Brot aus dem Ofen zu ziehen und den reifen Apfelbaum abzuernten.
Dazu kommen die scheinbar unlösbaren Aufgaben: Im Märchen „Die wahre Braut" befiehlt die Stiefmutter unter Androhung von Schlägen dem Mädchen, in einem Tag den großen Teich mit einem durchlöcherten Löffel auszuschöpfen. Doch ohne fremde Hilfe bewältigt der Held diese Aufgabe nur selten; in dem genannten Märchen kommt dem verzweifelten Mädchen eine gute alte Frau zu Hilfe.
Die Läuterung des Menschen durch Schmerz und Leiden und seine Reifung sind dabei von zentraler Bedeutung. So muss die Königstochter als Gänsemagd ihren Dienst tun. Das Märchen verlangt vom Helden selbstlose Opferbereitschaft. Nur wer bereit ist, sein Leben zu verlieren, wird es gewinnen (ein ganz und gar biblisches Prinzip!).
Das Märchen „Die sechs Schwäne" erzählt von einer jungen Königin, die sich vor dem Tode retten könnte, wenn sie nur ein Wort sprechen würde. Doch sie kann ihren Brüdern allein dadurch helfen, dass sie sechs Jahre schweigt. Ihr Brüder zu erlösen, bedeutet ihr mehr als das eigene Leben. Doch auch hier gibt es die „gute" Lösung, die Königin wird im letzten Augenblick gerettet, ebenso die sechs Brüder.

Das Märchen spricht in Bildern und Symbolen

Charakteristisch für das Volksmärchen ist, dass im äußeren Märchengeschehen seelische Vorgänge spürbar werden. Rein formal betrachtet, erleben wir den Aufstieg der Magd zur Königin mit: Aschenputtel heiratet den Königssohn, doch der Hörer kann erahnen, dass die Hochzeit ein Bild ist für die vollendete Selbstverwirklichung des Menschen. Die Goldmarie wird nach der Bewährung im Reich der Frau Holle mit Gold belohnt; Gold ist hierbei Bild für die hohe menschliche Vollendung. Ganz allgemein gesehen wird deutlich, dass das Märchen Entwicklungs- und Reifungsvorgänge bildhaft immer als Aufstieg, als Bewältigung von Gefahren, als Weg zur königlichen Hochzeit, zum Königtum oder zu Gold und Edelsteinen darstellt.

Ebenso werden menschliche Eigenschaften im Märchen immer in Handlung ausgedrückt. Wenn beispielsweise ein Mädchen goldene Haare hat wie die Gänsehirtin am Brunnen, so soll uns gezeigt werden, dass das Mädchen gute Eigenschaften besitzt. Das echte Märchen sagt nicht: die älteren Brüder waren hartherzig und hochfahrend, der jüngste aber mitleidig und bescheiden, sondern es zeigt vielmehr, wie die beiden dem bettelnden Mann nur Hohn spenden und ihren Kuchen und Wein für sich behalten, während der jüngste, der Dummling, mit dem Alten teilt (so auch im „Waldhaus").

Die Fülle der Märchensymbolik lässt sich nach Halbfas (1993) in kein Schema einfangen. Halbfas nennt folgenden Grundbestand von Symbolen:

Handlungsträger: Vater, Mutter, Söhne, Töchter, König, Königssohn, Königin, Prinzessin, Müller, Kaufmann, Soldat ... der Dummling, der oder die Jüngste, Hexe, Riese, Frau Holle, der Alte im Wald ... Vampir, Drache, Teufel

Tiere: Hund, Wolf, Pferd, Einhorn, Fuchs, Reh, Bär, Löwe, Ameise, Vogel, Biene, Adler, Frosch, Fisch, Ente, Schwan

Naturwesen: Zwerg, Elfe, Nixe

Zahlen: Drei, Sieben, Zwölf

Substanzen: Metalle: Gold, Silber, Kupfer, Eisen; Kristalle: Glas, Diamant

Räume: Haus, Weg, Wald, Teich/See, Mühle, Brunnen, Höhle, Unterwelt

König/Königin: Das Ziel des Märchenweges ist es, König und Königin zu werden. Einerlei ob man als Königs- oder armer Leute Kind geboren ist. Um selbst Verantwortung und Herrschaft antreten zu können, ist es notwendig, das Elternhaus zu verlassen, um auf langen Wanderwegen alle Herausforderungen zu bestehen und sich die inneren Voraussetzungen für das Königsamt zu gewinnen. Natürlich ist das Königsbild der Märchen Idealvorstellung des Volkes vom König ursächlich: Er stand über allen in seiner Macht und Verantwortlichkeit; er war stets jener, der alle Mühen auf sich nehmen musste, um das menschliche Wohlergehen mit der Harmonie der kosmischen Kräfte zu verbinden; noch bis zur Französischen Revolution hin brachte man zum König an bestimmten Festtagen die Kranken, damit er sie heile. Wahrhaft König ist nicht der, der das Leben bedrückt, sondern das Leben trägt. Er hat die eigene Enge überwunden und eine Harmonie aller Lebenszusammenhänge hergestellt. Er ist fähig in Frieden zu leben mit der Natur, mit den Tieren, mit den Nachbarn und mit den eigenen Trieben. Das Königtum ist im Märchen ein Symbol des Menschen, der seine Identität erreicht hat und aus dieser inneren Harmonie und Kraft heraus nun tatmächtige Verantwortung für alles Leben um sich herum übernehmen kann. Das Märchen führt nicht in die Realwelt des Feudalismus, vielmehr wird ihm deren Idealentwurf vom Königsein zum Symbol des bei sich selbst angelangten Menschen.

Der Dummling: Ausgangspunkt für den Königsweg ist die „Tumbheit" des Menschen, also nicht einfach der faktische Umstand, als Sohn oder Tochter irgendeines reichen oder armen Menschen geboren zu sein, sei es als erstes, drittes oder letztes Kind. Gewöhnlich meistert nur der „Dummling" unter ansonsten weltläufigen Geschwistern den langen und schwierigen Weg. „Dummling" ist er in den Augen jener, die sich in ihrer Cleverness über die Stillen im Lande erheben. Er oder sie sind vermeintliche Toren, Dienende, die in der Asche sitzen, mehr Herabsetzung als Wertschätzung erfahren, zu Einkehr und Besinnung fähig und empfänglich sind für die leisen Geräusche des Lebens: für die Botschaft des Windes, die Sprache der Tiere, das Wort derer, die man gewöhnlich übersieht und überhört. So gelingt den „Jüngsten", den „Aschenputteln" der Weg zum Wasser des Lebens, während die im Routineprozess vorgesehenen Erbberechtigten auf der Strecke bleiben.

Vonessen (1988) hat zehn Grundeigenschaften des „Dummscheinens" herausgearbeitet:
- Der Dummling ist einfältig, oder besser: *naiv*. Naiv heißt wörtlich nativ „gebürtig, neugeboren". Der Naive ist unerfahren, unkundig; er hat noch nicht gelernt, was die anderen schon wissen, er ist ihnen unterlegen.
- Der Dummling hat etwas ausgesprochen *Hilfloses*. Wer klug ist – und der Dummling ist eben nicht dumm – spielt sich eine Erfahrenheit, die er nicht hat, auch nicht vor. Er kennt seine Schwäche. Er erlebt jede neue Schwierigkeit auch als neue; er weiß nicht, wie er damit fertig werden soll. Dem Dummling fehlt jene Schlauheit und angeborene List, mit der viele Menschen einen Mangel an Erfahrung ausgleichen wollen.
- Der Dummling ist nicht lebensklug, sondern *weltfremd*.

- Der Dummling ist ganz *ohne Berechnung*, er ist aber zielstrebig und wechselt seine einmal vorgenommenen Ziele nicht, ohne Rücksicht auf die Folgen.
- Der Dummling ist *arglos*. Er weiß sich gegen Bosheit nicht zu wehren. Er ist trotz aller Stärke sehr schwach. Und wenn er schließlich dennoch den Sieg davonträgt, so ist das eines jener Wunder, auf die der Märchenerzähler und seine Hörer vertrauen.
- Der Dummling ist *sanft und mitleidig*.
- Der Dummling hat nicht selten einen *körperlichen Defekt*, eine Verunstaltung. Dies ist aber kein unabänderliches Schicksal, sondern fällt am Ende wie eine Schlangenhaut ab. Die Defekte sind bildlich zu nehmen. Sie stehen für das subjektive Missverständnis, das dem Dummling zuteil wird.
- Der Dummling ist *vergesslich*. Es ist eine Art von Taubheit; er hört nicht, weil er nicht zuhört. Er ist leichtsinnig. Andererseits ist der Dummling derjenige, der mehr als andere hört. Zum Beispiel versteht er die Tiersprache, das heißt, er ist für vieles taub, weil er auf *anderes* achtet.
- Der Dummling ist *blind*. Auch das ist bildlich zu verstehen. Der Dummling sieht zwar, aber er sieht nicht zu, er gibt einfach nicht Acht. Wiederum nicht, weil er etwa stumpf wäre, sondern weil er auf anderes Acht gibt.
- Der Dummling ist *lahm*. Gemeint ist eine Antriebsschwäche. Er gilt oft als träge und faul, ja mutlos. Aber sein gutes Glück schiebt ihn vorwärts. Am Ende erwacht er aus diesem Stadium der Verpuppung in Trägheit und wird ein aktiver weiser Herrscher.

Fazit

Der Dummling ist einfältig beziehungsweise, was dasselbe bedeutet, naiv; er ist ungeschickt, weltfremd, ohne Berechnung, arglos, sanft und mitleidig, vor allem zu Tieren; außerdem ist er scheinbar oder gar hässlich (entstellt), leichtsinnig (taub), verträumt (blind) sowie träge beziehungsweise lahm. Das sind alles Eigenschaften, die ihn so sympathisch machen.

Tiere: Geläufig ist die Dreiteilung der Tiere nach Wasser (Unterwelt), Land und Luft (Himmel). Am häufigsten sind die Metamorphosen von Menschen in Tiere und die Erlösung aus der Tiergestalt: Aus dem Frosch, dem Bär, dem tierischen Ungeheuer wird ein junger schöner Königssohn. Dann steht das Tier für das Unerlöste, Abgespaltene und Nicht-Integrierte. Aber niemals ist ein Tier einer einzigen seelischen Qualität gleichzusetzen, etwa nach dem Muster: Ameise = Fleiß, Lamm = Geduld, Löwe = Mut und Schlange = Falschheit. Da wäre es schon besser zu sagen, in der Symbolsprache eines Märchens kennzeichnen die Gestalt von Ross und Reiter das kentaurische Wesen des Menschen, schicksalhaft zusammengesetzt aus tierhaftem Instinkt und menschlichen Anlagen; das Ross den „unteren", rein instinktiven und intuitiven Aspekt des Menschen; der aufsitzende Ritter die „obere" Hälfte: bewusste Tapferkeit, sittliches Empfinden, Willenskraft und Vernunft, wenngleich im vielmaschigen Gewebe einer Geschichte damit noch lange nicht alle Aspekte benannt sind. Beispielsweise kann sich der Löwe als die stumme Führung des tierhaften anderen Ichs erweisen, als Stärke und Weisheit, aber diese Deutung ist keine Formel, die für den Löwen in anderen Märchen ebenso gültig sein muss. So etwa kann der Fuchs als Wegbegleiter und Freund beggenen, tollwütig als Verkörperung unkontrollierter Instinkte, im Tierbräutigam als Symbol für Eros und Sexualität (und niemals nur dies ausschließlich), wiederum als Rückverweis auf Kindheit und Jugend, als Seelenführer und nicht zuletzt als selbst erlösungsbedürftig. Das innere Tier will anerkannt werden und mit uns leben dürfen als ein etwas sonderbarer und oft verblüffender Gefährte. Wenn auch oft starrköpfig, weiß es doch vieles besser als unsere bewusste Persönlichkeit. Andererseits zeigt das Tier die unbefreite, oft nicht integrierte Instinkthaftigkeit des Menschen an, vielleicht auch eine vorbewusste Struktur, die erst noch ins Bewusstsein zu bringen ist, eine Triebhaftigkeit, die gemeistert werden will. Man muss das Symbol – hier also das Tier – ganz genau betrachten, sein formales So oder So, seine Struktur und Funktion in sich und im Zusammenhang der Umwelt, sein Art der Aktion, der Bewegung.

Wieder anders begegnet das Tier, wenn es die drei Naturzonen Wasser, Erde, Luft vertritt. Tiersymbole haben keine eindimensionale Bedeutung. Unsere eigene Lebensebene, die Erde, kann sich in unterschiedlichen Tieren und somit auch in unterschiedlichen Stufen und Aspekten darstellen, etwa im Bären, auch in Wolf oder Hund, natürlich ebenso im klugen Pferd. Wenn ein Junge, den sein Vater zu drei verschiedenen Meistern in die Lehre gab, lernte, was die Hunde bellen, was die Vögel sprechen und was die Frösche quaken, so sind die vom Vater als unnütz bewerteten Sprachen doch das einzige, was den Jungen die Stimmen von Himmel, Erde und Unterwelt verstehen lässt; mit ihnen gewinnt er das Gehör für die vom „Vater" als unnütz erklärten Sprachen, die ihn allein mit sich und der Welt in Einklang bringen.

Der Wald: Von den Raumzonen, die im Märchen eine Rolle spielen, sei der Wald herausgegriffen. Auch hier geht es nicht um die Realität Wald, wie sie Biologie und Geografie abhandeln, wenngleich die frühere Erfahrung des Waldes das Symbol natürlich trägt: jenes verwirrende, unübersichtliche, dunkle, oft ausweglose Dickicht, in dem überraschende Gefahren lauern und in dessen Tiefen der Mensch Weg und Richtung verliert. Im Märchen kann der Wald eine Zone des Unbewussten verkörpern, einen geheimnisvollen Bereich mit ungewöhnlichen Begegnungen und Erlebnissen, aus dem niemand unverändert wieder herauskommt.

Manch einer betritt den Wald, aber findet nicht mehr heraus. Wer aber die Krise besteht, geht gestärkt hervor.

Die Zahlen: Im Märchen vollzieht sich alles rhythmisch, in drei Versuchen für sieben Brüder, im Kampf mit drei-, sechs- und neunköpfigen Drachen, angesichts von zwölf Schwan-Brüdern, mit dem Segen von zwölf guten Feen, den die dreizehnte hemmt, im vierzehnten Lebensjahr, aber erst vollendet nach hundert Jahren.

Die **Dreizahl** gliedert die meisten Märchen. Sie ist eine Grundstruktur des menschlichen Denkens und Verhaltens. Von ihr geht Faszination aus: Die Zwei lässt noch offen, die Drei rundet ab, setzt einen Schlusspunkt. Erst was sich in der Dreizahl fassen lässt, ist ein abgeschlossenes Ganzes. „Aller guten Dinge sind drei."

In den allermeisten Märchen begegnen sich drei Brüder oder drei Schwestern. Die beiden älteren sind jeweils die angesehenen, begabteren, für eine erfolgreiche Zukunft bestimmt. Das dritte Kind ist ein Dummling, Träumer, Faulpelz oder Nichtsnutz. Doch kehren sich regelmäßig die Maßstäbe um: Die renommierten Geschwister versagen, weil sie nur auf die eigene Kraft und Klugheit setzen, aber wenig Intuition für andere haben, während der Dummling das Herz auf dem rechten Fleck hat, mit den Tieren fühlt und dem Missachteten mit Respekt begegnet.

Auch in der Märchenhandlung begegnet die Dreierregel: Drei Aufgaben sind zu erfüllen, drei Dinge sind hilfreich, drei Nächte gilt es zu durchwachen, drei Herausforderungen zu bestehen. Die Drei vertritt die Ganzheit der Welt.

Die **Siebenzahl** hat ebenfalls in allen Kulturen der Welt eine gliedernde Bedeutung. Der Siebener-Rhythmus ist ein Ordnungsprinzip, mit dem wir durch die Zeit gehen und das auch dem Lebensweg Struktur gibt. Philo von Alexandrien sah das menschliche Leben in Siebener-Schritten verlaufen, ähnlich beurteilte Rudolf Steiner in unserer Zeit die menschliche Entwicklung. Im Märchen begegnen wir sieben Raben und sieben Zwerge; es gibt Siebenmeilenstiefel, manchmal gilt es, sieben Jahre zu warten, bis die Erlösung kommt. Weil die Siebenzahl zur astronomisch-mathematischen Grundstruktur unseres Sonnensystems gehört, bestimmt sie seit dem 3. Jahrhundert v. Chr. den Zeitrhythmus. Die Weltgöttin Ischtar musste beim Abstieg in die Unterwelt zu ihrer Schwestergöttin alle sieben Hüllen ablegen, das heißt, ihre innerste Substanz herausschälen, um sich später wieder damit zu bedecken. Hier ist die Redensart von den „Siebensachen" grundgelegt.

Auch die **Zwölf** ist dem Sonnenjahr entnommen, dem der Mensch mit allen seinen Lebensvorgängen eingegliedert ist. In vielen alten Kulturen war die Zwölf eine Zahl der Vollkommenheit. Sie enthält die (göttliche) Drei und die (irdische) Vier. Aber auch die Fünf und Sieben sind darin. Das Jahr hat zwölf Monate, der Tag hat zwölf Stunden am Tag und zwölf für die Nacht. Zur Mittagsstunde schläft Pan, aber unheimlich ist die zwölfte Stunde um Mitternacht; es ist die Geisterstunde, in der die Dämonen durch den Kamin einfahren. Die Hexen zeigen sich dann in ihrer wahren Gestalt, aber Heilkräuter und Liebeszauber entwickeln um diese Zeit auch ihre größte Wirksamkeit. „Zwölf", das ist das Ziel der Zeit. Mensch bedenk die Ewigkeit!

Von der Zwölf her gewinnt die **Dreizehn** ihren schlechten Ruf. Die Zwölf entstammt dem Sonnenjahr, dem Erde und Mensch eingefügt sind, aber allemale ist der Zodiakus auf die Erde bezogen. Damit kommt eine dreizehnte Position ins Spiel, die – so wie die dreizehnte Fee – den Stachel des Bewusstseins, der Bewusstwerdung ins Leben der Menschenseele bringt, und das ist unbequem, weswegen diese Fee nicht geladen wurde.

Natürlich sind auch die *Handlungen* symbolisch zu verstehen. Ob nun die Hexe verbrannt wird oder aber sich zu einer schönen Frau wandelt: Die unterschiedlichen Ereignisse verlangen auch eine unterschiedliche Deutung dieser Hexe, welche keinem invarianten Schema zu entleihen ist. Wichtig ist: Sezieren und Katalogisieren bringen Symbole nicht zum Reden, allenfalls ein Umkreisen, Befragen, Bedenken aus der Lebendigkeit der eigenen Zeit und des eigenen Lebens.

Märchen sind „wahr"

Märchen sind eine eigene literarische Gattung und bieten dem Menschen zugleich Unterhaltung und Existenzerhellung. Märchen erheben nicht den Anspruch, allein oder in erster Linie äußere Realität aufzuzeigen. Das Märchen lässt vielmehr in seinen Bildern erahnen, dass die Wirklichkeit der Welt und des menschlichen Lebens über das hinausgeht, was verstandesmäßig erfasst werden kann.

Wer demnach ein Märchen als Tatsachenbericht liest oder es mit Lügengeschichten vergleicht, begreift nicht die Eigenart seiner bildhaften Aussagen, die eine tiefer liegende Wirklichkeit und Wahrheit erfahrbar werden lassen.

Merkmale, an denen man ein Volks-Märchen erkennt

Eindimensionalität

Im Märchen gibt es keine Trennung zwischen jenseitig und diesseitig, zwischen real und irreal. Das Märchen hat einen „Einweltcharakter", welcher der Sicht der Kinder entspricht. Da gibt es außer den Hexen noch Riesen, Wölfe, Zauberer, Drachen, Ameisen, Meerhäschen – und sie alle können sprechen; sie legen außergewöhnliche Fähigkeiten an den Tag. Für das Kind in der magischen Phase ist dies alles real und es bezieht diese Fähigkeiten auf sich („kindlicher Egozentrismus" nach Piaget).

Dreizahl

Die Zahl „Drei" kommt in den Märchen häufig vor: drei Prüfungen, drei Söhne/Töchter, Verse und Reime dreimal ... Für das Kind es eine beliebte Form der Wiederholung, denn Wiederholungen liebt es sowieso.

Die Dreierstrukturierung half auch den Märchenerzählern, sich den Text besser zu merken.

Flächenhaftigkeit

Das Märchen kennt keinen Ort und keine Zeit („Es war einmal"). Die Märchengestalten sind ohne Körperlichkeit, ohne Innenwelt, ohne Umwelt. Es gibt keine Krankheiten, und wenn, dann sind sie nur erwähnt, nicht näher erläutert. Verstümmelungen, wie etwa beim „Mädchen ohne Hände" wirken eher ornamental: Es fließt kein Blut, von Schmerz ist nicht die Rede und von Heilungsprozessen auch nicht. Alles wird in Handlung umgesetzt, Inneres wird durch Äußeres ersetzt. Bei „Die Sterntaler" wird zum Beispiel nur erwähnt, dass dem Kind Vater und Mutter gestorben war, dass es kein Kämmerchen mehr hatte, darin zu wohnen und kein Bettchen mehr, darin zu schlafen, und endlich gar nichts mehr als die Kleider auf dem Leib und ein Stückchen Brot in der Hand. Es werden keine Gefühle der Trauer oder des Schmerzes erwähnt. Auch nicht Gefühle der Freude, als das Mädchen am Ende reich beschenkt wurde.

Eine Umwelt besitzen die Märchenfiguren auch nicht. Es wird keine Stadt genannt. Mit Vorliebe zeigt uns das Märchen den Helden gerade dann, wenn er sich aufmacht, in eine unbestimmte Welt hinauszuwandern.

Die Zeit spielt – wie schon erwähnt – ebenfalls keine Rolle. So gibt es alte Menschen aber keine alternden. Wer verzaubert ist und erlöst wird, ist so jung wie damals, als er verzaubert wurde. Die Helden des Märchens besitzen ewige Jugend.

Das Merkmal der Flächenhaftigkeit macht das Märchen für Kinder geeignet. Dem Kind wird sozusagen Rohmaterial angeboten, dessen Ausmalung es selbst in seiner Phantasie besorgen muss.

Formelhaftigkeit

Die Formelhaftigkeit zeigt sich in Eingangsformeln, Versen innerhalb des Märchens und in Schlussformeln.

Die bekannteste *Eingangsformel* heißt: „Es war einmal …" Fehlt einmal diese Formel, so werden sofort Hauptakteure vorgestellt, damit der Zuhörer gleich weiß, womit er es zu tun hat. Der Hörer wird sofort hingeführt zum Ort der Tat.

Auf die Verse haben die Brüder Grimm großen Wert gelegt und sie nicht verändert. In „Hänsel und Gretel" lauten sie: „Knusper, knusper, knäuschen, wer knuspert an meinem Häuschen?" Und die Antwort: „Der Wind, der Wind, das himmlische Kind."

Durch die *Schlussformeln* soll der Zuhörer wieder zurückgeholt werden auf den Erdboden. Sie signalisieren, dass das Märchen zu Ende ist. Die bekannteste Schlussformel lautet: „Und wenn sie nicht gestorben sind, dann leben sie noch heute."

Isolation

Der Held im Märchen kann nur in der Isolation, also alleine, seine Prüfungen bestehen. Jeder steht für sich. Der Held muss sich von seinen Eltern ablösen und seinen neuen Lebensweg alleine gehen. Wenn er sich jedoch den „Lebens-Prüfungen" öffnet, finden sich immer hilfreiche Geister, zum Beispiel Tiere, Vögel … So ist es auch im wirklichen Leben. Wer sich mutig aufmacht, neue Erfahrungen zu machen, lernt Menschen kennen, die ihm dabei helfen.

Polarisation

Ein wichtiges Mittel für die Charakterisierung von Personen ist für das Volksmärchen die Polarisation, das heißt die „Schwarz-Weiß-Malerei". Im Märchen gibt es nur Extreme:
- vollkommen schön oder vollkommen hässlich,
- gut oder böse,
- arm oder reich,
- fleißig oder faul etc.

Auch die Polarisation kommt dem Kind in seiner Wahrnehmung entgegen. Nach Piaget denkt es „prälogisch", das heißt es orientiert sich nur an einem einzigen Faktor. Die Möglichkeit, mehrere Faktoren oder Dimensionen einer Situation zu berücksichtigen, bleibt dem Kind bis in das Schulalter hinein verwehrt.

Achtergewicht

Es ist ein Begriff aus der Seefahrt (achter = hinten). Das Märchen hat eine Sympathie für die Letzten, Hintersten, also die Armen, die Dummen, die Faulen. Das bezeugt, dass es gerade die unteren, vernachlässigten Bevölkerungsschichten waren, denen Märchen erzählt wurden und die sich darin einbringen und wiedererkennen konnten. Heute sind es die Kinder, die ja in Bezug zu den Erwachsenen die Kleinen sind, auf die man von „oben herab schaut".

Quelle, Literatur

Halbfas, Hubertus: Religionsunterricht in Sekundarschulen. Lehrerhandbuch 6, S. 133ff. Düsseldorf 1993

Neysters, Peter: Kindern leben helfen. Gespräche mit Eltern und Kleinkindern. Echter-Verlag Würzburg 1983

Schaufelberger, Hildegard: Märchenkunde für Erzieher. Herder Freiburg 1987

Vonessen, Franz: Der Dummling als Liebhaber. In: Liebe und Eros im Märchen. Europäische Märchengesellschaft Rheine 1988 (S. 131ff.)

3.1.2.1 Inhalte und pädagogische Bedeutung der Märchen

Nach Hartmann (1980) berühren die folgenden Themen der Märchen den Menschen zutiefst; sie stehen bei den Märchen aller Völker im Mittelpunkt:

Liebe

Das Märchen sieht die Liebe als persönliche Beziehung zwischen den Menschen, als verändernde Kraft, als Macht, die sogar den Tod besiegt. Alle Schattierungen, alle Nuancen der Liebe werden uns vorgeführt, teils mit köstlichem Humor. Die freundschaftlichen Bindungen zwischen Männern gehören hierher, zum Beispiel die Schilderung der treuen Freundschaft eines Königssohnes zu einem Schustersohn – lieber will der Prinz nicht König werden, als dass er seine Freundschaft verrät. Hierher gehören alle im Märchen so fein gezeichneten Bindungen zwischen Mutter und Kind. Die Liebe der Mutter behütet das Kind über den Tod hinaus, wie etwa in „Aschenputtel" oder „Gänsemagd".

In der Liebe zwischen Mann und Frau gibt es im Märchen keine „Rollenfixierung", etwa dass der Mann der Werbende sein muss und das Mädchen nur die hingebungsvoll Wartende – Märchen sind eben nie „altmodisch" und auch nie „modisch". Das Märchen fängt nur alle Möglichkeiten der menschlichen Seele ein. Oft finden wir, dass im Märchen das Mädchen der aktivere Teil ist, zum Beispiel am Ende bei „Hänsel und Gretel". Die Liebende erkennt ihren Partner oft unter der „fremden Haut", wie zum Beispiel bei „Das Eselein".

Märchen können also für Kinder die ersten Liebesgeschichten sein. Was Kinder oft nur gefühlsmäßig erfassen oder vordergründig als Spannungselement genießen, kann ihnen später als Lebenserfahrung und Weisheit vieler Generationen begegnen, etwa dass die Liebe einen Menschen verwandeln kann oder dass Liebe den Hass überwindet (wieder ein urbiblisches Prinzip!).

Selbstständigkeit

In vielen Varianten schildert das Märchen die Loslösung des jungen Menschen vom Elternhaus, sein Selbstständigwerden, seine Entwicklung zum Erwachsenen, der eigene Aufgaben in eigener Verantwortung lösen muss. Wir kennen Märchen, in denen dieser Loslösungsprozess friedlich verläuft: das tapfere Schneiderlein will in die Welt hinaus, Vater und Mutter geben ihm neben Käse und Kanarienvogel gute Wünsche und Ermahnungen mit. Der kleine Däumling bekommt vom Vater sogar Pferd und Wagen, damit er beweisen kann, wie „groß" er ist. Oft schickt der Vater selbst die Söhne hinaus: er fühlt sich alt und krank, die Söhne sollen das Lebenswasser bringen. Oder die liebste Frau oder den größten Schatz. Wer sich „draußen" am besten bewährt, wird an die Stelle des Vaters treten dürfen.

Konflikte

Das Märchen berichtet aber auch von Konflikten, die sich zwischen den Generationen bei der notwendigen Loslösung ergeben: Die Alten sind eifersüchtig auf die Nachkommen, werfen die Jungen hinaus. Sie ziehen im Märchen „Tischlein deck dich", nacheinander alle drei Brüder fort, während der starrköpfige, unnachgiebige Vater mit seiner verlogenen Ziege allein zurückbleibt. In „Allerleirauh" wird die Auseinandersetzung zwischen Vater und Tochter geschildert; hinter dem Bild des mächtigen Königs, der seine eigene Tochter zur Frau nehmen will, verbirgt sich der Wille des Alten, dem Jungen seine Lebensform aufzuzwingen. Das Mädchen beugt sich nicht, es will seine eigenen Vorstellungen verwirklichen und flüchtet in die Wildnis.

Pubertät

Die Schwierigkeiten der Pubertät und der Entwicklung zum reifen Menschen werden in diesen Loslösungsgeschichten sehr anschaulich dargestellt. Der junge Mensch fühlt sich zu Beginn seiner Wanderung mutterseelenallein, er hat kein Dach über dem Kopf, muss im finstern Wald auf einem Baum übernachten, weiß den Weg nicht. Mut und Durchhaltevermögen werden auf eine harte Probe gestellt. Läuft der Junge wieder nach Hause zurück? Nein, er wandert weiter, er lernt „die Welt" kennen – und mit der Welt auch seine eigenen Kräfte und Möglichkeiten. Seine körperlichen, mehr noch seine geistigen und seelischen Fähigkeiten werden Prüfungen unterworfen: Erkennt er das Notwendige, das Mögliche, das Gute und das Böse? Sieht er die Not des anderen? Ist er mitleidig oder selbstsüchtig? Ist er Ermahnungen und Weisungen zugänglich? Verlässt er sich auf sein Gewissen, das im Märchen oft durch seltsame Wesen, Stimmen, Tiere und Geister – als hilfreiche gute Kräfte – versinnbildlicht wird? Ist er bescheiden? Weiß er die Gaben, die Begabungen, die ihm zuteil geworden sind, zu nützen? Findet er den „rechten Weg"?

Der Entwicklungsprozess endet auf mancherlei Weise: Die groß gewordenen Kinder kehren heim, reich an Erfahrungen und Wissen, oft mit „Schätzen" beladen. Sie sind dem Vater ebenbürtig geworden. Die Versöhnung kann stattfinden. Oder die Jungen erobern ihren Platz in der Welt, werden „König" und „Königin", gründen ihr eigenes „Reich".

Tod

Die Märchen aller Völker beschäftigen sich mit Grenzsituationen: „Lebensgefahr", „Begegnung mit dem Tod". Der Tod tritt in vielen Gestalten auf: Er ist der grausige Knochenmann, er ist der gütige Pate, er ist der weise Fährmann. Oder er kommt als Tolpatsch, den man hinters Licht führen kann. Oft wird das Sterben als Fahrt über ein Wasser geschildert, als Sprung in den Brunnen, als Ritt durch eine Finsternis voller Geheimnisse. Das Sterben erscheint als Übergang in eine andere Lebensform: auf der anderen Seite der Höhle scheint eine neue Sonne, in der Welt unter dem Brunnen gibt es Wiesen mit Apfelbäumen, die Fahrt auf dem kristallenen Schiff führt zum Land der „Lebenden". Manchmal wird der Tod nur als Bild für die Wandlungsfähigkeit des Menschen verwendet, für den Entwicklungsprozess, dem der Mensch unterworfen ist.

Begegnung des Menschen mit der Gottheit

Religiöse Erfahrungen, Mythen und Lehren spiegeln sich im Märchen auf teils heitere, teils ergreifende Weise.

- Ein hungriger Zigeuner zieht aus, um den lieben Gott zu erschlagen – der liebe Gott kommt dem Menschen schon entgegen.
- Dem übermütigen Affen gelingt der Purzelbaum aus Buddhas Hand nicht, denn Vater Buddha hält seine Hand bis an die Grenzen der Welt immer schützend unter sein Geschöpf.
- Im chinesischen Märchen vom Blitz verschont der Himmel den Erbarmungswürdigen, mag er auch ein Sünder sein.

- Im indischen Märchen sehnt sich ein Wasserdämon nach Antwort auf die Frage: Was ist gottartig auf der Welt?

- Im thailändischen Märchen wird der Sitz des Götterkönigs ungemütlich hart und heiß, sobald auf Erden etwas Ungerechtes geschieht.

- Im Indianermärchen sind Menschen und Tiere gleichberechtigte Kinder des Großen Geistes.

- Der geheimnisvolle Korb des afrikanischen Sternenmädchens erweist sich dem Neugierigen als leer: Die wirklich kostbaren Güter und Gaben des Menschen kann man nicht mit Händen greifen und nicht mit Augen schauen.

Heldentum

Der Held im Märchen zeigt Mut, Zivilcourage, Initiative. Die Geschichte von einem, der auszieht, um anderen zu helfen, ist bei allen Völkern beliebt. Der Held erkämpft, was der Gemeinschaft zu Gute kommt, oder wehrt ab, was die Gemeinschaft bedroht. Die Kräfte und Gewalten, die die Gemeinschaft gefährden, erscheinen unter den abenteuerlichsten Gestalten: menschenfressende Riesen, Drachen, Ungeheuer jeder Art, böse Zauberer und Hexen, mordlustige Könige, aber auch Gegenden, wie Sümpfe, Wüsten, Dornenhecken, können die Rolle des Bösen, des Bedrohenden übernehmen.

Der Held steht denen bei, die sich aus eigener Kraft nicht mehr zu retten wissen. Er erlöst sie aus dem Bann der Hexe (des Bösen), er gibt ihnen ihre wirkliche menschliche Gestalt wieder, so dass die Opfer des bösen Zaubers wieder reden, sich bewegen, leben können. Der mitleidige, hilfsbereite Held, der das Kleinste achtet und das Größte nicht fürchtet, erfährt die Hilfe der ganzen (Um-)Welt. Niemals missachtet oder verletzt er die Natur. Er wird in ihre Geheimnisse eingeweiht. Selbst winzige Ameisen, hässliche Mädchen, uralte Weiblein und verspottete Waldmännlein unterstützen den Helden bei der Erfüllung seiner Aufgaben.

Oft zeigt sich das Heldentum auch im tapferen Annehmen der eigenen Schwächen. Der König mit den Pferdeohren führt seinen Makel dem Volk vor Augen, damit er nicht der Versuchung erliegt, um der Bewahrung seines Geheimnisses willen töten zu lassen.

Überheblichkeit, Neid und Habgier, Grausamkeit und Machtgier werden angeprangert. Was dem unterjochten Menschen in der Realität verweigert wird, wie etwa Gleichberechtigung, Aufstieg, Mitbestimmen der sozialen Strukturen, erfüllt er sich im Wunschmärchen. Er glaubt in seinem tiefsten Herzen, dass die Welt und ihre Gegebenheiten veränderbar sind, und nimmt die Veränderung im Märchen vorweg. Märchen dieser Art lenken das Interesse der Zuhörer auf Missstände, machen diese Missstände bewusst und artikulierbar. Sie schärfen die *Kritikfähigkeit* und bieten der Gemeinschaft verständlich formulierte Ziele für ihre Wünsche – vielleicht auch für ihre Handlungen.

> **Quelle, Literatur**
>
> Hartmann, Waltraut u.a.: Buch Partner des Kindes. Ravensburg 1980 (2. Aufl.), S. 89ff.
> Tschinkel, Hedwig-Maria: Kinder lieben Märchen – Kinder brauchen Märchen. In: KiTa aktuell BW, Zeitschrift für Leiter/Innen der Kindergärten, Horte und Krippen, Heft 5/2001, S. 109f. Karl Link-Verlag Kronach

3.1.2.2 Grausamkeit im Märchen

Zitzelsperger (o.J.), eine renommierte Märchenforscherin, nimmt zum Thema „Grausamkeit im Märchen und ihre Wirkung auf das Kind" wie folgt Stellung:

> „Dass im Märchen Grausamkeiten enthalten sind (Bestrafungen, Todesurteile, seelische Grausamkeiten wie Eifersucht, Verstoßung usw.), sind Tatsachen. Es geht um die Frage der Wirkung auf das Kind. Grausamkeiten gehören zum weltweiten Erzählbestand. Sie werden aber nicht aus Lust am Schrecklichen erzählt, sondern wegen ihrer Funktion, denn Märchen erzählen von menschlichen Erfahrungen – und die werden oft als grausam, bedrückend empfunden.
>
> Zum Stil: Gräuelschilderungen dienen einem Aufbau epischer Spannung. Das schlimme Schicksal (siehe Blaubart, Fitchers Vogel, der Räuberbräutigam usw.) trifft ‚nur' die Vorgänger der Helden, nicht die Helden selbst. In höchster Not wendet sich das Geschehen für sie oder ihn zum Guten. Kinder lernen, dieser Erfahrung zu vertrauen. Die ersten Märchenbegegnungen mit grausamen Elementen (Wolf frisst Kinder …) sollte das Kind immer in Begleitung seiner Vertrauensperson machen – nicht alleine lassen!
>
> Grausamkeiten werden im Märchen knapp und präzise ohne Ausschmückungen erzählt (funktional; abstrakter Stil). Als Erzähler sollte man sie nicht um einer aufgeheizten Spannung willen ausspinnen.
>
> Menschenopfer entsprechen magischen Praktiken (siehe Volks-/Völkerkunde) und sind Survivals in Sagen und Märchen. Kannibalismus als Relikte naturvölkischer Bräuche werden im Märchen ethisch verurteilt und deshalb streng bestraft – ohne weitere Beweisführung und Gerichtsverfahren. Das wirkt oft brutal, ebenso das Schlachten und Kochen von Menschen, Knocheneinsammeln und Verwahren beziehungsweise erneute Zusammensetzen zum Menschen: Es entspricht naturvölkischem Brauch und gehört zum Themenkreis Schamanismus, Tod und Wandel, Initiation. Die Vorstellungen hierzu (zum Beispiel „Von dem Machandelboom") ist wahrhaft grausig und muss Jugendlichen rational zugänglich gemacht werden, um solche Themen dem Bewusstsein zur Verarbeitung freizugeben.
>
> Bei *Todesstrafen*, wie das Vierteilen, Schlangengruben, Nagelfässer, Töten in siedendem Öl usw. sollten die rechtshistorischen Hintergründe (Sühnegedanken) erläutert werden.

Die Vernichtung des Bösen ist endgültig. Die scheinbare Vernichtung des Guten (Todesschlaf, Versteinern, Geköpftwerden ...) dagegen ist revidierbar; der Held wird wiederbelebt. Das gibt Kindern Zuversicht, das Schreckliche zu ertragen; die Welt gerät wieder in Ordnung.

In der Regel konsumieren Kinder archaische, grausame Bilder eher emotionslos und moralisch unbewertet, unreflektiert, als erzählerische Spannung. Sie suchen das Provokative (siehe bereits Fingerspiele, Kniereiter, Kinderreime, Rottenspiele und Dämonenprovokationen mit Jagen und Wegrennen und Abenteuern ins Unbekannte nach dem Motto: Ausfahrt und Heimkehr). Angeborene Neugier treibt sie hierzu, sie müssen aber diese Erfahrungen aus einem Gefühl der Geborgenheit heraus machen. Also: Erste Märchen immer im vertrauensvollen Rahmen anbieten! Nicht mit Film/Kassette allein lassen! Zaubermärchen bieten in überschaubaren Strukturen Ordnung und letztendliche Sicherheit.

Das Gehirn organisiert seinen Gedächtnisaufbau anhand von Vorerfahrungen. Kinder erleben Eifersucht, Angst, Freude, Trauer usw. Märchen bieten ihnen Motive, die sie über Vorerfahrung anverwandeln und Teil ihres Denkens werden lassen. Sie können nun spielerisch, im fiktionalen Rahmen, nach eigener Dosierung (beim Zuhören! nicht Filmesehen!) mit belastenden Motiven umgehen. Märchen tragen so zur emotionalen Sicherheit und kognitiven Entwicklung bei. Dieser Gedanke ist wichtig, da Kinder auch vorgestelltes Grausen körperlich erleben (Herzklopfen, rascher Atem ...). Nur: Kinder können über gehörte Geschichten selber intuitiv steuern, wieviel sie ertragen können und wollen. Ansonsten „steigen sie aus". Kinder können über Märchen (als Geschichten vom Leben) schrittweise das Ängstigende im Spiel bewältigen (Malen, Spielen, Sprechen). Erwachsene sollten hier verantwortbare Angebote machen – grausame Filme zerstören eher.

Problemfeld *Hexe*: Kinder gehen mit ihr – nach empirischen Untersuchungen – als schillernder Figur (böse oder helfend) manipulierend um. Als Dämonin ist sie ambivalent und kann vom Kind aus Distanz entsprechend verarbeitet werden.

Problemfeld *Stiefmutter:* Empirische Untersuchungen zeigen, dass Kinder Stiefmütter je nach persönlichen Erfahrungen als eindeutig gut oder eindeutig negativ/lieblos bevormundend erfahren – entsprechend eigener Lebenserfahrung. Im negativen Fall müssten hier Gespräche gesucht werden. Nie wandelt sich durch negative Märchenstiefmütter eine reelle gute Stiefmutter in der Vorstellung des Kindes zum Bösen. Die Distanz zwischen Realität und fiktionalem Raum ist hier zu groß.

Märchen sind nicht per se Verursacher von Ängsten. Wenn Alpträume auftreten, waren Märchenfiguren nur der Auslöser bereits vorhandener, latenter Ängste. So sind Märchen auch Indikatoren für seelische Konflikte und Ängste.

Beachtenswert ist, dass Kinder sich auch mit Unhelden identifizieren, mit den Ausgelachten, Ausgetricksten, den ungeliebten Geschwistern. Hier sollte man Zeit lassen zum Ausagieren über die individuell und subjektiv orientierte Rezeptionsphase im Hören, Sprechen, Malen, Spielen ... Aktuelle Probleme von Kindern (Todesfall, Krieg im Heimatland, Kindesmisshandlung ...) sollten bei der Auswahl von Märchen berücksichtigt werden.

Kindertrick: Kinder blähen in selbst erfundenen Geschichten bedrohliche Figuren gewaltig auf, um sie möglichst schrecklich zu machen und lassen sie dann harmlos und machtlos zusammensinken. Sie spielen also mit Angstmotiven, um dann die Figuren am Ende doch zu besiegen. Das gibt Machtgefühl und eigengesteuerten Angstabbau."

Die Märchenerzählerin Linde Knoch (2001) schreibt zum Thema „Grausamkeit im Märchen) aus ihrer Praxiserfahrung des Erzählens bei Kindern:

„Zuhören könnte ich ihnen stundenlang, aber meinen Kindern erzähle ich so was nicht!' So reagierte ein junger Vater bei einem Elternabend im Kindergarten, nachdem er dem Erzählen von mehreren Märchen mit sichtbarer Entspannung und großem Genuss gelauscht hatte. Er fügte noch hinzu: ‚Das hat mir richtig gut getan, aber für die Kinder ist das zu grausam.'

Ich hatte absichtlich Märchen gewählt, in denen Königssöhne geköpft wurden, ein Kind von dem Vater an eine Hexe versprochen wird, dem Helden die Augen ausgestochen werden. Wir wollten über das Thema Grausamkeit im Märchen ins Gespräch kommen. Was geschieht da nicht alles: Der Wolf verschlingt das Rotkäppchen oder die sieben Geisslein, die Königin muss sich in glühenden Schuhen zu Tode tanzen, Hände und Köpfe werden abgeschlagen, Augen ausgestochen, Brüder ermordet. Das klingt nach Folterkammer und Verbrechen. So etwas ist doch wirklich kein Thema für kleinere Kinder! Das stimmt, aber warum finden wir die Märchen, die davon erzählen, in dem als Kinder- und Hausmärchen benannten Buch der Brüder Grimm? Wie ist es zu erklären, dass nicht nur Erwachsene, sondern auch Kinder – vor allem Kinder – diese Märchen so gerne hören?

Es ist hilfreich, sich klarzumachen: Märchen sparen die Grausamkeiten des Lebens nicht aus, aber sie machen sie nicht zum Thema. Thema des Volksmärchens ist nicht das Destruktive, sondern das Konstruktive. Nicht vom Zerstörerischen, sondern vom Gelingen des Lebens erzählen die Märchen. Dass dies nicht immer leicht und schmerzlos geht, verschweigen die Märchen nicht. Aber dieses Wie, das macht uns zu schaffen.

Stellen wir die Frage einmal anders: Wenn das Märchen sich schon so lange und gegen so viel Ablehnung und Anfeindung behauptet hat, ist dann nicht vielleicht doch etwas dran, was für den Menschen wichtig und von Bedeutung ist? Ist dann auch die Grausamkeit im

Märchen wichtig und richtig? Vestehe ich sie vielleicht nur nicht, sehe ich sie zu vordergründig an?

Tatsache ist, dass Kinder die Grausamkeit nicht stört. Während sie sich bei Bildern im Fernsehen die Augen zuhalten, finden sie beim Hören von Schneewittchen ganz in Ordnung, dass die böse Stiefmutter sich in glühenden Schuhen zu Tode tanzen muss. Die Kinder haben ein Empfinden dafür, dass das Böse grausam bestraft werden muss. Sie zucken nicht mit der Wimper, wenn dem untauglichen Freier im Märchen der Kopf abgeschlagen wird. Da könnte man meinen, sie seien abgebrüht, aber dann lassen wir etwas Entscheidendes außer Acht: Es gibt einen Unterschied zwischen alltäglicher Sprache, die sich der Begriffe bedient, und der Bildsprache, die bildhafte Worte gebraucht ..."

Der verschlingende Wolf, die böse Stiefmutter, rotglühende Schuhe, ausgestochene Augen, Fass mit Nägeln, abgeschlagene Hände, abgeschnittene Fersen und Zehen, Versteinerung haben bildhafte Bedeutungen und sind nicht wörtlich zu nehmen. Abgeschnittene Fersen und Zehen bedeuten zum Beispiel, dass die beiden Stiefschwestern in „Aschenputtel" „nicht recht Fuß fassen und keinen rechten Standpunkt einnehmen mit ihrem hochmütigen Verhalten gegenüber Aschenputtel."

Quelle, Literatur

Knoch, Linde: Praxisbuch Märchen. Gütersloh 2001
Schaufelberger, Hildegard: Gewalt im Märchen. In: Zeitschrift kindergarten heute, Heft 4/1993, S. 24ff. Herder Freiburg
Schaufelberger, Hildegard: Vom Phänomen des Monsters. In: Kinder- und Jugendliteratur. Freiburg 1990 (S. 150ff.)
Zitzelsperger, Helga: Grausamkeit im Märchen und ihre Wirkung. Unveröffentlichtes Manuskript. PH Weingarten o.J.

3.1.2.3 Gott im Märchen?

Das Sterntalermädchen „geht im Vertrauen auf den lieben Gott hinaus ins Feld". Hänsel tröstest seine Schwester Gretel zweimal, als sie im Wald allein ausgesetzt waren: „Sei getrost, liebes Schwesterchen, und schlaf nur ruhig ein, Gott wird uns nicht verlassen." Das sind nur zwei Beispiele aus den Volksmärchen der Gebrüder Grimm.
Der Religionspädagoge Wolfgang Langer (1987) untersuchte die Märchen in ihrer Nähe zur Bibel und fand folgende **Merkmale** heraus:

- Dem Märchen liegt ein Seinsvertrauen zugrunde; obwohl es nicht von Gott berichtet und nicht von seinem Walten oder Eingreifen, setzt es eine letzte ausgleichende Gerechtigkeit voraus, weckt im Menschen Hoffnung und ruft zum Vertrauen auf.

- Es geht nicht von einer zugesperrten Welt aus, sondern öffnet die unmittelbar erlebte Diesseitigkeit auf andere Dimensionen hin. Es berichtet von geheimnisvollen „Helfern", die dann auftauchen, wenn die Not am größten ist. Die Welt ist zwar ein gefährlicher Bereich, aber es lohnt sich, sich darin zu engagieren. Wer verantwortlich die Initiative ergreift, wird nicht allein gelassen.

- Die oberflächlichen Bewertungsmaßstäbe und Herrschaftsmerkmale (klug und dumm, angesehen und verachtet, reich und arm) werden relativiert und oft genug auf den Kopf gestellt: Der Verachtete und Unansehnliche erweist sich oft als der eigentlich Kluge und Berufene, der Weltkluge umgekehrt als der Unfähige.

- Das entscheidende Kriterium gelingenden Lebens ist Einfühlsamkeit, die Fähigkeit, im Einklang mit der Natur zu leben, Mitleid mit Mensch und Tier zu haben, Respekt vor dem Geheimnis der Schöpfung zu empfinden.

- Das Märchen kennt zwar die Auseinandersetzung und den Kampf mit dem Bösen, das Dunkle und Gefährliche in der Welt wird aber meist nicht durch direkten Kampf besiegt, sondern viel häufiger durch die List oder durch die Bereitschaft, stellvertretend zu leiden, Schweigephasen durchzustehen, sogar Schmerzen und Qualen auszuhalten.

- Das Motiv von Verheißung und Erfüllung kennzeichnet viele Märchen. Ein großes Versprechen ermutigt die Helden, sich auf die mühsame Suchwanderung zu machen und das Ziel zu erreichen.

- Der Zielhorizont bleibt im Märchen durchaus weltimmanent: Eine Hochzeit wird gefeiert, ein Thron bestiegen, ein Erbe angetreten usw., aber diese Bilder behalten ihre Transparenz und Vieldeutigkeit.

Bezüge zur Bibel

Viele Grundmotive und Bildelemente haben eine auffällige Ähnlichkeit zur biblischen Botschaft. Das Bild vom *Weg* bestimmt die Bibel wie das Märchen. Auch das Märchen kennt die Gefährdungen des Menschen, dass er in einer egozentrischen Selbstverschließung stecken bleiben kann. Von der Erlösungsbedürftigkeit und -fähigkeit erzählt das Märchen immer wieder, wenn es auch nicht von einem Welterlöser spricht. Die Bibel hat eine andere Funktion und eine andere Autorität als das Märchen. Sie verfügt nicht über die kollektiven und anonymen Wurzeln in der Volksweisheit, sondern versteht sich als von Gott legitimierte Offenbarung, als Heilsangebot und Ruf zur Umkehr und zum Glauben. Vielleicht kann das Märchen ein „naturreligiöser Vorhof" für die Welt der Offenbarung genannt werden …

Auch in der Bibel selbst gibt es Passagen und Sequenzen, die deutliche Anklänge an die Märchensprache haben. Vor allem die Jonageschichte gehört hierher, aber auch manche Züge der Jakobs- und Josephsgeschichte, Tobias und der Fisch, Bileams sprechende Eselin, manche Traumgeschichten usw. Das sind keine ausgeführten Märchen, aber in der Verwendung der sprachlichen Mittel und der Symbolkraft der Bilder lässt sich eine deutliche Verwandtschaft erkennen."

> ### Quelle, Literatur
>
> Europäische Märchengesellschaft (Hrsg.): Gott im Märchen. Erich Röth Verlag Kassel 1982.
> Langer, Wolfgang: Handbuch der Bibelarbeit. Kösel München 1987
> Randak, Oskar: Das Märchen – ein Spiegelbild der Grunderfahrungen der religiösen Dimension des Menschen. Patmos 1980.
> Schaufelberger, Hildegard: Im Märchen ist Gott verborgen. In: Zeitschrift kindergarten heute, Heft 11-12/95, S. 25ff. Herder Freiburg

3.1.2.4 Interpretation von Märchen

Es gibt verschiedene Möglichkeiten der Märcheninterpretation, je nachdem, welcher theoretische Ansatz zugrunde gelegt wird. Dies soll – verkürzt – an dem Märchen **Hänsel und Gretel** veranschaulicht werden. In den Literaturverweisen werden typische Vertreter für diese Interpretationen – stellvertretend für andere – genannt.

Richtungen von Märcheninterpretationen

Marxistische Interpretation

Die „Holzhackerfamilie" verkörpert das verarmte Kleinbürgertum (Proletarier). Sie verarmten durch die Entwicklung der kapitalistischen Produktionsverhältnisse (ungerechte Güterverteilung!)
Die „Hexe "ist eine Kapitalistin, denn sie hat Macht durch den Besitz des Brotes (Lebkuchenhaus als kapitalistisches Produktionsmittel).
„Edelsteine und Perlen" sind angehäuftes Kapital auf Kosten der Proletarier (= Mehrwert).
Die „Gegengewalt" der Gretel (Hexe wird in den Ofen gestoßen) ist die proletarische Revolution = Umverteilung der Güter, die Herstellung einer klassenlosen Gesellschaft.

Kritik

Die Märchen sind vor der industriellen Revolution entstanden, also vor den Thesen von Marx. Die politisch-ökonomische Marxismustheorie ist schablonenhaft aufgesetzt. Christliche Züge (zum Beispiel „Gott wird uns nicht verlassen …") werden übergangen.

> ## Quelle, Literatur
>
> Fetscher, Iring: Wer hat Dornröschen wachgeküßt? Das Märchen-Verwirrbuch. Fischer Taschenbuchverlag 1972, S. 116ff.

Psychoanalytische Interpretation

Die psychoanalytische Interpretation geht von dem Instanzenmodell Sigmund Freuds aus (Ich, Es, Über-Ich) und von seiner Theorie der psychosexuellen Entwicklung des Kindes.
Der tiefenpsychologische Deutungsansatz versucht, auf kausalreduktive Weise die bildhafte Dramatik der Märchen hinsichtlich ihres archaischmagischen Gehalts zu interpretieren. Magische, infantile Wunschträume, wie sie für frühe menschliche Entwicklungsstufen typisch sind, sind nach dieser Auffassung in den Märchen nachzuweisen. Die Deutung konzentriert sich auf seelische Wandlungsvorgänge und Reifungsprozesse. Träume spielen dabei eine besondere Rolle.
Hänsel und Gretel sind fixiert auf die orale Phase. Sie haben Angst, sich aus der symbiotischen Mutterbindung zu lösen, wollen also weiter von ihrer Mutter „genährt" werden. Ihr Wunsch, immer wieder ins Elternhaus zurückzukehren, ist eine Regression ins Kleinkindhafte und bedeutet eine Befriedigung oraler Wünsche, wie Gestillt-, Umsorgt- und Genährtwerden.
Das Irren im Wald ist die Suche der Kinder nach ihrem Ich. Das Lebkuchenhaus symbolisiert den nahrungsspendenden Körper der Mutter. Der Vers: „Knusper, knusper, knäuschen …" stellt das Über-Ich, das Gewissen dar. Der Verzehr des Lebkuchenhauses bedeutet die hemmungslose Bedürfnisbefriedigung der Kinder (Es). Die Hexe ist eine Personifizierung der destruktiven Aspekte der Oralität (Unbewusstes); die böse Mutter lebt in der Hexe weiter. Das Elternhaus und das Hexenhaus sind die unbewussten Aspekte einer oralen Befriedigung der beiden Kinder und der ödipalen Verzichts-Konflikte. Die Auseinandersetzung der beiden Kinder mit der Hexe deutet eine Überwindung der oralen Fixierung an, ein beginnendes Selbstvertrauen – die Ich-Entwicklung in der Pubertät.

Kritik

Auch hier wird interpretiert, was in das Freudsche Schema passt (zumal dieses ein „gedankliches Konstrukt" ist). Jedes Detail wird psychologisiert; eine Hungersnot – die es geschichtlich in dieser Form gab – wird zum Hunger nach Zuwendung.
Die Märchen sind vor der Freudschen Psychoanalyse entstanden und wollen Weisheiten des Volkes weitergeben. Kann dann das Gedankengebäude der Psychoanalyse rückwirkend angewendet werden?

> **Quelle, Literatur**
>
> Bettelheim, Bruno: Kinder brauchen Märchen. dtv-Verlag 1975;
> Schäfer, Marzella: Märchen lösen Lebenskrisen. Herderbücherei 1983, S. 27ff.
> Zitzelsperger, Helga: Kinder spielen Märchen. Beltz Verlag 1980, S. 67ff. (mit tiefenpsychologischen Interpretationen von Märchen)

Literarische Interpretation

Die literarische Interpretation geht vor allem von den Merkmalen des Märchens nach Max Lüthi aus: Eindimensionalität, Flächenhaftigkeit, abstrakter Stil, Linearität, Kontrasttechnik.
Das Märchen „Hänsel und Gretel" hat zum Beispiel einen klaren Aufbau:

A Aussetzen der Kinder im Wald; Rückkehr;

B Aussetzen, Verirren;

C das Hexenhaus;

D Rückkehr zu den Eltern.

Die Analyse konzentriert sich auf die Abschnitte A, B und C, da D nur knapp die Rückkehr andeutet.
Es wird ein „Gleichlauf" von A und B festgestellt, nur mit geringfügigen Abweichungen: Zum Beispiel hat beim zweiten Mal die Mutter die Tür verschlossen, das Brüderchen kann also keine Kiesel sammeln und das Schwesterchen nicht trösten. Beim zweiten Mal werden statt Kiesel Brotkrumen genommen (wobei das Brot das Einzige ist, was die beiden Kinder bei sich haben, wo doch gerade das fehlende Brot der Grund ist, weshalb sie in den Wald geschickt werden). Die Mutter nimmt ihnen also noch das Wenige, das sie haben. Die Gegenstrategie bleibt erfolglos, die Kinder finden den Weg nicht wieder und verirren sich.
Durchgängig sind also folgende Erzählmomente:

- die Mangelsituation;

- die Bosheit der Mutter, die Schwäche des Vaters;

- die Gegenaktion geht beide Male vom Brüderchen aus, das Schwesterchen bleibt passiv, reagiert nur emotional;

- das Verhalten des Brüderchens auf dem Weg signalisiert den heftigen Wunsch, nach Hause zurückkehren zu können;

- dieser Wunsch wird verdeutlicht an der emotionalen Rückbindung an das Kätzchen (Täubchen);

- beide Male verwehrt die Mutter solche Sentimentalitäten durch realistischeren Zugriff.

Im Folgenden werden dann die Abschnitte A und B einerseits mit dem Abschnitt C andererseits verglichen und ein motivischer und antithetischer Gleichlauf herausgearbeitet.

Kritik

Die Interpretation bleibt beim kritischen „Sezieren" des Textes stehen; eine existenzielle Bedeutung des Märchens für den Leser kommt zu kurz. Der „Sitz im Leben" der Geschichte für die Zuhörer damals und heute geht verloren.

> **Quelle, Literatur**
>
> Brackert, Helmut (Hrsg.): Und wenn sie nicht gestorben sind ... Perspektiven auf das Märchen. Suhrkamp Verlag 1980, S. 26ff.

Anthroposophische Interpretation

Die anthroposophische Deutung geht von dem Persönlichkeitsmodell („Seelenkunde") Rudolf Steiners aus. Märchen sind für den Anthroposophen Urbilder menschlicher Seelenkräfte und Entwicklungsstufen. Durch das Märchen wächst der Mensch in die Imagination, die Welt der schöpferischen Bilder hinein. Nach Rudolf Steiner scheint das Märchen der letzte Nachglanz jener geheimnisvollen Offenbarung zu sein, die einstmals am Ausgangspunkt aller Gesittung und Volkskulturen gestanden haben muss: eine Ahnung und Erinnerung des erhabenen Ursprungs unseres Menschenwesens.

Die Märchen bewahren altes kultisches Einweihungswissen auf. Da der Mensch einen Stufenweg durch die gesamte durchseelte Natur gehen muss, ist im Märchen die Verwandtschaft von Mensch und Tier immer wieder betont. Tiere haben das hohe Ziel der Menschwerdung noch nicht erreicht. Sie bedürfen der Erlösung, um zum Menschen zu erwachen.

- Hänsel und Gretel als junges Menschenwesen (Doppelgestalt) wird als seelisches und geistiges Wesen in das Unbekannte (Wald) hinausgestoßen (= Menschwerdung, Geburt).

- Die falsche Mutter („Materie") strebt nach der Vernichtung des Menschengeistes und der Seele.

- Gretel stößt eine runde Fensterscheibe vom Lebkuchenhaus heraus (= die Seele dringt in die Sinne ein).

- Hänsel isst das Dach (= Gestaltung des Hauptes/Schädeldecke des Kindes in den ersten Lebensjahren).

- Die Taube ist ein Symbol für das überirdische Leben (= Einsenkung des himmlischen Geistes in die menschliche Hülle [irdische Leibesform]).
- Der Wind als kosmische (himmlische) Kraft umspielt das Erdenhäuschen.
- Die falsche Mutter („Materie").

Das Märchen ist ein Bild für die geistig-seelische Menschwerdung (Reifung) durch Eigeninitiative der beiden.

Kritik

Auch hier wird das anthroposophische Menschenbild und ihre seelischen Entwicklungsstufen dem Märchen übergestülpt. Die geistig-seelischen Vorgänge werden überbetont. Herauszuheben ist jedoch die Erkenntnis, dass der Märchenheld sich zu einer Persönlichkeit entwickelt („heranreift").

Quelle, Literatur

Geiger, Rudolf: Märchenkunde. Urachhaus Verlag 1982, S. 263ff.
Meyer; Rudolf: Die Weisheit der deutschen Volksmärchen. Fischer Taschenbuch Verlag 1981, S. 89ff.

Volkskundliche Interpretation

Märchen tragen mythischen Charakter. Sie sind Urerlebnisse der Völker. Mit ihren Bildern suchten die Menschen der Frühzeit ihre innere Weltwirklichkeit zu ordnen. Vorgänge aus Kult und Brauchtum tragen sinnbildhafte Züge. Beim Weitererzählen schliff sich der mythische Gehalt ab.

- **Die böse Mutter/Hexe sind ein lebensfeindliches Prinzip:** In Südamerika frisst die Jaguarin ihre Enkel; im griechischen Mythos frisst Kronos Saturn ihre eigenen Kinder; er will den eigenen Zustand der uranfänglichen Ruhe und Zeitlosigkeit erhalten und jede Entwicklung jungen Lebens verhindern.
- **Der Wald** ist die Außenwelt, jenseits des Bewusstseins.
- **Verlöschen des Feuers** = Kinderzeit verlöscht.
- **Vogel:** Vor 15.000 Jahren schon Sinnbild seelischer Kräfte; heute noch bei den Schamanen werden Stäbe mit hölzernen Vögeln benutzt, um ihre Seelenkräfte zur Wirksamkeit zu bringen.
- **Hexe ist die Verkörperung der Untergrundkräfte,** der Lebenszeit, die allen Dingen zur Reife verhilft (= positiver Aspekt der Zeit, Wandlerin).

- **Backofen:** Ort der Wiedergeburt zu neuem fruchtbarem Leben (Feuer = Lebenserneuerung). Der Vogel Phönix verjüngt sich im Feuer, so kann auch alles Leben nur durch dieses Urfeuer erneuert werden (= Verbrennung des Alten – Funkenfeuer!).
- **Gretel in der Küche/Hänsel draußen:** = Erinnerung an die Sitte der Urzeit, wo Jugendliche in der Reifezeit abgesondert wurden, um sie bestimmten Einweihungsriten zu unterziehen.
- **Gretel isst Krebsschalen:** Sinnbild des Mütterlichen. Krebsschalen waren in der Volksmedizin des Mittelalters Empfängnisverhütungsmittel (= magische Entwicklung des Weiblichen).
- **Gretel wird am Wasser aktiv:** Die Frau hat zum Wasser als Bezirk des Unbewussten eine stärkere Beziehung.
- **Perlen, Silber …:** Verjüngung der Zeit.

Der Ursprung des Lebens geht in indoeuropäischen Völkern und bei den ägyptischen Pharaonen auf die Verbindung von Bruder- und Schwestergottheiten zurück.

Kritik

Da die Urform der Märchen nicht erhalten ist, ist es für heutige Hörer schwer, sich nur auf die mythischen Elemente zu konzentrieren. Ein Vorteil dieser Interpretationsform ist jedoch, dass die Märchen in mythischen Zeiten entstanden und in ihnen nach C.G. Jung „Archetypen" enthalten sind.

Quelle, Literatur

Schliephacke, Bruno P.: Bildersprache der Seele. Telos-Verlag: Berlin 1979

Vorgehen beim Deuten eines Märchens

Wie soll man nun beim Deuten/Interpretieren eines Märchens vorgehen?

Gefühlsmäßiger Gesamteindruck

Bevor ich irgendeine Interpretation eines Märchens in der Sekundärliteratur lese, sollte ich mir selbst zuerst einen gefühlsmäßigen Gesamteindruck von der Geschichte machen. Dieser erste Zugang ist eine „innerseelische Deutungsart" (Subjektstufe); sie ist die ergiebigste Deutungsart, denn sie führt zu Selbsterkenntnis.

Eine Hilfe zum Aufschließen eines Textes ist der „POZEK-Schlüssel" (Dietrich o.J.):

P = Person

O = Ort

Z = Zeit

E = Ereignis

K = Kern

Ich frage mich zunächst, welche **Person** ist der Held oder die Heldin im Märchen. Ich versetze mich in die Lebenswelt dieses Helden hinein (arm, reich, arrogant, ausgestoßen …).
Ich versetze mich in den **Ort**, an dem Geschichte spielt: zum Beispiel im freien Feld, im Wald, in einem Schloss …
In welcher **Zeit** spielt das Märchen? Im Mittelalter, in der Frühzeit …
Was geschieht im Märchen? (**Ereignis**). Was ereignet sich? Was tut der Held? Welchen Prüfungen ist er ausgesetzt? …
Ich frage mich, was mir so wichtig ist (**Kern**), dass ich die Geschichte weitererzählen will. Wenn ich von der Geschichte nicht „be-geistert" bin, kann ich die Hörer (Kinder) auch nicht begeistern. „Von was das Herz voll ist, erzählt der Mund"!

Deuten der einzelnen Symbole

- Beschreiben der Symbole (evtl. Symbollexikon benutzen!),
- Vergleich der Symbole mit anderen Märchen, Mythologie, Religion, Ritus, Brauch, Sprache, Kunst,
- Einsetzen des Passenden in Bezug auf das Märchen,
- In-Beziehung-Setzen der gedeuteten Symbole im Gesamtzusammenhang,
- Vergleich mit Interpretationen aus der Sekundärliteratur,

Wo welche Märchen interpretiert sind sowie eine Liste mit Sekundärliteratur finden sich im Anhang dieses Buches ab Seite 133.

Beispiele von Märcheninterpretationen

„Die drei Federn"

Was sagt das Märchen mir als Erwachsenen?

Der König tritt in diesem Märchen als Vaterfigur auf. Durch sein Amt als König verkörpert er Herrschaft und Macht. Ein König regiert über seine Untertanen und entscheidet über Gut und Böse. Er bestimmt Gesetze, Werte und Normen und richtet über sie. Er symbolisiert das Bewusstsein. Die Tatsache, dass er alt und schwach ist und sein Königreich weitergeben will, zeigt uns die beginnende Unzulänglichkeit des bisher herrschenden Bewusstseins sowie die Suche nach Veränderungen, nach Verbesserungen. Er schickt daher seine drei Söhne aus und verspricht demjenigen das Königreich, der ihm den feinsten Teppich bringt. Hier handelt es sich um einen Ablösungsprozess. Die drei Söhne sollen das beschützte Heim verlassen und auf eigenen Füßen stehen. Die Aufgabe, die sie mit auf den Weg bekommen, steht sinnbildlich für die Lebensbewältigung beziehungsweise für einen Reifungsprozess. Der Teppich mit seinen Verknüpfungen und den Farben verkörpert das verstrickte, verknotete bunte Leben, dessen sich der König entfremdet fühlt.

Der König bläst drei Federn in die drei Himmelsrichtungen und befiehlt den Söhnen, ihnen zu folgen. Mit dieser Handlung nimmt er sich raus und überlässt die Führung dem Schicksal oder sogar einer geistigen-mystischen Kraft, die den Federn zugeschrieben wird.

Während die Federn der Brüder nach Osten und Westen fliegen, wird der Jüngste einfach geradeaus in das eigene Innere geschickt. Die Begründung dafür liegt in seiner Natur. Als Dummling sucht er natürlicherweise nach dem Nächstliegenden, nach dem Direktesten und genau diese Einfachheit, diese Voraussetzungslosigkeit führt ihn ans Ziel.

Dank seiner inneren Bereitschaft gelangt der Dummling ins Erdinnere. Die Erde steht für das Empfangende, die Mutter: sie bedeutet auch Körperlichkeit und Realität. Das Loch in der Erde symbolisiert den Eingang ins Unterbewusste, ermöglicht den Blick in die Tiefe, ins Innerste, in die Seele.

Warum findet gerade der Jüngste diesen Weg? Die beiden älteren Brüder verkörpern ein eher weltliches, dominierendes Denken, sie sind kluge und kühne Rechner, sie glauben nur das, was sie sehen, das was sie bewusst erleben. Man könnte sogar sagen, sie sind Vertreter des Bewusstseins. Der Jüngste hingegen symbolisiert das Unbewusste, das Hören auf die innere Stimme, auf die Intuitionen. Der Dummling stellt hier auch die Tiefe der Seele und die Gefühlsebene dar.

Die Leiter oder Treppe symbolisiert den Weg der Wandlung, die sich Stufe für Stufe vollzieht.

Beim Anklopfen hört der Held den seltsamen Vers, welcher in sich voller Widersprüche ist. Der unklare verschwommene Reim ist ein weiteres Erkennungszeichen für das Unbewusste. Mit dem ersten Vers: „Jungfer grün und klein" ist wohl, wie sich nachher aus dem erscheinenden Bild erweist, eine Kröte gemeint. Andererseits deutet die Anrede „Jungfer" auf die Frau, auf die Animafigur. Die grüne Farbe ist diejenige der Vegetation und ein Sinnbild des Lebendigen. Sie sagt uns, dass wir den festen, lebendigen Grund, um darauf sicher zu stehen, in uns selber finden. Außerdem wird die „Jungfer" noch als „Hutzelbeins Hündchen" angeredet. Damit ist wohl gemeint, das „Hutzelbein" der Name der alten Kröte und die angeredete „Jungfer" deren Dienerin ist, welche die Tür aufmachen soll. In der Bezeichnung „Hündchen" liegt die Andeutung, dass die geheimnisvolle Dienerin schon ein warmblütiges Tier von erheblich höherer Stufe als die Kröte ist.

Die Kröte ist ein Tier der Erde und gilt sehr häufig als böses Prinzip, als Erreger von Krankheiten, aber auch als deren Gegenmittel. Hier tritt sie als gütige, spendende große Mutter auf. Sie steht für eine Umwandlung, für den Beginn eines neuen mächtigen Lebens, wo man gar kein Leben und keine Kraft, keine Entwicklungsmöglichkeit vermutet. Es strömt hervor aus dem Unbewussten und ist somit rational nicht erfassbar.

Die Kraft des Reimes wird durch das erneute Aufsagen verstärkt. Die Dienerin bringt die alles Gewünschte enthaltende große Schachtel, aus der der Dummling ohne weiteres den von seinem Vater gewünschten Teppich von der alten Kröte bekommt …

Trotz des unbestreitbaren Erfolges des Dummlings in den Augen des Königs bedarf es im Ganzen vier Proben, um ihn zum Recht gelangen zu lassen. Die beiden älteren Brüder gönnen dem Jüngsten den Erfolg nicht. Sie verkörpern den Widerstand des Bewusstseins, welches sich wehrt, den Wert der unbewussten Fähigkeiten und Möglichkeiten, die im Dummling personifiziert sind, anzuerkennen.

Als zweite Prüfung muss der Dummling einen möglichst schönen Ring bringen. Diese Aufgabe ist noch schwieriger als die erste. Der Ring steht für etwas Geformtes, in sich Geschlossenes und Einheitliches, aber ebenso für Macht und mystische Kraft. Der Ring begegnet uns zum zweiten Mal in diesem Märchen. Die kleinen Kröten bilden einen Ring um die Große. Der Krötenring kann als Kreislauf der Natur gedeutet werden. Der goldene Ring ist ein Symbol für Verbindungen und Beziehungen, besonders auch des Zusammenhangs zwischen Leib und Seele. In unserer Welt ist zum Beispiel der Trauring ein Wahrzeichen der ehelichen Bindung. In diesem Märchen drückt der goldene Ring zum einen das „Weibliche Prinzip" und zum anderen die höhere Einheit zwischen Bewusstem und Unbewusstem, personifiziert im Dummling, aus. Er steht für das Erreichen einer höheren Entwicklungsstufe, für den Beginn eines neuen Lebens.

Bei der dritten Probe wird der Jüngling auf eine ganz besondere Weise geprüft. Obwohl er bisher den unmittelbaren Zugang zu der schenkenden Erdenmutter hatte, wird ihm eine große Vertrauensprobe auferlegt. Ihm wird die von ihm gewünschte Frau, die Anima oder die weibliche Seite, als unscheinbare Kröte, in einem von Mäusen gezogenen Rübenwagen, angeboten. Die Rübe stellt als eine Wurzel das vegetative Leben, den Körper dar. Wie die Rübe, so leben auch die Mäuse unter der Erde. Sie symbolisieren das Unbewusste, Animalische, zum Beispiel erotische Wünsche und Träume. Das Annehmen der Anima in einer so abstoßenden Form beweist uns das tiefe Vertrauen des Dummlings in das Unbewusste.

Die sehr banalen weltlichen Mitbringsel (grobe Tücher, Wagenring, zwei Bauernweiber) der älteren Söhne sollen den Unterschied beziehungsweise die Polarisation zwischen den zwei Persönlichkeiten aufzeigen. Der Leser bemerkt somit die Begrenztheit der Älteren, im Unterschied zu der Offenheit und Ganzheitlichkeit des Jüngsten.

Trotz der Erringung der Animafigur, hört der Widerstand der älteren Brüder nicht auf und sie verlangen ein Wettspringen der Frauen durch einen Ring. Diese Aufgabe steht für den ultimativen Test, man könnte sagen, sie ist eine Art Endkontrolle. Die neu erlangten Kräfte (personifiziert in der Prinzessin) müssen dem Ring (Symbol für die Ganzheit) passen. Sie bestätigen somit ihre Richtigkeit und die Dazugehörigkeit zum Ganzen.

Weil der Jüngste die neuen Lebenswerte gefunden und erlernt hat, löst er seinen Vater vom Thron ab, erbt das Königreich und herrscht lange in Weisheit. Durch diesen Blick in die Zukunft wird die Richtigkeit der neuen Gesamtpersönlichkeit ein zweites Mal bestätigt.

Welche Wirkung hat dieses Märchen auf Kinder?

Die Kinder erleben in diesem Märchen eine Umkehrung der Werte. Der verspottete Dummling bekommt eine wunderschöne Prinzessin und ein Königreich. Die Brüder, die so gescheit und clever sind, gehen leer aus. Jedes Kind kennt einen solchen Dummling oder fühlt sich sogar als solcher, wodurch sofort Parallelen zum eigenen Leben gezogen werden können. Die Falltür, die in die Tiefe, ins Erdinnere, vorbei an den Mäusen und Kröten, zu den Schätzen führt, regt die Fantasie der Kinder unwahrscheinlich an und animiert zur Schatzsuche. Um den Wert des Märchens zu verstärken, wäre eine Falltür in einen Keller ideal. Finden die Kinder in diesem besagten Keller dann zufällig eine Schachtel mit Schätzen, so wird diese Schatzsuche, aber auch das dazugehörige Märchen unvergessen bleiben.

Auch das Symbol der Federn könnte aktiv erlebt werden. Einmal vor oder während des Vorlesens, in dem wirklich drei Federn geblasen werden oder anschließend mit einer Bastelstunde. Das Basteln eines Windspiels oder eines Mobile aus Federn wäre hierfür eine gute Idee.

Warum habe ich dieses Märchen ausgesucht?

Das Erste, was mir beim Durchlesen auffiel, war, dass sich jeder mit seiner individuellen Persönlichkeit und Weltanschauung in einer der Personen wieder finden kann. Das Märchen zeigte mir die Nichtigkeit meiner Problemchen und ließ mich die eigentliche Ursache erkennen. Ich frage mich, ob ich die Falltüre, die direkt vor meinen Füßen liegt, sehe – oder ziehe ich wie die älteren Brüder siegessicher in die Welt?

(Hausarbeit der Studierenden Petra Strobel, Fachschule für Jugend- und Heimerziehung am Institut für soziale Berufe Ravensburg, Schj. 2002/2003).

„Die Bienenkönigin"

Das Märchen „Die Bienenkönigin" von den Gebrüdern Grimm erzählt von drei Königssöhnen, die ihr Zuhause verlassen und sich hinaus in die Welt begeben. Bald begegnen sie verschiedenen Tieren. Die zwei älteren Brüder wollen den Tieren etwas zu Leide tun. Dem Jüngeren, der Dummling genannt wird, widerstrebt dies und er verhindert, dass die älteren Brüder die Tiere quälen. Dann gelangen sie zu einem Schloss, wo sie drei Aufgaben erfüllen müssen. Nur dem Dummling gelingt es mit Hilfe der Tiere, denen er zuvor das Leben gerettet hat, die drei Aufgaben zu lösen. Als Belohnung vermählt er sich mit der „liebsten" und „jüngsten" Königstochter.

Schon zu Beginn des Märchens wird das Verhältnis der zwei älteren Brüder zu dem jüngsten, dem Dummling, beschrieben. Die zwei betrachten sich als klüger und trauen dem Dummling nichts zu. Die drei verlassen ihr Zuhause, sie lösen sich also vom Elternhaus und begeben sich auf den Weg der „Reifung". Auf dem Weg begegnen ihnen zuerst Ameisen. Ameisen sind ein Symbol für Fleiß und Durchhaltevermögen. Die zwei älteren Brüder wollen den Ameisenhügel aufwühlen. Der Jüngste wehrt dies jedoch erfolgreich ab. Er meint, dass er es nicht „leiden" kann, wenn den Tieren etwas angetan wird. Er leidet mit den Ameisen, er hat Einfühlungsvermögen und bringt ihnen Wertschätzung entgegen. Außerdem „weiß" er, dass Durchhaltevermögen und Fleiß für seinen Lebensweg wichtig sind. Den Brüdern ist dies nicht bewusst, sie bleiben an der Oberfläche.

Als die drei Brüder nun an einen See gelangen, wollen die zwei älteren die Enten fangen und sie braten. Wieder greift der Dummling ein und zeigt seine Gefühle für die Tiere. Enten leben im Wasser und in der Luft, das bedeutet symbolisch, dass sie Leib und Seele verbinden. Dem Dummling ist also „bewusst", dass er den physischen Schritt der Ablösung durch das Verlassen seines Elternhauses schon getan hat. Jedoch muss er nun, um die vollkommene Reifung zu erlangen, auch die Psyche „reifen" lassen. Auch hier sind die Brüder blind und erkennen dies nicht. Als Letztes treffen sie auf ein Bienennest. Die zwei Älteren wollen es zerstören. Bienen stehen für Fleiß und Kommunikation. Der Dummling „weiß", dass er auf dem Weg der Reifung mit anderen Menschen in Kontakt bleiben und manchmal auch Hilfe entgegennehmen muss. Die Tiere vereinen alle natürlichen Elemente, die in der Natur vorkommen. Das bedeutet, dass der Prozess der Reifung ein ganz natürlicher Prozess ist, den jeder Mensch mehrmals in seinem Leben durchmachen muss. Alle Symbole beeinhalten die „Neuwerdung".

Nun gelangen die Brüder zu einem Schloss. Sie treffen steinerne Pferde an, ein Symbol für die Gefühllosigkeit. Dann kommen sie an eine Türe. Dies ist die Türe zur Seele, zum Innersten. An der Türe sind drei Schlösser angebracht. Das deutet darauf hin, dass die Brüder drei Aufgaben erfüllen müssen, um die vollkommene Reife zu erlangen. Den Dreien kommt ein graues Männchen entgegen und öffnet ihnen die Türe. Es bietet ihnen also für den ersten Schritt der Reifung Hilfe an.

Jetzt haben die drei den Auftrag, das Schloss durch drei verschiedene Aufgaben zu erlösen. Als Erstes sollen sie tausend Perlen der Königstochter auffinden. Die Perlen stehen als Symbol für etwas Kostbares, für etwas schwer Erreichbares. Den zwei Ältesten gelingt diese Aufgabe nicht, sie bleiben an der Oberfläche, sie sind ohne Gefühle. Zur Verdeutlichung werden sie versteinert. Nur dem Dummling ergeht es anders. Er begibt sich auch in den Wald. Der Wald ist ein Symbol für die Ungewissheit und Dunkelheit, die Tiefe der eigenen Seele. Er begibt sich bewusst in sein Innerstes und erfährt, wie schmerzhaft dies sein kann. Er ist verzweifelt, deshalb setzt er sich auf einen Stein und weint. Er lässt Gefühle zu, weiß um seine Schwächen. In diesem Moment kommen ihm die Ameisen zu Hilfe. Sie wollen ihm sagen, dass er durchhalten und nicht aufgeben soll. Schließlich findet er die Perlen mit Hilfe der Ameisen.

Als Nächstes soll er den Schlüssel zur Schlafkammer der Königstochter aus dem See holen. Er soll also den Schlüssel zu der nächsten „Türe" in seiner Seele suchen. Wieder kommen ihm die Tiere zu Hilfe. Die Enten helfen ihm, den Schlüssel zu finden. Nun ist die Stufe der Verbindung zwischen Leib und Seele erreicht und er hat sich auch psychisch von seinem Elternhaus gelöst.

Die dritte Aufgabe stellt die sexuelle Reifung dar. Der Dummling hat die Aufgabe, sich in das Schlafgemach der drei schlafenden Königstöchter zu begeben. Dort soll er herausfinden, welche die Jüngste und Liebste ist. Die drei liegen im Bett und ihre Münder sind mit verschiedenen Süßigkeiten bedeckt. Die Bienen kommen dem Dummling zu Hilfe und finden heraus, das die jüngste und liebste Königstochter Honig auf ihrem Mund hat. Der Mund steht für Erotik, der Honig für die Vollendung der seelischen Reifung. Das bedeutet, dass die jüngste Königstochter ebenso die seelische Reifung erlangt hat.

Der Dummling und die Königstochter haben sich also von ihrem „alten" Leben abgelöst und sie sind nun frei füreinander. Sie heiraten, sie haben eine Hoch-zeit, das heißt, sie haben den Höhepunkt der Reifung erreicht. Die zwei älteren Brüder vermählen sich mit den zwei älteren Königstöchtern, die allem Anschein nach den Prozess der Reifung und Ablösung noch nicht vollzogen haben.

Ich erachte die Stelle, als der Dummling auf dem Weg seiner Reifung zu weinen beginnt, für mich persönlich und für Kinder sehr wichtig. Es zeigt sich hier, dass es natürlich ist, dass der Ablösungs- und Reifungsprozess mit Schmerzen verbunden ist. Ich selbst habe diesen Prozess, genau wie der Dummling, auch so empfunden. Ich bin von zu Hause ausgezogen, habe mich also körperlich abgelöst, meine Psyche brauchte jedoch länger dazu. Ebenso hat mich das graue Männchen aufmerksam gemacht. Es kommt den drei Brüdern entgegen, will also bei diesem Prozess Hilfestellung geben; den Weg müssen sie jedoch alleine gehen. Ich denke, dass solche Hilfestellungen im Leben wichtig sind. Für den Betroffenen kann es sehr hilfreich sein, diese Hilfe anzunehmen und auch zu akzeptieren, dass er Schwächen hat. Nur, wer um seine Schwächen und Stärken weiß, wer sich genau kennt, kann sich einem neuen Lebensabschnitt widmen.

In unserem Leben begegnen uns viele dieser Prozesse. Es ist wichtig, sich darauf einzulassen und bereit zu sein, sich weiterzuentwickeln, auch wenn es schmerzhaft ist.

Kinder machen auch einen Prozess der Ablösung im Kindergartenalter durch. Sie lösen sich von der Mutter, begeben sich in etwas Unbekanntes. Kinder weinen oft, wenn ihre Mutter vom Kindergarten weggeht. Ich denke, hier ist es wichtig, das Kind in seinem Schmerz ernst zu nehmen und ihm in gewisser Weise auch Hilfestellung zu geben.

(Klausurarbeit von Sabine Gantenbein: Fachschule für Sozialpädagogik – Erzieher/-innen – am Institut für soziale Berufe Ravensburg, Schj. 2001/2002)

3.1.2.5 Schriftliche Ausarbeitung einer Lehrprobe/ Arbeitsprobe zum Thema „Märchen"

Angebot nennen:

Genaue Formulierung, zum Beispiel Erzählen des Märchens „Die drei Federn" (Gebrüder Grimm) für sieben Jungen oder Mädchen oder gemischte Gruppen im Alter von … bis … im Kindergarten, Heim, offene Kinder- und/oder Jugendgruppe …

Begründung des Angebots

- Welche Bedeutung hat dieses Angebot für mich als Auszubildende(n)? Was möchte ich lernen? Zum Beispiel Märchen möglichst frei erzählen, meine Begeisterung für das Märchen die Kinder spüren lassen …
- Welche Erfahrungen habe ich bisher mit Märchen gemacht?
- Welche Bedeutung könnte dieses Angebot für das einzelne Kind haben? (Kurzbeschreibung der eventuell teilnehmenden Kinder. Auswahlkriterien: Warum gerade dieses Märchen für diese Kinder? Situation der Kindergruppe, Auswahl der Kleingruppe – frei oder nach welchen Kriterien [Entwicklungsstufe, Anzahl …])?
- Von welcher Situation, von welchen vorausgegangenen Erfahrungen gehe ich aus?

(Erfahrungen der Gruppe mit Märchen allgemein, mit Märchen ähnlicher Thematik, Zusammenhang mit Projektthemen oder der Jahreszeit ...?)

Intentionen/Ziele

Hier sollen Intentionen genannt werden, die schwerpunktmäßig beim Erzählen des Märchens verfolgt werden. Zum Beispiel:

- Die Kinder können sich identifizieren mit den Trennungs- und Verlassenheitsängsten beziehungsweise dem Mut, der Zuversicht, Sensibilität des Helden oder der Heldin;
- Kinder entwickeln/erfahren, dass ... (Selbstvertrauen, Hoffnung, Ehrlichkeit, Liebe ...);
- Kinder erleben ... Trauer, Freude, Spannung ..., dass Leben Wagnis bedeutet ...

Hier können auch ganz konkrete Ziele im motorischen, motivationalen, kognitiven/sprachlichen, emotionalen, sozialen Bereich auf einzelne Kinder hin – auf der Grundlage der Einzelbeschreibung – formuliert werden.

Die Intentionen sollten konkret am Inhalt und der Botschaft des Märchens entlang festgemacht werden.

Sachanalyse

- Inhaltsangabe (kurz mit eigenen Worten).
- Textvorlage (evtl. mit Veränderungen, Begründung der Veränderungen).
- Formale Analyse des Märchens, zum Beispiel Merkmale des Märchens – übertragen auf das konkrete Märchen –; Grundton dieses Märchens; Deutung der Symbole, Bilder, Motive im Hinblick auf den Verstehenshorizont der ausgewählten Kindergruppe.
- Inhaltliche Analyse des Märchens, zum Beispiel:

  Welches sind die zentralen Aussagen des Märchens (zum Beispiel Botschaft, Thematik, zentrales Motiv, ethische Orientierung)? Welche Erfahrungen vermittelt das Märchen? Die oben erwähnten Symboldeutungen sind Bausteine für eine Interpretation.
- Welche Wirkung hat dieses Märchen auf die Kinder?
- Methodische Vorüberlegungen (je nach Fachschule verschieden).

3.1.2.6 Tipps aus dem „Nähkästchen" für das Erzählen

von der Märchenerzählerin Maria Grimm (o.J.):
Wenn ich eine Geschichte gut erzählen will, muss sie mich zuvor anrühren, sie muss **meine** Geschichte werden. Ich muss sehen, hören, fühlen, riechen und schmecken können, was ich erzähle. Übrigens: wer erzählen will, sollte genau hinsehen und zuhören können und dies immer wieder üben. Deshalb sind „Stilleübungen" mit den Kindern gute Vorübungen für das Zuhörenkönnen.

Vorbereitung

- **Lesen**/hören und dabei beachten: Welche Bilder tauchen auf?
- Die **inneren Bilder anschauen**, sich dabei Zeit lassen.
- Vergleichen mit der **Textvorlage** (was steht dort wirklich?).
- Laut lesen (**sich** selber **hören**!).
- Spazieren gehen, die Geschichte an den **Körperbewegungen** „erfahren" (Herzschlag, Sprachrhythmus und **Gehrythmus** beobachten).
- Jemandem Vertrauten erzählen, dabei **herausspüren**, wo noch „**Sprünge**" und Ungereimtheiten sind, ob der „Erzählton" stimmt.

Zum Erzählton

- **Wer** erzählte wohl die Geschichte **ursprünglich**? … Eine alte Frau …, ein Großvater seinem Enkelkind …, Männer im Wirtshaus um vor List und Heimtücke der Weiber zu warnen …, ein Kapuzinerpater auf der Kanzel …, Mädchen in der Spinnstube …, Hofdamen zur Unterhaltung einer Gesellschaft …, ein Barde, der eine geheime Botschaft überbrachte …? Wenn ich sehe und höre, wer die Geschichte ursprünglich erzählt hat, finde ich leichter den Ton, der ihr entspricht.
- **Von wem** wird berichtet? Beispiel „Sterntaler" „Es war **einmal** ein kleines Mädchen …"; dagegen bei „Frau Trude": „Es war einmal ein kleines **Mädchen**!"
- **Wem** wird erzählt? Ein „gewichtiger" Erzählton kann für Kinder sehr belastend sein.

Grundsätzlich ist es überall möglich, Märchen zu erzählen, sofern nur jemand zuhören will. Es ist jedoch hilfreich, besonders wenn einer Gruppe erzählt wird, mit einfachen Mitteln für Sammlung zu sorgen.

Zum Rahmen

- Sitzen im **Kreis** ist angenehmer als „Frontalunterricht".
- Ein Tuch kreisförmig ausgelegt, eine brennende **Kerze**, vielleicht eine Wurzel oder ein Zweig, sammeln die Blicke, „zentrieren" und helfen damit beim „Konzentrieren" …

- Ein „Klang" als **Signal** für Beginn und Ende (möglichst langtönendes Instrument) weckt die Aufmerksamkeit und entlässt wieder daraus.

- Der **Blickkontakt** zu einem aufmerksamen, wohlwollenden Zuhörer hilft über Verlegenheiten und Lampenfieber hinweg.

Zu den Zuhörern

- **Wem wird erzählt?** Welche Situation ging voraus? Welche **Vorerfahrungen** bringen die Zuhörer mit? Welche Fähigkeiten zum Hören und Aufnehmen können vorausgesetzt werden?

- Es kann bei kleinen Kindern gut sein, Tage vorher gemeinsame Erlebnisse zu schaffen, die helfen, Vorstellungen zu bilden. Doch Vorsicht! Die Ente im Märchen ist **nicht** die Ente, die im Dorfteich schwimmt. Ein Zuviel an Hinführung kann sogar hinderlich sein für das Wachstum innerer Bilder. Auch darf ruhig auf die intuitive Fähigkeit der Kinder vertraut werden, den Wortsinn herauszuspüren.

- Ein Gegenstand, der Bezug zum Märchen hat (Ring, Stein, Feder …) kann auch von einem besonders unruhigen Kind gehalten werden, als Hilfe zum Stillwerden.

Zur Sprache

- Kindern unbedingt immer in **direkter** Rede erzählen! Für Erwachsene kann eine andere Sprachform reizvoll sein, jedoch nur, wenn sie bereits durch Klang und Spannungsbogen gefesselt sind. Für Anfänger ist es nicht ratsam, damit zu experimentieren.

- Vorsicht vor Märchen, die aus einem anderen Kulturkreis stammen und in einem wesentlich anderen **Sprachduktus** erzählt werden! Dies kann für Anfänger ausgesprochen strapaziös sein. Es ist wesentlich leichter und ganz legitim, in seiner **eigenen Sprache** zu erzählen – auch im Dialekt!

- Nicht „auswendig" lernen, sondern schildern (siehe oben). Die Gefahr, stecken zu bleiben, ist bei einer auswendig gelernten Geschichte wesentlich größer als bei einer frei erzählten.

- Grimmsche Märchen verlangen oft einen wesentlich anderen Erzählton als die gleichen Märchen in romanischen oder keltischen Sprachen. Für Kinder ziehe ich häufig die französische Fassung vor, sie ist meistens witziger (vgl. „Der Wolf und die sieben Geißlein" und „Von der Ziege, die nach Santiago di Compostela wanderte").

- Bei sehr kleinen Kindern ist es hilfreich, rhythmische Sprache und rhythmische Körpergesten einzusetzen, sie zum Mittun anzuregen.

Zur Nachbereitung

- Zunächst hat das Märchen seinen Wert in sich und bedarf keiner Steigerung. Es kann gut ohne ergänzende „Aktivität" auskommen. Zudem finden Kinder meistens ganz gut selber heraus, wie sie das Gehörte weiter verarbeiten können. Will eine Gruppe bei einem bestimmten Märchen länger verweilen, so gibt es viele reizvolle Möglichkeiten der Ausgestaltung:

- „Rußbilder" auf Diagläsern,
- Leporello,
- Tonstudio,
- Tanz, je nach dem meditativ oder wild,
- Pantomime,
- Schattenspiel ...

Quelle, Literatur

Dietrich, Eberhard: Erzähl doch wieder! Ein Arbeitsbuch zum Erzählen von biblischen Geschichten. Verlag junge Gemeinde. Stuttgart (o.J.)
Grimm, Maria: unveröffentlichtes Manuskript. Baindt (o.J.)
Heim, Renate: Rund ums Märchen. Ideen für groß und klein (o.J.) und: Rund ums Märchen-Rätsel (o.J.). (Direktbestellung bei Renate Heim, 6922 Wolfurt, Montfortstraße 30; die Mappe enthält eine Vielzahl von Tipps aus ihrer langjährigen Erfahrung mit dem Thema „Märchen").
Hoff, Helga: Märchen erzählen und Märchen spielen. Herder-Verlag Freiburg 1989
Schaufelberger, Hildegard: Wir lesen vor, wir erzählen. In: kindergarten heute, Seite 78ff. Herder-Verlag Freiburg 1988
Zitzelsperger, Helga: Kinder spielen Märchen. Beltz-Verlag Weinheim 1984

Erzählen von Märchen aus der „Tonkugel"

Die Erzieherin Alexandra Netzer, Fachschule für Jugend- und Heimerziehung am Institut für soziale Berufe Ravensburg (Schj. 2001/2002) – unveröffentlichtes Manuskript – gibt im Rahmen eines Märchenprojektes folgenden Erfahrungsbericht über das Erzählen des Märchens „Frau Holle":

„Ich besorgte mir einen weißen Ton, formte eine Kugel daraus und wickelte ihn in ein feuchtes Tuch. Außerdem sammelte ich Naturmaterialien, aus denen folgende Gegenstände entstanden:

- Für die Kleider der Frau Holle, der Stiefmutter und der Gold- und Pechmarie suchte ich mir vier verschiedenfarbige Stoffe aus (Unterscheidung der Personen!) und schnitt daraus Dreiecke.
- Die Spule stellte ich aus einem Zahnstocher und Faden her. Den Faden wickelte ich um den Zahnstocher.
- Ein grünes Tuch aus der Bauecke diente für die Wiese.
- Den Backofen gestaltete ich mit Bauklötzen aus Holz von der Bauecke.
- Für den Apfelbaum suchte ich mir im Garten einen Zweig von einem Strauch.
- Das Haus der Frau Holle stellte ich mit Holzbrettchen her.
- Aus zwei Schaschlikspießen und einem Zahnstocher stellte ich das Tor her. Dazu klebte ich alle drei Stäbchen zusammen.
- Den Goldregen gestaltete ich aus Goldpapier, das ich in kleine Stücke riss.
- Den Pechregen stellte ich aus schwarzem Tonpapier her, das ich ebenfalls in kleine Stücke riss.

Die Figuren: Frau Holle, Stiefmutter, Pech- und Goldmarie, Hahn modellierte ich aus dem feuchten Ton, ebenfalls den Brunnen und das Brot. Dann erzählte ich das Märchen frei und setzte die Figuren und Gegenstände entlang der Geschichte ein. Ein Holzbrett diente als „Bühne". Der Raum war verdunkelt, es brannten nur einige Kerzen. Die Kinder saßen auf Sitzkissen im Halbkreis auf dem Boden. Das erzählende Vorspielen endete mit der Frage:

Was hat dir gut gefallen? Was hat dir nicht so gut gefallen? Es entstand ein angeregtes Gespräch mit den Kindern."

Rückfragen bei Kohlmaier, Brigitte (Dozentin): 79102 Freiburg, Bürgerwehrstraße 13. (Frau Kohlmaier hat jahrelang mit Studierenden Projekte zu diesem Thema durchgeführt.)

Geschichtenwerkstatt: Geschichten erfinden, erleben, gestalten

Der Umgang mit Phantasie und Sprache bereitet heute immer mehr Kindern in Kindergarten und Schule Schwierigkeiten. Eine wunderbare Möglichkeit, die Kinder Freude an der Sprache erleben zu lassen und dabei ihre Phantasie zu fördern, ist der eigene schöpferische Umgang mit Sprache. Kinder lieben Geschichten, erfinden selbst gerne Reime, singen gern und erproben sich in verschiedenen Rollen.

In einem Projekt hat Eva Baumgärtner (2002) mit Studierenden den spielerischen Umgang mit Sprachelementen, Geschichten und Reimen ausprobiert. Geschichten wurden erfunden, erlebt, gestaltet mit Worten, mit dem Körper, mit Bildern, mit Phantasie und mit Musik. Diese Erfahrungen wurden dann in der Arbeit mit Kindern umgesetzt.

> **Quelle, Literatur**
>
> Baumgärtner, Eva: Geschichtenwerkstatt. Geschichten erleben, erfinden, gestalten. Institut für soziale Berufe Ravensburg, Kapuzinerstraße 2, 88212 Ravensburg, unveröffentlichtes Manuskript (2002)

3.1.2.7 Welches Märchen in welchem Alter?

Schaufelberger (1987) nennt drei Entwicklungsstufen des Kindes für das Vollksmärchen:

- Die **erste Stufe** (3./4. Lebensjahr): Hierzu zählt sie Märchen mit geradliniger Handlung (Der süße Brei), einfache Kettenmärchen mit einprägsamen Wiederholungen (Das Märchen vom dicken, fetten Pfannekuchen, aus Norwegen), drollige Tiermärchen (Das Lumpengesindel), Themen aus dem Erlebnisbereich des Kindes (Rotkäppchen). Wichtige Voraussetzung sei, dass die Kinder bereits über einen gewissen Reichtum an inneren Bildern verfügen und auch damit umgehen können.

- Die **zweite Stufe** (etwa zwischen 4. und 6. Lebensjahr): In dieser Stufe eignen sich einfache Zaubermärchen mit dem Problem der Gefahr und Bewährung, zum Beispiel Schneewittchen, außerdem heitere, schwankhafte Heldenmärchen (Das tapfere Schneiderlein). In dieser Stufe werden an Phantasie und Auffassungsvermögen des Kindes schon größere Anforderungen gestellt. Die Märchen dürfen jetzt verschiedene Szenen haben, aber nur ein durchgängiges Motiv.

- Die **dritte Stufe** ist das Schulalter. Hierzu gehören umfangreichere Erzählungen mit mehreren Motiven und Schauplätzen, die behalten, überschaut und zueinander in Beziehung gebracht werden können (Der treue Johannes), Heldenmärchen mit ernstem und abenteuerlichem Charakter (Das blaue Licht), Märchen mit besonderem Symbolgehalt (Das singende springende Löweneckerchen) und Märchen mit Fabel- (Der Fuchs und die Katze), Legenden- (Die Kornähre) und Schwankcharakter (Meister Pfriem).

> **Quelle, Literatur**
>
> Diergarten, Anne u.a.: Komm ich erzähl dir was. Märchenwelt und kindliche Entwicklung. Kösel-Verlag München 1996, 4. Aufl.
> (Die Autoren behandeln ausführlich die psychische Entwicklung des Kindes vom ersten Lebensmonat an und versuchen der Frage nachzugehen, welches Märchen sich für welches psychische Problem eignet. Ferner geben sie Märchenempfehlungen für das Vorschulalter und das frühe Schulalter mit Titel/Thematik des Märchens, Märchenkategorie und Altersempfehlung).
> Schaufelberger, Hildegard: Märchenkunde für Erzieher. Herder Freiburg 1987.

3.1.2.8 Märchen auf Ton- und Bildträgern

Grundsatz sollte sein, dass Kinder ihre Erstbegegnung mit Märchen (und Geschichten) durch eine vorlesende oder erzählende Bezugsperson haben sollten. Da viele Eltern und Erzieher/-innen aber nicht die Zeit finden oder dazu haben, sollten Kassetten und CDs folgende Kriterien erfüllen (Knoch, 2001):

- Der Text des Märchens sollte vollständig und nicht auf eine allein den Inhalt berücksichtigende Länge beziehungsweise Kürze beschnitten sein. Der Text sollte nicht „gereinigt" werden von den so genannten Grausamkeiten, da sie für die Kinder eine positive Funktion haben (siehe Kap. „Grausamkeit im Märchen").

- Der Wortlaut der überlieferten Fassung sollte weitgehend beibehalten und nicht durch erklärende oder kommentierende Einschübe unterbrochen werden, damit die Kinder sich ihr eigenes Bild von den Figuren und dem Geschehen machen können.

- Der Text sollte nicht ironisch aufbereitet werden. Ironie ist ein Vergnügen für Erwachsene, aber verstörend für Kinder.

- Die Stimmen der Sprecher sollten geschult sein, nicht drastisch verstellt und verzerrt, nicht suggerierend, sondern von innerer Anteilnahme beseelt und im Übrigen ruhig.

- Musik zwischen den einzelnen Märchen hilft den Zuhörern, das Gehörte zu „verdauen" und sich auf Neues einzustellen. Die Untermalung oder Unterbrechung des Märchens mit Musik wirkt meist störend und ablenkend.

Für den Vergleich empfiehlt es sich, verschiedene Billigkassetten zu einem Märchen (zum Beispiel Rotkäppchen) mit einer pädagogisch wertvollen Kassette zu vergleichen, zum Beispiel mit Felicitas Betz. Pädagogisch wertvolle Märchenkassetten finden sich unter anderem bei der Europäischen Märchengesellschaft (www.maerchen-emg.de).

Quelle, Literatur

Betz, Felizitas: Märchen als Schlüssel zur Welt. Eine Auswahl aus dem Buch. Verlag Ernst Kaufmann, Lahr 1982 4. Aufl.; (Best. Nr. 5502) oder Pfeiffer-Verlag München, Best. Nr. 0276)

German, H. u.a.: Töne für Kinder 2003/2004. Kassetten und CDs in kommentiertem Überblick. kopaed-Verlag: München 2004 (siehe auch: www.toene-fuer-kinder.de) (650 Titel, Hörspiele, Hörerzählungen, Märchen/Fabeln/Sagen/Mythen, Lieder, Musikerzählungen sind kommentiert und empfohlen von der „Stiftung Zuhören")

Knoch, Linde: Praxisbuch Märchen. Verstehen, Deuten, Umsetzen. Gütersloher Verlagshaus 2001

> Schaufelberger, Hildegard: Mit Kinder-Kassetten leben. In: kindergarten heute, 1982 S. 108ff./1983, S. 32ff. Herder-Verlag Freiburg
> Schaufelberger, Hildegard: Märchenkunde für Erzieher. Kap. 10. Herder-Verlag Freiburg 1987

Film, Fernsehen, Video und CD-ROM

Das Erzählen oder Vorlesen von Märchen ist immer noch die beste Methode, den Kindern Märchen nahe zu bringen. Wenn man mal die staunenden Augen von Kindern bei einer guten Erzählung gesehen hat, wird man diese Methode dem Film immer noch vorziehen. Wer Märchen erzählt bekommen hat, wird von den Filmen enttäuscht sein. Das geht auch uns Erwachsenen so.

Die Märchenerzählerin Knoch (2001) begründet dies wie folgt:

> „Von äußeren Aus-drücken erfährt der Mensch innere Ein-bildungen, und diese gestalten ihn. Werden die inneren Bilder konkret und vollständig umgesetzt in äußere, so geht scheinbar das Wertvollste verloren, das uns die Märchen anbieten, nämlich die Möglichkeit und die Kraft, selbst schöpferisch tätig zu werden. Während des Erzählens ist die Erzählerin oder der Erzähler Schöpferin oder Nachschöpfer einer Welt, ebenso wie die Zuhörerin und der Zuhörer. Die Festlegung durch äußere Bilder blockiert die Einbildung durch innere Bilder, und das bedeutet: Die Möglichkeit zur Identifikation wird dem Zuschauer genommen oder erschwert. Das Wort erzeugt unbegrenzten Freiraum, das Bild zieht feste Grenzen ...
>
> Durch die Darstellung von Menschen werden die Märchenfiguren eher zu psychologisch vielschichtigeren Wesen als beim Hören. Aus dem einfach strukturierten Volksmärchen wird im Film möglicherweise ein Roman. *Zeichentrickfilmfiguren* haben den Vorteil, dass sie nicht so komplex sind wie menschliche Darsteller, also dem Vorstellungsvermögen mehr Spielraum lassen. Zeichner von Märchentrickfilmen sollten beachten, dass die Figuren nicht in die Nähe von gerade modisch vorherrschenden Schönheitsidealen oder Monsterwesen geraten, weil der Symbolgehalt damit verloren geht. Die Mehrdeutigkeit eines Symbols bedeutet für die Kinder eine Möglichkeit, sich selbst zu begegnen und auszugestalten. Der Wert der Märchen liegt in der Chance der Identifizierung mit dem Helden oder der Heldin, die Aufgaben und Prüfungen bewältigen müssen. Wenn aber die Zeichentrickfiguren zu omnipotenten Supermännern hochstilisiert werden, die keine Fehler und keine Erfahrungen machen, dann wird den kleinen Zuschauern die Entscheidung zum Handeln genommen, und ein inneres Wachstum durch Auseinandersetzung mit der nicht immer glatten Wirklichkeit findet nicht statt. Sofern die Figuren nicht zu klischeehaften Mustern geraten, können Märchen im Zeichentrickfilm auf gute Weise dazu anregen."

Inzwischen werden auch Märchen als interaktive **Geschichten auf CD-ROMs** angeboten. Auch hier gilt der Grundsatz, dass das Kind das jeweilige Märchen schon kennen sollte. Dann allerdings können die interaktiven Geschichten den Kindern viel Freude bereiten, da sie ja selbst bestimmen können, was die Figuren machen sollen. Nicht jede Produktion ist geeignet, ähnlich wie bei Märchenkassetten. Ein guter Ratgeber ist „Thomas Feibels großer Kinder-Software-Ratgeber", der jedes Jahr auf den neuesten Stand gebracht wird. (Hier ist zum Beispiel zu lesen, dass „Schneewittchen und die sieben Hänsel" als der beste Titel Europas ausgezeichnet wurde – geistreich, clever und mit tollen Bildern und irrwitzigen Kombinationen.)

Märchenfilme

Verleih bei allen Kreis- und Landesmedienzentren; ferner:

Ev. Medienzentrale, Augustenstr. 124, 70197 Stuttgart (Tel. 0711/22276-67 bis 70; FAX: 0711/22276-71; e-Mail: emz.emh@-wue.de

fachstelle für medienarbeit Diözese Rottenburg-Stuttgart, Sonnenbergstr. 15, 70184 Stuttgart (Tel. 0711/1646-400; FAX: 0711/1646-404; e-Mail: medienverleih@bo.drs.de

Quelle, Literatur

Feibel, Thomas: Großer Kindersoftware-Ratgeber 2001. Francke Verlag München 2000

Internationales Zentralinstitut für Jugend- und Bildungsfernsehen – IZI – (Hrsg.): Themenheft „Mediengeschichten für Kinder". In: Televizion Heft 13/2000/1 („… und wenn sie nicht gestorben sind"; Kinder im Umgang mit Märchen im Fernsehen; überlebt das Geschichtenerzählen im Zeitalter von Multimedia? Geschichten erzählen mit dem Computer). München 2000

Knoch, Linde: Praxisbuch Märchen. Verstehen, Deuten, Umsetzen. Gütersloher Verlagshaus 2001

3.1.3 Das Kunstmärchen

3.1.3.1 Kennzeichen des Kunstmärchens

Nach Schaufelberger (1987) ist ein Kunstmärchen „ein subjektives Kunst- und Gestaltungsmittel eines einzelnen Autors und Künstlers. Seine entscheidenden Impulse bekam es durch die Romantik und ist immer im Bereich des Wunderbaren angesiedelt. Es ist auch mehr zum Lesen geschaffen, braucht nicht unbedingt die Stimme des Erzählers. Es lebt und wirkt durch sich selbst. Während die Volksmärchen uralt sind, ist es jung, unterliegt allerdings mehr dem Zeitgeschmack. Wir haben auch im 20. Jahrhundert Kunstmärchen, etwa die von Janosch. Die meisten von ihnen haben eine ganz bestimmte Botschaft an den Leser, bei Janosch ist es die Sozialkritik. Solche Kunstmärchen sind ihrer Zeit verhaftet und typisch für sie."

Bekannte Kunstmärchen haben die Schriftsteller Clemens Brentano und Christian Andersen geschrieben. Andere Kunstmärchendichter des 19. Jahrhunderts stammen von Wilhelm Hauff, Eduard Mörike, Theodor Storm, Goethe, Tieck, Chamisso ...

> **Quelle, Literatur**
>
> Fritz, Jürgen: Märchenwelten in Bildschirmspielen. In Zeitschrift: „Praxis und Gruppe", Heft 4/1994, Seite 181ff. Grünewald-Verlag Mainz
> Schaufelberger, Hildegard: Märchenkunde für Erzieher. Kap 1 und 9. Herder-Verlag Freiburg 1987

3.1.3.2 Beispiel: „Der Kleine Prinz"

Dieses weltbekannte Kunstmärchen (eigentlich ist es eine Mischung aus Erzählung und Kunstmärchen) von Antoine de Saint-Exupéry eignet sich besonders, die Einheit über Märchen abzuschließen. Es kann auch als Personentheater gespielt werden. Wir machten damit auf verschiedenen Bühnen der Stadt ausgezeichnete Erfahrungen. (Fertige Bühnenstücke sind zu haben bei: Verlag für Kindertheater Hamburg – kindertheater@vsg-hamburg, Tel. 040/607 909 14 u.-16; oder beim deutschen theaterverlag Hirschberg, theater@dtv.de ; www.dtvd.de.)

Biografie von Antoine de Saint Exupéry

Am 29. Juni 1900 in Lyon geboren, stammt Antoine Jean Babtiste Marie Roger de Saint Exupéry aus einem alten französischen Adelsgeschlecht. Er wächst in behüteter, nobler Umgebung auf, wird an einer Jesuitenschule erzogen. Erfindungsreichtum und Kreativität paaren sich in seiner Kindheit mit mangelnder Ordnungsliebe und Rastlosigkeit, wie aus den Schulaufzeichnungen hervorgeht. Eigenschaften, die ihm bleiben werden. So ist sein Leben auch geprägt von raschen Wechseln, Leidenschaften und Abstürzen. Und die gab es durchaus wörtlich. Nach Versuchen in unterschiedlichen Metiers nimmt er private Flugstunden, erwirbt die Pilotenlizenz. 1923 stürzt er erstmals mit dem Flugzeug ab, gibt diese Leidenschaft zunächst auf, um sich doch nur wenige Jahre später erneut an den Steuerknüppel zu setzen. Gleichzeitig erscheinen seine ersten Schriften, Erzählungen und ein Roman mit dem Titel „Südkurier".
Wie fast alle seine Werke, so ist schon dieses erste Buch ein Versuch über sein eigenes Leben. Denn die Geschichte aus der „heroischen Zeit" des ersten regelmäßigen Luftpostdienstes zwischen Toulouse, Dakar und Buenos Aires ist stark geprägt vom eigenen Erleben des Autors. Für die Gesellschaft Latecoere fliegt Saint Exupéry selbst zwischen Casablanca und Dakar, für die Aeroporta Argentina nach Chile und Patagonien. 1931, nach zwei Jahren Aufenthalt in Argentinien, kehrt der Flieger und

Literat nach Frankreich zurück, wo er für sein nächstes Buch „Nachtflug" bedeutende literarische Preise gewinnt. Auch in „Wind, Sand und Sterne", „Der Flug nach Arras" und „Die Stadt in der Wüste" stellt Saint-Exupéry dem heroischen Leben die Technik und die Naturgewalten als Widersacher entgegen.

Der Fliegerhauptmann Saint-Exupéry emigriert im Zweiten Weltkrieg, nach der Besetzung Frankreichs, in die USA. Nach seiner Rückkehr mit der Invasionsarmee setzt er alles daran, nach Frankreich zurückzukehren und sich erneut als Pilot auf die Seite der Alliierten zu stellen.

Zuvor aber schon ist in den USA sein wohl bekanntestes Werk erschienen, das nach Kriegsende in Europa zu einem der meistgekauftesten Bücher werden sollte: „Der kleine Prinz". Saint-Exupéry hat den Erfolg seines Buches nicht mehr miterlebt. Am 31. Juli 1944 startete er mit einer Lightning P 38 von Korsika zu einem Aufklärungsflug, der ihn in Richtung Annecy in die französischen Alpen führen sollte. Er kehrte von diesem Flug nicht mehr zurück. Ungewiss ist bis heute die Ursache des Absturzes: Abgeschossen von deutschen Abfangjägern, Eigenverschulden, Unfall, Selbstmord ...? Nach jahrelanger Suche fanden jetzt französische Taucher Wrackteile der Maschine im Mittelmeer.

Quelle, Literatur

Antoine de Saint-Exupéry: Der kleine Prinz. Rauch Verlag Düsseldorf.
Der kleine Prinz (Gyoza Media Berlin 1998, CD-ROM); auszuleihen bei EMZ CDR 041. (Die CDR enthält eine ausführliche Biografie des Schriftstellers).
Estang, Luc: Saint Exupéry. Rowohlt Tb. Hamburg 1958
Lennert, Christoph: „Man sieht nur mit dem Herzen gut". In.: Kath. Sonntagsblatt 31/32/ 1994, Schwabenverlag Ostfildern (www.kathsonntagsblatt.de; ks@schwabenverlag. de)

Aufbau der Erzählung

Die Erzählung ist in siebenundzwanzig Erzählabschnitte gegliedert. Sie hat eine symmetrische Anlage. Die Erzählabschnitte I und XXVII bilden den Rahmen, der die eigentliche Erzählung umschließt. „Der kleine Prinz" ist also eine Rahmenerzählung. Der Rahmen und die Binnenerzählung ist durch die Person des Erzählers verbunden.

Wort- und Sacherklärungen

Die folgenden Wort- und Sacherklärungen sind entnommen aus: Bahners (1999).

Affenbrotbäume: gewaltige zerstörerische Naturkräfte, die den Planeten des kleinen Prinzen gefährden können (V).

Asteroiden: kleine unbenannte Fixsterne, die mit bloßem Auge nicht oder kaum zu erkennen sind. Der kleine Prinz ist auf einem solchen Stern zu Hause (IV).

Berg: ist hier in der Wüste ein Zeichen der unerbittlichen, kargen Einsamkeit (XIX).

Blume: Verkörperung des Zarten, Lieblichen, Schutzbedürftigen, Natürlichen und Femininen, aber auch der koketten Eitelkeit (VII, VIII, IX, XV, XVIII, XX, XXI).

Brunnen: Symbol für das Geheimnisvolle und Mystische dieser Geschichte, er entsteht unter der aufblühenden Freundschaft und der vorweggeahnten Trauer des Abschieds (XXIII, XXIV, XXV, XXVI).

Dialog: das Zwiegespräch bestimmt formal einen großen Teil der Erzählung.

Durst: ist das geheimnisvolle Wort, das der kleine Prinz durch Intuition seinem Freund aus dem „Herzen liest" (XXIV).

Echo: ähnlich wie der Berg, Zeichen der trostlosen Verlassenheit in der Wüste (XIX).

Eitelkeit: menschliche Unzulänglichkeit, der der „Eitle" frönt, der aber auch die Rose des Prinzen zugetan ist (VIII, XIX).

Elefant: wie die Affenbrotbäume eine destruktive Naturgewalt (V).

Erde: der wichtigste Planet für den kleinen Prinzen (XVI – XXVII, aber auch I – VII).

Erwachsener: der Ich-Erzähler der Geschichte unterscheidet zwischen den dem Kindsein unwiederbringlich Entwachsenen, die Pseudowerten nachjagen, und denen, die noch kindlich und somit unverstellt und künstlerisch-phantasievoll sehen und verstehen können.

Erzählung: große Partien der Geschichte sind Erzählung, andere dagegen sind Berichte oder Dialoge.

Flugzeug: für den Ich-Erzähler, den Piloten und Techniker, ist das Flugzeug ein Arbeitsinstrument und ein wichtiges Fortbewegungsmittel; für den kleinen Prinzen ein wunderliches und abschätzig gewertetes Ungetüm (III).

Freund: beide, der kleine Prinz wie der Ich-Erzähler (Pilot), sind auf der Suche nach einem „wahren" Freund. Der Fuchs bringt dem Prinzen „die Freundschaft" bei und der Prinz lehrt den Piloten erst eigentlich die wahre Freundschaft (II, XXI, XXIV – XXVII).

Fuchs: der Fuchs lehrt den kleinen Prinzen die wichtigsten Verhaltensweisen, er lehrt ihn die wahre Freundschaft, wie auch die Verantwortlichkeit für andere Wesen. Die Begegnung mit dem Fuchs bedeutet die positivste Begegnung für den kleinen Prinzen (XXI).

Gähnen: das Gähnen des kleinen Prinzen erweist Langeweile, die er auf dem Planeten des Königs empfindet; die menschlichen Gestalten auf den einzelnen Planeten sind Gestalten des Verdrusses und der Langeweile (X).

Geograf: die Geografie bedeutet dem Erzähler schon als Kind nicht sehr viel, die Figur des „weisen" Geografen enttäuscht vollends (I, XV).

Geschäftsmann: der Geschäftsmann ist für den kleinen Prinzen wie für den Erzähler die negativste Figur menschlichen Verhaltens, er ist die Inkarnation des seelenlosen Profitgeiers, der keine menschlichen Züge mehr besitzt (VII; XIII).

Hut: der Hut, den der Erzähler als Kind gemalt hat, ist bereits eine Vorwegnahme der großen Lehre des Fuchses: „Man sieht nur mit dem Herzen gut. Das Wesentliche ist für die Augen unsichtbar" (I, XXI); der Hut dient aber auch dem Eitlen „zum Grüßen" (Gegensatz zwischen Innerem und Äußerem).

Kind: die Kindheit ist für den Erzähler von großer Bedeutung, der kleine Prinz ist für ihn die Verkörperung des Kindseins. Der Erzähler bemüht sich, seine Erzählung aus der Perspektive des Kindes zu erzählen. Die „Kinder" sind auch die bevorzugten Leser, die sich der Erzähler wünscht; er spricht die Kinder oft direkt aus der Geschichte heraus an, niemals jedoch die Erwachsenen.

Kiste: die Kiste, die das fiktive Schaf in sich birgt, ist gleichbedeutend mit dem Hut.

König: der König bedeutet eine Karikatur auf den absoluten, universalen Herrscher, auf seinem Stern hat er keine Untertanen, die ihm zu Gebote stehen können (X).

Lachen: das Lachen des kleinen Prinzen ist ein kosmisches Lachen, es teilt sich den Sternen mit und erklingt in vollendeter Harmonie. Die philosophische Vorstellung der „harmonia mundi" klingt darin an (XXVI).

Laternenanzünder: der Laternenanzünder ist eine liebenswürdige Gestalt, die sich der kleine Prinz gern zum Freund gemacht hätte, wenn er auf seinem Planeten genügend Raum gehabt hätte; er ist nicht nur mit sich selber beschäftigt, er könnte mit seiner Arbeit anderen dienlich sein (XIV).

Melancholie: Schwermut gibt die Grundstimmung der Erzählung; es ist eine Geschichte permanenter Abreisen, Abschiede und Ankünfte; der kleine Prinz ist auf der Suche nach Freundschaft, die ihm erst nach langem Suchen zuteil wird; der Erzähler ist gleichfalls vereinsamt auf der Suche nach wahrer Freundschaft; Tränen, Melancholie und Trauer sind insgeheim überall vernehmbar; auch die Erfahrungen des kleinen Prinzen auf den verschiedenen Planeten sind triste und von Anfang an begleitet ihn die Sehnsucht nach seiner verlassenen Rose auf seinem verlassenen Planeten (VI; VII; XXV, XXVI; XXVII).

Musik: Vor allem die Schlusskapitel sind von leiser musikalischer Schwingung durchspielt: „In meinen Ohren war noch immer der Gesang der Zugwinde … Dieses Wasser war etwas ganz anderes als ein Trunk. Es war entsprungen aus dem Marsch unter den Sternen, aus dem Gesang der Rolle, aus der Mühe meiner Arme. Es war gut fürs Herz, wie ein Geschenk. Genauso machten, als ich ein Junge war, die Lichter des Christbaums die Musik der Weihnachtsmette, die Sanftmut des Lächelns den eigentlichen Glanz der Geschenke aus, die ich erhielt."

Pillenverkäufer: der Pillenverkäufer gleicht am ehesten dem Geschäftsmann; auch er ist einer völlig sinnentleerten, profitorientierten Beschäftigung verfallen; eine Karikatur des seelenlosen Händlers (XXII).

Planet: obgleich sich die Reise des kleinen Prinzen im interstellaren und orbitalen Raum vollzieht, ist nur wenig Astronomisches aus der Geschichte zu erfahren; sie ist in dem Sinne keine kosmische Abenteuer- und Reisegeschichte, sondern eher eine Auseinandersetzung mit irdischen Problemen; auf den Asteroiden befinden sich Menschen und es geht dort menschlich zu (IV).

Rechnen: Rechnen, Addieren und Mathematik sind die Beschäftigungen der handelsorientierten Geschäftsleute, Bestätigungen nüchterner Kalkulation, gegen die sich dieses Buch in erster Linie richtet (XIII, XXIII).

Rose: die Rose des kleinen Prinzen ist das Symbol für alles Zarte und Zerbrechliche, zugleich ist sie launisch und kapriziös – und auch eitel; dennoch lebt sie dauernd als Sehnsuchts- und Liebesobjekt in seinem Herzen (vgl. Stichwort: Blume).

Rosengarten: der irdische Rosengarten bringt dem kleinen Prinzen die herbste Enttäuschung, aber auch zugleich den Anstoß zur inneren Wandlung, die ihm die Einzigartigkeit und Unverwechselbarkeit seiner geliebten Rose deutlich macht (XX, XXI).

Sand: der Wüstensand ist einerseits eine Metapher für die Trostlosigkeit, das Verlassensein und den Tod, andererseits wird er in den Augen der beiden „Wüstenwanderer" zu einem Zeichen der berauschenden Stille der Schöpfung: „Ich habe die Wüste immer geliebt. Man setzt sich auf eine Sanddüne. Man sieht nichts. Man hört nichts. Und währenddessen strahlt etwas in der Stille" (XXIV, XXV).

Säufer: Der Säufer gehört zu den armseligsten Begegnungen des Prinzen; er gibt das Bild eines unheilbaren Süchtigen ab, dem nicht zu helfen ist (XII).

Schaf: das Schaf hat ähnliche Wichtigkeit für den kleinen Prinzen wie seine Rose, der Unterschied liegt darin, dass das Schaf eine Zeichnung des Erzählers ist, die ihn an die Freundschaft mit ihm bindet. Die Rose trug der kleine Prinz als Sehnsuchtsbild in seinem Herzen auf die Erde, das Schaf trägt er als Zeichnung auf seinen Planeten zurück (II, III, XXVI, XXVII).

Schlange: die Schlange ist eine Freundin des kleinen Prinzen, selbst wenn er den Erzähler vor ihr warnt und sie als böse bezeichnet. Ihr Erscheinen am Jahrestag seiner Ankunft auf der Erde beruht auf einem Versprechen, das sich die beiden gegeben haben. Es ist falsch, die Schlange als „Feind" des kleinen Prinzen zu charakterisieren; sie hilft ihm seine Sehnsucht nach seiner Rose zu stillen und wieder auf seinen Planeten zurückzukommen (XVII, XXVI).

Schmetterling: ein Symbol des Ästhetischen, der zerbrechlichen Anmut, der Rose gleich: „Ich muss wohl zwei oder drei Raupen aushalten, wenn ich die Schmetterlinge kennen lernen will."

Sonnenuntergänge: was der Rose des Prinzen die Schmetterlinge bedeuten, das sind die Sonnenuntergänge für den kleinen Prinzen; seine Neigung zum Ästhetischen, zum einfach nutzlos Schönen, das heißt zur Natur und Kunst wird hier augenfällig; der kleine Prinz hat durchaus auch die Haltung des Genießers (VI, XIV).

Sterne: vgl. die Stichworte: Asteroiden, Lachen und Planet.

Vulkan: wie auf dem Planeten Erde gibt es auch auf des kleinen Prinzen Asteroiden Vulkane; er benutzt sie als seine kleinen Öfen, auf denen er sich seine Speisen zubereitet; er putzt sie und hält sie sauber („es ist nützlich für meine Vulkane, dass ich sie besitze").

Wasser: in den Erzählabschnitten über dem „Brunnen" spielt naturgemäß in gleicher Weise das „Wasser" eine entscheidende Rolle; zunächst ist es Leben spendendes und Leben erhaltendes Element, in dieser Funktion spielt es bereits in der ersten Wüstenszene eine wichtige Rolle (II); es scheint jedoch zunächst immer nur für den Erzähler von elementarer Bedeutung zu sein, bis sich herausstellt, dass auch der kleine Prinz des Wassers bedürftig ist, allerdings in völlig anderer Weise. Erst unter der Freundschaft mit dem Piloten und im nächtlichen Marsch durch die Wüste sammelt sich das kostbare Elixier (XXIV, XXV).

Weichensteller: der Weichensteller repräsentiert ein eindrucksvolles Bild der Beziehungslosigkeit des Menschen in einer Menge von Menschen, was den kleinen Prinzen auf das Äußerste überrascht und mit Unverständnis erfüllt: Selbst in den wundervollen Schlusspassagen der Erzählung kommt er fast unvermittelt auf dieses Begebnis zurück: „Die Leute", sagte der kleine Prinz, „schieben sich in die Schnellzüge, aber sie wissen gar nicht, wohin sie fahren wollen. Nachher regen sie sich auf und drehen sich im Kreis …" (XXII, XXV).

Weinen: vgl. das Stichwort: Melancholie.

Wüste: vgl. das Stichwort: Sand.

Zähmen: ist ein Schlüsselwort der Erzählung, das der Fuchs ausspricht, es meint soviel wie „sich jemandem vertraut machen", was nichts anderes bedeutet, als einen Freund gewinnen. Das war das große Anliegen des Prinzen und des Erzählers. Der Fuchs findet die rechte Art, wie man sich einem Freund vertraut machen kann; an seinem Beispiel erkennt der kleine Prinz, dass er von seiner Rose gezähmt worden ist, was für ihn ein ungemeines Glück bedeutet. Das Gleiche versucht der Prinz in den Schlusskapiteln mit dem Piloten, was ihm auch gelingt; so wird durch den Fuchs und den Piloten der Wunsch, auf Erden einen „wirklichen" Freund zu gewinnen, erfüllt (XXI, XXIV).

Zeichnung: Zeichnen ist für den Erzähler wie für den kleinen Prinzen von existenzieller Bedeutung; schon als Kind hatte der Erzähler sich dem Zeichnen und Malen zugewandt; von den großen Leuten wurde ihm diese Beschäftigungsart ausgetrieben; des kleinen Prinzen Bitte an den Erzähler ist diejenige um eine Zeichnung; Zeichnen und Malen bedeutet eine künstlerische und zugleich magische Betätigung, indem etwas dem Auge Sichtbares, aber nicht Erkennbares gestaltet wird; das nicht Erkennbare ist nur einer bestimmten, künstlerisch-naiven Sichtweise zugänglich. Der kleine Prinz hat diese magische Sicht auf die Dinge, der Erzähler bemüht sich darum, aber nach seiner eigenen Bekundung besitzt er sie nicht mehr (I, II, III, IV, V, VII, XXV, XXVI, XXVII).

Themen für den Unterricht

Folgende pädagogischen Themen lassen sich anhand der Erzählung bearbeiten (Zusammenarbeit/Projekt mit den Fächern „Psychologie, Pädagogik" …):

- Was ist eine echte Freundschaft? (Fuchs, Pilot)
- Was ist Liebe? (der kleine Prinz und seine Rose)
- Die Krise – eine Chance zur Persönlichkeitsentwicklung
- Das Kind in mir – Kinder mit ihren Augen wahrnehmen
- Autorität/Herrschaft am Beispiel des Königs (andere „klein" halten wollen)
- Schein oder Sein – das Bedürfnis, bewundert zu werden (der Eitle) – narzisstische Haltung, immer gelobt werden zu wollen, keine Kritik zu vertragen
- Sucht und Sehnsucht – der Teufelskreislauf der Sucht (Säufer)
- Haben oder Sein? – Der „Workoholiker" (Geschäftsmann) – es „zählt" nur, was ich besitze! Menschen besitzen wollen
- Neurose am Beispiel des Laternenanzünders (Ausweglosigkeit von „Weisungen", „Befehlen" – sich nur nicht einmischen)
- Ich glaube nur, was ich sehe – (der Geograph) – nur nichts Neues wagen. Die Crux der Wissenschaften

- Ich habe keine Zeit! (Weichensteller)
- Verantwortung: „Ich bin zeitlebens für das verantwortlich, was ich mir vertraut gemacht habe" – das Problem der Ablösung von Kindern oder Jugendlichen
- Nähe und Distanz („Zähmen" – der Fuchs)
- Individualität/Masse, Menge, Formlosigkeit (seine Rose, 5000 Rosen, Ent-täuschung)
- Sterben lernen (das Abschiednehmen des Kleinen Prinzen)
- Behinderung: „Behindert" sind die Menschen, die ihre Empathiefähigkeit verloren haben, symbolisiert und personifiziert in den Planetengestalten. Durch ihre Selbstherrlichkeit „behindern" sie jede Entfaltung von Leben, Individualität, Persönlichkeit, Sinn- und Identitätsfindung. Sie sind die eigentlich Verhaltensgestörten, Autisten, Neurotiker (nach Michael Vogt: Institut für soziale Berufe Ravensburg; unveröffentlichtes Manuskript, Ravensburg 1997).

Zu dem Satz: **„Man sieht nur mit dem Herzen gut. Das Wesentliche ist für die Augen unsichtbar"** schrieb ein Studierender in einer Klausurarbeit:

> „Diese Aussage beziehungsweise dieses ‚Lebensrezept' gibt uns Saint-Exupéry fast am Schluss seines ‚Kleinen Prinzen'. Sie wird uns praktisch als Lebensweisheit von einem Fuchs gesagt, der ja in der Sagen- und Fabelwelt als Sinnbild für Weisheit und Lebenserfahrung steht. Doch spitzt sich das gesamte Stück und die vielen Einzelerlebnisse in dem Stück schon nach und nach auf diesen Satz zu. Er ist fast wie eine Zusammenfassung oder Addition der einzelnen Erfahrungen zu sehen. Damit einem erwachsenen Menschen die Augen aufgehen, die Augen des Herzens, muss dieser zuerst einmal Wüste (Kap. 2), also totale Ruhe, Einsamkeit und Technikverlassenheit erleben und zu spüren bekommen. Dieser Mensch ist so verdorben und auf oberflächliches Sehen ausgerichtet, dass ihm nur von einem Kind oder einem unkomplizierten Wesen, wahrhaft Neues oder neue Lebensinhalte beigebracht werden können. Alle zeichnerische Anstrengung (Kap. 2) reicht nicht aus, um das Wesentliche zu treffen. Erst in der Kiste, in der wir rational Denkenden gar nichts entdecken können, die für uns abgeschlossen ist, scheint die Wahrheit verborgen zu sein. Dort sieht der kleine Prinz sein Schaf, so wie er es haben will. Sehr beschämend, zumindest für hochentwickelte Erdenbewohner, muss auch die Tatsache sein, dass uns da jemand von einem anderen Planeten (Kap. 3) belehrt. Je mehr der Flieger Verständnis und Wissen durch kühles sachliches Fragen erlangen will, um so verstrickter scheint der kleine Prinz und seine Herkunft für ihn zu werden (Kap. 3). Auch die Versuche, sich später zeichnerisch an alle Vorfälle oder Einzelheiten zu erinnern und sie für die Augen sichtbar zu machen, Bilder zu berichten, sind schwer, wenn fast gar unmöglich, ja ein Irrtum (Kap. 4). Doch hilft anfangs das Sehen und dann das Beschauen und Betrachten weiter. Sonnenuntergänge

anzuschauen und seine Traurigkeit darin einzubetten, vielleicht mit untergehen zu lassen, hat schon viel von emotionalem Sehen (Kap. 6), doch wird es schwierig, das im alltäglichen Leben und im Kampf ums Überleben zu erkennen (Kap. 7). Der kleine Prinz wird darum auch sehr zornig. Er zählt alles auf, was einen solchen ‚ernsthaften Mann' ausmacht und erreicht so das erste Mal eine Bewusstseinserweiterung des Fliegers auf emotionaler Ebene (Land der Tränen).

In den folgenden Begegnungen mit der Blume und ihrer Schönheit und Einzigkeit, den weltlichen Dingen wie König und Herrschen, Eitler und Bewundertwerden, Säufer und Sinnlosigkeit, Geschäftsmann und Zählen, Laternenanzünder und Beschäftigung, Geograph und Beweise, Erde mit all diesen weltlichen Erscheinungen und der daraus entstehenden Einsamkeit (Kap. 17) und der Schlange, die Rätsel erzählt und löst, der Wüstenblume, dem Echo, dem Rosengarten mit seiner Enttäuschung macht er das Leben eines Menschen in geraffter Form in verschiedenen Lebenslagen durch. Er wundert sich oft und sicherlich strengt es ihn so an, das ewige Hin und Her von Fakten und oberflächlichen Begegnungen, dass er schließlich (Ende Kap. 20) wieder zu weinen beginnt. In diese Sinnlosigkeit und diesen Frust hinein kommt der Fuchs, der ihm Freundschaft „beibringt", der ihm Vertrauen lehrt und Geduld, der Brauchen und Gebrauchtwerden für den kleinen Prinzen begreifbar macht, der Gefühle ausdrückt (lieb gewinnen, verstohlen anschauen, glücklich sein …), der Unterschiede vom Einzelnen zur großen Menge erklärt, der Verantwortlichkeit erkennt im Vertrauen und der das Lebesgeheimnis dem kleinen Prinzen schenkt: ‚Man sieht nur mit dem Herzen gut. Das Wesentliche ist für die Augen unsichtbar.'

Diese Begegnung ist die wohl intensivste und prägnanteste im ganzen Stück und im ganzen Reisen des kleinen Prinzen. All diese Erinnerungen sind schließlich auch für den Flieger von größter Bedeutung, wenn er es auch nicht sofort merkt, ist er doch immer noch mit seinen Grundbedürfnissen und seinem Kampf ums Überleben beschäftigt (Kap. 24). Doch nach und nach beginnt er zu verstehen; er versteht das geheimnisvolle Leuchten des Sandes, das Geheimnis, das auf dem Grunde des Herzens ruht, unsichtbare Schönheit, Verborgenheit von Wert. Und es ist wie ein erlösendes Wasser nach einem langen Durst. Worauf der kleine Prinz noch einmal seine Erkenntnis bekräftigt: „Aber die Augen sind blind. Man muss mit dem Herzen suchen." Der Flieger hat endlich gelernt zu fühlen und Gefühle durchkommen zu lassen, Angst und Trauer werden wach und er beginnt mehr und mehr zu sehen, was ihm der kleine Prinz gelernt und erzählt hat. Die sichtbare Lebenshülle, die der kleine Prinz zurücklässt, ist wertlos geworden und so will es der kleine Prinz auch. Diese Erlebnisse und Erfahrungen prägen des Fliegers ganzes weiteres Leben auch zu Hause in der materialistischen, und daher sicher schwiegen und traurigen Welt.

Als Lebensweisheit scheint mir die gesamte Geschichte sehr deutlich zu machen, wie wichtig und lebensnotwendig, ja zum Existieren unbedingt erforderlich es ist, nach Innen zu schauen, hinter die menschliche Hülle. Auch eine innere Sichtweise, eine herzliche und emotionale Betrachtung von Menschen, Situationen und Reaktionen, ist für mich Grundlage zu einem menschenwürdigen Leben und Zusammenleben. Doch ist es sicherlich wichtig, die Realität, das Materialistische und Weltliche nicht einfach hinter sich zu lassen, sondern wieder zurückzukehren und sich ihnen zu stellen: dann jedoch mit einer anderen Sicht- und Lebensweise. Vielleicht ist es auch dringend notwendig, von einigen alteingefahrenen Dingen und Hüllen Abschied zu nehmen, auch unter Schmerzen und Trauer." (Hensel, Norbert: Klausurarbeit im Fachbereich Jugend- und Heimerziehung am Institut für soziale Berufe Ravensburg, 1986.)

Quelle, Literatur

Bahners, Klaus u.a. (Hrsg.): Der kleine Prinz. Königs Erläuterungen und Materialien. Bange-Verlag Hollfeld 1999 (4. Aufl.)

Drewermann; Eugen u.a.: Das Eigentliche ist unsichtbar. Der Kleine Prinz –tiefenpsychologisch gedeutet. Herder-Verlag Freiburg 1984

Heimler, Adolf: Der kleine Prinz – ein Gestaltungsprinzip personaler Reifung, in: Selbsterfahrung und Glaube. Pfeiffer-Verlag München 1976

Jung, Mathias: Der kleine Prinz in uns. Auf Entdeckungsreise mit Saint-Exupéry. Benziger-Verlag Düsseldorf 2000

Neis, Edgar: Der kleine Prinz. Interpretation und Vorschlag zur Unterrichtsarbeit. Beyer-Verlag Hollfeld. 2000 (4. ver. Auflage)

Wiederholungsfragen

1. Erläutern Sie den Unterschied zwischen einem Volksmärchen und einem Kunstmärchen (Abschnitt 3.1.1).
2. Beschreiben Sie die Besonderheiten des Volksmärchens (Abschnitt 3.1.2).
3. Erläutern Sie die Merkmale von Volksmärchen an einem Märchen der Gebrüder Grimm (Abschnitt 3.1.1.2).
4. Welche pädagogische Bedeutung haben Märchen für Kinder (Abschnitt 3.1.3)?
5. Nehmen Sie zu dem Einwand Stellung: „Märchen sind grausam. Man sollte sie Kindern vorenthalten!" (Abschnitt 3.1.4).
6. Welche Rolle spielt „Gott" in den Märchen der Gebrüder Grimm? Bringen Sie konkrete Beispiele aus verschiedenen Märchen (Abschnitt 3.1.5).
7. Beschreiben Sie die verschiedenen Ansätze der Märcheninterpretation (Abschnitt 3.1.6).
8. Welches Märchen sollte Kindern in welchem Alter erzählt werden (Abschnitt 3.1.7)?

9. Welche Kriterien müssen Ton- und/oder Bildträger erfüllen, wenn ihre Märchen für Kinder pädagogisch wertvoll sein sollen (Abschnitt 3.1.8)?
10. Nehmen Sie Stellung, ob Märchen im Film, Fernsehen, Video oder CD-ROM pädagogisch sinnvoll sind (Abschnitt 3.1.9).
11. Interpretieren Sie ein Bild/einen Satz aus „Der kleine Prinz" im Zusammenhang der Gesamtaussage (Abschnitt 3.1.10).

Anwendungsfragen

1. Interpretieren Sie ein Märchen der Gebrüder Grimm, in dem Sie auf seine Merkmale, Bilder, Symbole und die Wirkung auf Kinder eingehen (Abschnitt 3.1.6.4).
2. Fertigen Sie für ein Märchen einen Entwurf einer Lehr- oder Arbeitsprobe an und lassen sie diese vom Dozenten oder der Dozentin als „Probelehrprobe" kommentieren (Abschnitt 3.1.6.5).
3. Erzählen Sie in einer sozialen Einrichtung Kindern, Jugendlichen oder alten Menschen ein Märchen und bereiten Sie sich gründlich darauf vor (Abschnitt 3.1.6.6).
4. „Der kleine Prinz": Bearbeiten Sie ein Thema als Hausarbeit (Abschnitt 3.1.10.2).
5. „Der kleine Prinz": Führen Sie mit Kindern, Jugendlichen oder Erziehern ... in einer sozialen Einrichtung ein Puppenspiel, Flachfigurenspiel, Personenspiel ... des Stückes auf (gemeinsames Projekt mit Fach „Spiel").
6. Vergleichen Sie den Zeichentrickfilm „Der kleine Prinz" von Kerp/Jakuba (D 1997, 65 Min.) mit dem Originaltext. „Was wurde weggelassen, erweitert? Mögliche Gründe? Filmkritik! (EMZ, VS 2187; fm 52-0440; örtliche Kreismedienzentren).
7. Beurteilen Sie die CD-ROM (CDR 041, EMZ) mit dem Originalstück. Was spricht Kinder oder Jugendliche an, was nicht (Erfahrungsbericht mit Kindern oder Jugendlichen)?

3.2 Das Bilderbuch

Das Bilderbuch ist das erste „Lesebuch" der Kinder. Die erste Begegnung mit der Welt der Bücher erfolgt bei Kindern meist über das Bilderbuch. Hier wird nicht nur der Grundstein gelegt für das spätere Leseverhalten, sondern auch die persönliche und sprachliche Entwicklung eines Kindes entscheidend geprägt und das ästhetische Empfinden geschult.

3.2.1 Kennzeichnung des Bilderbuches

Kennzeichen (Merkmale) des Bilderbuches nach Maier (1996):

Das Bild dominiert

Das erste kennzeichnende Merkmal des Bilderbuches ergibt sich aus der einfachen Feststellung, dass nicht das Wort, sondern das Bild die dominierende Stelle einnimmt.
Im **textfreien** Bilderbuch ist es der ausschließliche Mitteilungsfaktor. Es kommt dem noch leseunkundigen beziehungsweise leseungewandten Kind entgegen und gibt ihm die Möglichkeit, auch ohne Text die Inhalte aus dem Buch herauszu„lesen". Die Aussagekraft des Bildes beruht auf seiner Anschaulichkeit, mit der es eine abgegrenzte und klar überschaubare Wirklichkeit darstellt. Es sind vorwiegend Einzelobjekte oder in sich abgeschlossene Szenerien.
Im Bilderbuch **mit Textbeigaben** behält in der Regel das Bild seine übergeordnete Stellung bei. Das gedruckte Wort ist eine Art beigeordnetes Hilfsmittel, dessen Funktion darin bestehen kann, das bildlich Dargestellte durch kurze Prosa oder kleine Verse zu benennen, zu verdeutlichen oder inhaltlich zu ergänzen. Eine kindangemessene Sprache vermag den Betrachter unmittelbar einzubeziehen und eine engere Verbindung zwischen ihm und dem Bild herzustellen.
In vielen Bilderbüchern – und so gut wie in allen Bilderbuchgeschichten – stehen **Bild und Text gleichbedeutend** nebeneinander. Zusammen machen sie das originelle Werk aus. Den Bildern ist ein kongenialer Text beigegeben und umgekehrt.

Das Kind ist sein „Leser"

Bilderbücher werden für Kinder gemacht; es sind Kinderbücher. Im Alter von etwa zwei, drei bis sieben, acht Jahren sind sie ihr adäquates Publikum. Sie entsprechen dem Wunsch des Kindes, über die unmittelbare Weltbegegnung hinaus Altes und Neues betrachten und erleben zu können.
Das Kind hat dazu heute inmitten einer Flut von Bildern viele Möglichkeiten. Eine davon ist das Bilderbuch. Sein Vorzug liegt unter anderem

Arbeitskreis für Jugendliteratur

darin, dass es als ausdrücklich für Kinder gemachtes Buch die Chance wahrzunehmen versucht – im Unterschied zu den zufällig ins Auge springenden Reproduktionen in Zeitungen und Zeitschriften, auf Reklamesäulen und Plakatwänden –, den kindlichen Bedürfnissen und Fähigkeiten entgegenzukommen.

Die beweglichen Bilder, die über Zeichentrickfilme und Videos an die jungen Zuschauer herangebracht werden, faszinieren und fesseln. Viele setzen auf Sensation und Action. Nicht wenige aber bieten auch qualitätsvolle und witzige Kinderunterhaltung. Zugunsten des Bilderbuches ist – im Vergleich zu den meisten Bilderserien der elektronischen Medien – zu sagen, dass seine Rezeption nicht hektische Anspannung und passive Bindung hervorruft, sondern eher ruhige Sammlung und aktive Konzentration zur Folge hat.

Damit diese und andere Vorzüge des Bilderbuch-Erlebens zur Wirkung kommen, ist in der Regel das helfende und anregende Dabeisein des Erwachsenen notwendig. Er wählt nach Maßgabe der individuellen Interessen und Vorlieben des Kindes aus und bietet an; er liest vor, erklärt und hilft dem Kind, das bildlich Wahrgenommene richtig zu erfassen und es in Sprache auszudrücken; er ist bereit, auf Fragen, Urteilsäußerungen und Wünsche einzugehen.

Zur Bildgestaltung

Die jeweilige bildnerische Struktur ist von maßgeblicher Bedeutung für die Aufnahme und das Verständnis des Bildes durch das Kind. Im Grunde kommt es darauf an, wie weit Formen, Techniken und Stile einerseits und das Sehen und die Wahrnehmungsgabe des Kindes andererseits zusammenpassen oder zumindest „anpassbar" sind.

Neuere Untersuchungen zeigen, dass Kinder zunächst verlangen, dass auf dem Bild alle ihnen bekannten Merkmale von Figuren, Objekten, Landschaften etc. gut zu sehen und zu erkennen sind; das heißt, die Kinder erwarten die Abbildung real erfahrbarer Welt. Der kindliche Betrachter ist also vor allem von dem Bedürfnis gelenkt, Wirklichkeit zu finden; dass ihm das Bild eine Wiederholung eines Stückes Welt ist, die es kennt und einordnen möchte, ein „Weg zur Welt".

Neben dem realistischen und naturgetreuen Bild spielt auch die von der Wirklichkeit abweichende und die Realität verfremdende Darstellungsweise eine Rolle. Kinder sind in der Lage, sich auch von solchen Bilddarstellungen ansprechen zu lassen und sich mit ihnen auseinander zu setzen.

Zum Inhalt

Wann kann ein Inhalt eines Bilderbuches als „kindgemäß" bezeichnet werden, das heißt als einen Inhalt, den das Kind interessiert, den es versteht oder der ihm verständlich gemacht werden kann? Genaue und zutreffende Einblicke können nur am jeweiligen individuellen Einzelfall erörtert werden. Sicher gibt es Stoffe und Themenkreise, von denen wir sagen können, sie seien für jedes Kind ansprechend und reizvoll. Es wäre aber verfehlt, die Übertragung unseres Wissens auf die Allgemeinheit zur dogmatischen Regel zu machen. Stoffe aus der räumlichen Nahwelt des Kindes sind als Bilderbuchinhalte besonders geeignet, aber nicht alles, was um das Kind herum sinnlich gegeben ist, findet besondere Aufmerksamkeit. Manche räumlich und zeitlich weit abgelegene Erscheinung ist in der Vorstellung von kleinen Buben und Mädchen schon erstaunlich gegenwärtig. Zeitweise bevorzugen sie sogar diese Inhalte, zum Beispiel die Vorzeit- und Dinosaurierbegeisterung der neunziger Jahre.

> **Quelle, Literatur**
>
> Maier, Karl Ernst: Das Bilderbuch. Kinder- und Jugendliteratur (Loseblattsammlung). Teil 5: Literarische Begriffe, Bd. 3. Volkach 1996

3.2.2 Kategorien/Themenkreise des Bilderbuchs

Die Einteilung und Beschreibung der einzelnen Typen und Themengruppen sind eine Zusammenfassung aus
- Marquardt, Manfred: Einführung in die Kinder- und Jugendliteratur. Stam-Verlag 1991, 8. Aufl.;
- Maier, Karl Ernst: Das Bilderbuch. In: Kinder- und Jugendliteratur – Ein Lexikon. Hrsg.: Franz/Lange/Payrhuber (Loseblattsammlung). Bd. 5: Literarische Begriffe. Volkach 1996.

Die ersten Bilderbücher (das Elementarbilderbuch)

Die Fähigkeit des Erkennens und Verstehens von Bildern wird in der Regel zum erstenmal im Lauf des zweiten Lebensjahres festgestellt. Es sind vertraute Tatsachen der nächsten Umwelt, die auf bildlichen Darstellungen erkannt und betrachtet werden. Welches Bildmaterial auch immer dem Kind in die Hand kommt, seine Augen greifen Einzelheiten heraus, die es mit seinen geläufigen Vorstellungen verbinden kann; es lässt andere Fakten unbeachtet und erkennt zunächst auch nicht den Gesamtzusammenhang oder die spezielle Aussageabsicht der Darstellung.

Das Elementarbilderbuch will dem frühesten Bildbetrachten entgegenkommen. Es bringt Einzelerscheinungen, die für den Aufbau des naiven Weltbildes der kleinen Kinder elementare Bedeutung haben. Wir finden Dinge des täglichen Umgangs (Spielzeug und Gebrauchsgegenstände), Einrichtungen aus Haus und Hof, Bäume und Blumen, aber auch technische Erscheinungen des modernen Lebens (Auto, Zug, Flugzeug). Das Kind freut sich, dies alles im Buch wiederzufinden und hundertmal ungestört betrachten zu dürfen. Vor allem gilt das für die Abbildung von Menschen und Tieren. Ihnen gehört das bevorzugte Interesse.

Anschauen, Ansprechen und manuelles Hantieren (Zeigen, Abtasten, Greifen) stellen in der frühkindlichen Phase des Bildersehens eine Einheit dar. Das Kind benützt Blatt, Heft oder Buch, um experimentierend dessen Qualitäten zu erproben. Diesem ausgeprägten motorischen Bedürfnis der Lust am spielerischen Manipulieren sollte das erste Buch des Kindes möglichst robust („unzerreißbarer", kompakt gebundener Karton), gelegentlich auch mit speziellen, funktionellen Möglichkeiten (Leporellos, Aufstellbilder usw.) ausgestattet, Rechnung tragen.

Beispiele:
- E. Cayrle „Am Himmel, auf Erden und unter der Erde" (Gerstenberg, drei Leporellos)
- A. Fechner „Kennst du das kleine Pferd? ... den kleinen Hund?" (Ravensburger)
- P. Mangold „Rollende Räder" (Boje)
- K. Pacovská „Rund und eckig" (Ravensburger)
- A. Rissmann/Ch. Kämpf (Illustrator) „Ein Tag im Zoo" (Coppenrath, Tierleporello)
- S. Tucker „Spielzeug" (Loewe-Liliput)

Das Szenenbilderbuch

Schon frühzeitig kann das Kind parallel zum Elementarbilderbuch auch Darstellungen, die mehr als nur einzelne Dinge und Lebewesen zeigen, in ihrem ganzen Inhalt erfassen und Einzelheiten in Zusammenhang bringen. Es ist dabei, sich im umfassenden Bilderschauen zu üben und ein gemaltes Stück Welt ganzheitlich zu umgreifen. Gleichzeitig wird es fähig, die Bilder als Geschehen zu erleben, das heißt, die statische Abbildung in Handlung umzuwandeln.
Die Inhalte sollten kindernah, die zahlreichen Details voneinander abhebbar, die übergeordneten einheitsstiftenden Momente nicht abstrakt sein, sondern nur zusammenfassen, was auch für das Kind sinnfällig zusammengehört. Das Dorf, der Bauernhof, die Straße, das Haus, aber auch Tages- und Jahreszeiten sind Einheiten, die vom Kind ohne Schwierigkeiten erfasst werden können.

Beispiele:
- K. Bliesener „Meine kleine Straße" (Ravensburger)
- S. Brandes „Meine Stadt hat 100 Türme" (Ellermann)
- Fromm/Kreusch-Jacob „10 kleine Musikanten" (Ellermann)
- W. Gebhard „Auf dem Wasser ist was los" (Lappan)
- W. de Haen „Hier wohne ich" (Ravensburger)
- L. Leonni „Ein gutes Jahr" (Middelhauve)
- A. Mitgutsch „Hier in den Bergen" (Ravensburger)
- D. Rübel „Unser Spielplatz" (Ravensburger)
- E. Scherbarth „Beim Arzt" (Ravensburger)

Die Bilderbuchgeschichte

Das Märchenbilderbuch

Für viele Kinder ist die erste Märchenbegegnung eine Bilderdbuchbegegnung. Sie verfolgen hörend und schauend mit größter Aufmerksamkeit dem vorgelesenen oder erzählten Text. Bei wiederholtem Anhören „lesen" sie mit den Bildern mit.

Die Darstellungen sollten sich deshalb grundsätzlich an den Textinhalt anlehnen und „richtig" sein. Natürlich kann der Illustrator Konkretes, das der Text nur ungenau oder gar nicht enthält, hinzufügen. Er kann ausmalen und sich selbst als „„Erzähler" betätigen. Die Möglichkeit, realistische Ergänzungen anzubringen, ist bei den einzelnen Märchenarten unterschiedlich. Bei Scherz- und Schwankmärchen können realistische Ergänzungen unbedenklicher vorgenommen werden als bei Zaubermärchen. Wilhelm Hauffs Abenteuermärchen, die in ganz bestimmte geografische Regionen und zu fremden Völkerschaften führen, können realistischer aufgefasst und dargestellt werden als etwa die deutschen Volksmärchen mit ihrem ungewissen Irgendwo.

Für die Beurteilung der Bilder ist entscheidend, ob sie die spezifische Märchenatmosphäre verspüren lassen und ob sie sich in jene märcheneigene Welt einfügen, in der Wirklichkeit und Übersinnliches wie selbstverständlich zusammengehören.

Die phantastische Bilderbuchgeschichte

Im Bilderbuch mit phantastischem Inhalt kommen die Autoren dem noch unbekümmerten Fabulieren des Kindes entgegen.

Die Wunschvorstellungen, Träume und Projektionen in phantastischen Bilderbüchern haben die Funktion, dass Kinder das tun können, was sie möchten. Es wird das objektiv Mögliche überschritten, und Kinder können ihre Wünsche und Träume in den Gestalten dieser Bildergeschichten ausleben.

Beispiele:
- Chris Van Allsburg „Polarexpress" (Ravensburger)
- Rymond Briggs „Mein Schneemann" (Bertelsmann)
- Ute Kraus „Die Moffels" (Diogenes)

Weitere Beispiele finden sich in Marquardt (1996) a.a.O., S. 19ff. und vor allem in: Arbeitskreis für Jugendliteratur (Hrsg): Das Bilderbuch. München 1999, 11. Aufl. (besonders das Kapitel: Bücher zum Träumen).

Die wirklichkeitsnahe Bilderbuchgeschichte mit irrealen Elementen

Hier sind Geschichten gemeint, deren Handlung sich in Verhältnissen der möglichen und sinnlich erfassbaren Welt abspielt, aber doch auch irreale Elemente enthält. Das Irreale steht bedeutungsmäßig nicht im Vordergrund; der Autor bedient sich seiner oft als Mittel zur besseren und eindrucksvolleren Darstellung wirklichkeitsgerechter Erscheinungen, nicht selten auch als eine Möglichkeit, durch Abweichungen von der Normalität eine komisch-heitere Wirkung zu erzielen. Es finden sich unter den wirklichkeitsnahen Bilderbuchgeschichten Handlungsabläufe, die zwar kurios-unglaubliche Vorgänge zeigen, im Wesentlichen ihres Inhalts aber realitätsbezogen bleiben.

Beispiele:
- A. Bröger/G. Kalow „Bruno und das Telefon" (Thienemann)
- F.P. Heide/E. Gorey „Schorschi schrumpft" (Diogenes)

Auch Tierbilderbücher sind, selbst wenn durch die Anthropomorphisierung Irreales enthalten ist, wirklichkeitsnahe und keineswegs phantastische Geschichten. Für den Leser und Betrachter wird das irreale Element (die Veränderung der Tierfiguren zu menschenähnlichen, sprechenden, denkenden und fühlenden Wesen) geradezu ein helfendes Mittel der Annäherung an die Tierwirklichkeit. Es trägt dazu bei, neben der Stiftung emotionaler Nahbeziehung, einen Zugang zur Psyche des Tieres zu finden.

Beispiele:
- John Burningham „Borka" (Otto Maier)
- Michelle Daufresne „Ganz allein in der Wüste" (Wittig)
- I. Korschunow/R. Michl „Der Findefuchs" (Thienemann)
- Leo Lionnis „Sechs Krähen" (Middelhauve)
- Max Velthuijs „Der Junge und der Fisch" (Nord-Süd)

Die realistische Bilderbuchgeschichte

Sie bedient sich keiner irreal-phantastischen Elemente und bleibt im Rahmen der tatsächlichen und möglichen Wirklichkeit. Wirklichkeit, das heißt im Falle der Bilderbuchgeschichte eine Welt, die jüngeren Kindern erfahrbar ist beziehungsweise verständlich gemacht werden kann.
Bevorzugtes Themenfeld ist das Kinderleben selbst. Von ihm wird in Bild und Wort so erzählt, wie es der Auffassungsgabe und den Vorstellungen der Kinder entspricht. Erlebnisse in Haus und Familie, unter Geschwistern, Spielkameraden und mit Erwachsenen, auf der Straße, im Kindergarten und in der Schule kehren in Variationen wieder. Da durchwegs nicht nur über Kinder, sondern auch vom Standpunkt der Kinder aus erzählt wird, werden Betrachter und Zuhörer in das Geschehen einbezogen. Sie können sich und ihresgleichen mit den handelnden Kinderfiguren vergleichen oder sich mit ihnen identifizieren.
Eine Reihe der Geschichten bezieht sich auf Vorgänge und Zustände des Alltags. Was aber den Erwachsenen als „alltäglich" erscheint, ist für die Kinder eine Besonderheit, nicht selten eine reizvolle Angelegenheit.

Beispiele:
- Erhard Dietl „Papa , steh auf!" (Thienemann)
- Annegret Fuchsberger „Vom Bombardon" (Thienemann)
- O. und L. Landtröm „Nisse beim Friseur" (Oetinger)

Tiere gehören zum Leben der Kinder. Wie schön, wenn das Bilderbuch erzählt, welche Freude es macht, mit einem Haustier zusammenzusein.

Beispiele:
- Elenore Schmid „Mein Kätzchen Sebastian" (Nord-Süd)
- Uli Waas „Molly ist weg" (Nord-Süd)

Der stoffliche Umfang der realistischen Kindergeschichten ist weitreichend. Sie erzählen nicht nur von einer schönen und harmonisch verlaufenden Kindheit, sondern berichten auch von **Ängsten und Sorgen** der Kinder. Sie mögen vom Standpunkt der Erwachsenen geringfügig erscheinen, bedrücken aber die unerfahrenen Kleinen oft sehr. (Dieses Thema habe ich im Unterricht intensiv behandelt.)

Beispiele von Bilderbüchern zum Thema **Angst**:
- Achim Bröger/Reinhard Michel „Draußen ist es dunkel" (Thienemann) – Angst vor dem Schlafen
- Gudrun Pausewang „Die Kinder in der Erde" (Ravensburger) – Angst vor Umweltzerstörung
- Hilde Schuurmans „Plotter will nicht schwimmen" – Angst vor Wasser)
- Mercer Mayer „Da liegt ein Krokodil unter meinem Bett" (Ravensburger) – Angst vor Gespenster
- Ingrid Huber/Constanza Droop „Schlaf gut, kleiner Bär" (Coppenrath) – Angst vor dem Schlafen
- Maurice Sendak „Wo die wilden Kerle wohnen" (Diogenes) – unbewusste Ängste, Strafe, ins Bett gehen zu müssen: **Klassiker – Jugendliteraturpreis**
- Valérie Dayre „Die Menschenfresserin" (Hammer) – unbewusste Angst vor der mütterlichen „Umklammerung"
- David McKee „Nicht jetzt, Jakob" (Alibaba) – Angst vor dem Alleingelassenwerden
- Helen Cooper „Der Bär unter der Treppe" (Kinderbuch) – Angst vor Monstern
- Ursula Wölfel/Marlene Pingel „Der Nachtvogel" (Ravensburger) – Angst vor Monstern
- Hermann Nmoers/Józef Wilkon „Tonio auf dem Hochseil" (Nord-Süd) – Angst vor dem Auftreten im Zirkus
- Susanne Köster „Hannes sieht Gespenster" (Loewe) – Angst vor Gespenstern (L+L 1998, H. 11, S. 21)
- Michael Ende/Annegert Fuchshuber „Das Traumfresserchen" (Thienemann) – Angst vor bösen Träumen

- Achim Bröger/Reinhard Michl „Draußen ist es dunkel" (Thienemann) – Angst vor der Dunkelheit
- Jutta Bauer/Kirsten Boie „Juli und das Monster (Beltz) – Angst vor Monstern
- Sylvia Deinert/Tine Krieg/Ulrike Boljahn „Das Familienalbum" (Lappan) – Angst vor sexuellem Missbrauch
- Antoinette Becker/Marlis Scharff-Kniemeyer „Und was wird aus uns? Eine Familie geht auseinander" (Ravensburger) – Angst der Kinder bei der Scheidung der Eltern
- Helme Heine „Der Boxer und die Prinzessin" (Middelhauve) – Angst vor Gefühlen
- Wolfgang Traub „Peters Traumlöwe" (Nord-Süd) – Angst vor dem Einschlafen
- Mick Inkpen „Schlafe, Prinzesschen, schlaf ein!" (Münster) – Angst vor Monstern
- Brigitte Weniger „Das allerkleinste Nachtgespenst" (Neugebauer-Verlag) – Angst vor Gespenstern
- Guilla Hansson „Geschichten von Max und Mia" (Ravensburger) – Angst beim Schwimmen, vor dem Einschlafen oder vor dem Haareschneiden
- Grégoire Solotareff „Wer hat Angst vor einem Hasen?" (Moritz) – Angst vor Tieren
- Hein Janisch „Benni und die sieben Löwen" (Beltz) – Verarbeitung von Wut, Frustrationen und Angst
- Hermann Moers „Holpeltolpel" (Nord-Süd) – Alleinsein in der Wohnung
- Max Velthujs „Frosch hat Angst" (Lentz) – Angst vor Gespenstern
- Una Leavy „Die Sturmnacht" (Herold) – Angst vor Unwetter
- Wenche Oyen/Marit Kaldhol „Abschied von Rune" (Ellermann) – Angst beim Tod eines Freundes im Kindergartenalter; **Jugendliteraturpreis**
- Susi Bohdal „Selina, Pumpernickel und die Katze Flora" (Nord-Süd) – Angst vor Tieren, Projektion von Ängsten (L+L 1998/H. 11)
- Luis Murschetz „Der Maulwurf Grabowski" (Diogenes) – Angst vor der Umweltzerstörung
- Marin Waddell/Barbara Firth „Kannst nicht schlafen, kleiner Bär?" (Betz) – Angst vor dem Schlafen/Dunkelheit
- Tony Ross „Ich komm dich holen!" (Thienemann) – Angst vor Gespenstern; **Jugendliteraturpreis**
- Nele Maar/Verena Ballhaus „Papa wohnt jetzt in der Heinrichstrasse" (Pro Juventute) – Ängste der Kinder bei Scheidung der Eltern; **Jugendliteraturpreis**
- Claudia Baumann/Marimar del Monte „Lena hat Angst" – Geschichte eines sexuellen Missbrauchs (Donna Vita) – Ängste bei sexuellem Missbrauch
- Babette Cole „Ich hab so Angst vor Tieren" (Gerstenberg)
- Karin Saur „Im Land der Träume" (Heuer) – Angst und Überwindung von der Außenseiterrolle

- Ingrid Mylo/Marie-José Sacré „Der magische Schal" (bohem press) – der Schal als Hilfsmittel gegen viele Ängste, vor allem Angst vor anderen Kindern (L+L 1998, H. 11, S. 20)
- Hannu Taina „Matti und sein Krokodil" (bohem press) – Krokodil als Beschützer in verschiedenen Angstsituationen, zum Beispiel Gewitter, Einschulung ... Selbstüberwindung der Angst (L+L 1998, H. 11, S. 20)
- Ingrid und Dieter Schubert „Ein Krokodil unterm Bett" (Sauerländer) – Angst vor dem Alleinsein (L+L, 1998, H. 11, S. 23)
- Rien Broere „Tom braucht Freunde" (Ellermann) – Angst vor Verlust von Freunden beim Umzug
- Rien Broere „Sofie und die Nachtgespenster" (Ellermann) – Angst vor Dunkelheit

Einige der oben aufgeführten Bilderbücher sind pädagogisch beurteilt in:

Arbeitskreis für Jugendliteratur (Hrsg.): Das Bilderbuch. 11. und frühere Auflagen. München 1999 (www.bkj.de/akj).

Lehren und Lernen: (L+L). Zeitschrift des Landesinstituts für Erziehung und Unterricht Stuttgart. Ausgabe 1998, Heft 11, S. 19ff. (Buchempfehlungen zum Thema „Angst" für Kindergarten und Schule).

Unsere Kinder. Heft 1/1996. Zeitschrift der Österreichischen Caritaszentrale. Wien.

Inhaltliche Beurteilungskriterien für Bilderbücher zum Thema „Angst"

- Werden Erziehungsmittel eingesetzt, die Angst erzeugen?
- Werden die Ängste des Kindes auf die leichte Schulter, nicht „ernst" genommen?
- Werden die Kinder wegen ihrer Ängste ausgelacht oder gar bestraft?
- Wird der Erzieher als ein Vorbild dargestellt?
- Darf das Kind über seine Ängste sprechen?
- Wird dem Kind bewusst gemacht, wovor es Angst hat?
- Wird das Kind mit seiner Angst konfrontiert – oder geht es der Angst aus dem Weg? Wer löst den Konflikt, das Kind selbst oder andere für das Kind?
- Wird dem Kind Mut gemacht. sich selbst gut zuzureden?

Quelle, Literatur

Hartmann, Waltraud: Angst und Angstbewältigung in der Kinderliteratur, in: Unsere Kinder, Hrsg. Österreichische Caritaszentrale, Heft 3/1995, S. 53ff. Wien

Bilderbücher zum Thema **Tod**:
- Marit Kaldhol/Wensche Oyen „Abschied von Rune" (Ellermann); **Jugendliteraturpreis**
- Mira Lobe „Leb wohl, Fritz Frosch" (Jugend und Volk)
- Regine Schindler/Hilde Heyduck-Huth „Pele und das neue Leben" (Ernst Kaufmann) – Eine Geschichte von Tod und Leben
- Susan Valery „Leb wohl, kleiner Dachs" (Annette Betz/Überreuther)
- Christine Schübel/Jochen Missfeldt „Der Rapskönig" (Parabel)
- E. Delessert „Die Maus und die Schmetterlinge" (Middelhauve)
- H. Petersen „Ich heiße Aaron" (Oetinger)
- A. Becker/E. Niggemeyer „Ich will etwas vom Tod wissen" (Otto Maier)
- M. Andersson „Odes Großvater stirbt" (Carlsen)
- Max Velhujs „Was ist das? fragt der Frosch" (Sauerländer 1992)
- Amanda Mc Cardie/Caronline Crossland „Mach's gut, kleiner Frosch" (Verlag St. Gabriel 1997)
- Ursula Kirchber „Trost für Miriam" (Ellermann)
- John Burningham „Großpapa" (Sauerländer)
- Thomas Tidholm/Anna-Clara Tidholm „Die Reise nach Ugri-La-Brek" (Beltz) – Verdrängung des Todes, Opa ist verschwunden

Inhaltliche Beurteilungskriterien zu Bilderbüchern zum Thema „Tod"

- Erhalten die Kinder auf ihre Fragen eine Antwort oder wird ausgewichen?
- Werden die Fragen offen und ehrlich beantwortet?
- Wird den Kindern eine „heile Welt" vorgegaukelt, die mit der eigentlichen Wirklichkeit nicht übereinstimmt (Leid in der Welt)?
- Ist die Rede von Gott eingebettet in umfassende Lebensbezüge? Wie wird von Gott geredet (zum Beispiel seine schützenden Hände …)?
- Wie wird die „Warum-Frage" beantwortet? Werden dem Kind ehrliche Antworten gegeben, so dass auch die Erwachsenen nicht wissen, warum der geliebte Mensch sterben musste?
- Wird der Blick auf Jesus gelenkt, in dem Gott mit uns mitleidet?
- Wie wird mit dem Kind gebetet? (Klage und Bitte)
- Findet das Kind bei seinen Eltern oder ersten Bezugspersonen Geborgenheit?
- Darf das Kind traurig und wütend über den Verlust eines geliebten Menschen oder eines Tieres sein, oder wird es vorschnell „getröstet"?

- Werden die Kinder wirklichkeitsgetreu über den Tod informiert oder wird er verharmlost, zum Beispiel die Oma ist „eingeschlafen"?
- Spielen die Erwachsenen die „Starken" und dürfen nicht weinen?
- Darf das Kind alles miterleben – wenn es will –: Trauergottesdienst, Beerdigung ... oder wird es zu einer Tante oder zu Freunden geschickt?
- Erhält das Kind genügend Gelegenheit, seine Gefühle über den Verlust durchzuarbeiten (darüber sprechen, ausdrücken im Spiel, Malen, werden Bücher vorgelesen ...)?

Die oben aufgeführten Bilderbücher sind beschrieben und beurteilt in:

Bogyi, Gertrude: Kind und Tod. In: Zeitschrift „Unsere Kinder", Heft 2/1998, S. 25ff. Hrsg.: Österreichische Caritaszentrale Wien.

Deutsches Jugendinstitut (Hrsg.): Curriculum Soziales Lernen. Thema: Tod, S. 61. Kösel-Verlag

Schuster-Brink: (Hrsg.): Kinderfragen kennen kein Tabu. 5. Kapitel: Bilderbücher als Helfer In: Hans E. Giehrl/Gertraud E. Heuß, Hrsg. Ravensburger 1980 (2. Aufl.).

Bilderbücher zum Thema **Trennung und Neuanfang**:
- Claude Boujon/Tilde Michels „Karni und Nickel oder Der große Krach" (Ellermann)
- Dagmar Geisler/Jana Frey „Streiten gehört dazu, auch wenn man sich lieb hat" (Ravensburger)
- Anthony Browne/Annalena McAfees „Mein Papi, nur meiner! oder: Besucher, die zum Bleiben kamen" (Alibaba)
- Norman Leach/Jane Browne „Ein Kuß für Anna" (Sauerländer)
- Nele Maar „Papa wohnt jetzt in der Heinrichstraße" (Pro Juventute) – Stiftung Lesen 4, Jugendbücher, Seite 18
- Jutta Boeck/Ilka Felsmann „Mama hat sich verliebt" (Herder)
- Jutta Boeck/Ilka Felsmann „Und jetzt auch noch Max" (Herder)
- Michael Willhoite „Papas Freund" (Magnus)
- Siv Widerberg „Es waren einmal eine Mama und ein Papa" (Oetinger) – Stiftung Lesen 4: Jugendbücher zum Thema „Familie"

Beschreibungen und Beurteilungen dieser oben aufgeführter Bilderbücher in:

Bethin, Christiane: Theorie und Praxis der Sozialpädagogik (TPS) Heft 6/1996. Themenheft: Trennungen und Weitergehen. Luther-Verlag Bielefeld

Inhaltliche Beurteilungskriterien zu Bilderbüchern mit dem Thema „Scheidung"

- Darf das Kind seine Ängste verbalisieren?
- Wird die Angst akzeptiert und nicht ausgeredet?
- Werden dem Kind für die befürchteten Situationen konkrete Perspektiven gezeigt?
- Kann das Kind seinen Kummer ausdrücken und – wenn möglich – darüber reden?
- Werden von den Eltern auch eigene negative Gefühle geäußert?
- Wird das Kind ermutigt, dem Ärger Luft zu machen, hat es ein Recht auf Ärger?
- Wird dem Kind Schuld oder Verantwortung (auch Mitverantwortung) an der Scheidung zugesprochen?
- Wird dem Kind eigene eheliche Konflikte beziehungsweise Trennungsgründe als Ursache zu dessen Entlastung erklärt?
- Wird die Trennung und Scheidung als endgültig dargestellt, um „Harmonisierungsversuche" des Kindes zu verhindern?
- Wird Verständnis für die Einsamkeit des Kindes ausgedrückt? Darf das Kind Gefühle verbalisieren, ohne Vorwürfe zu bekommen?
- Wird frühzeitig die bevorstehende Trennung mit dem Kind besprochen und erklärt?

Quelle, Literatur

Bründe, Heidrun: Tag für Tag Zank und Streit. Wie Kinder die Trennung ihrer Eltern erleben. In: kindergarten heute, Heft 1/1998, S. 6ff. Herder Verlag Freiburg

Nies, Barbara: Dicht dabei! Die Rolle der ErzieherInnen, wenn Eltern sich trennen. In: kindergarten heute, Heft 2/1998, S. 6ff. Herder Verlag Freiburg

Pröstler, Inge & Figdor, Helmuth: Scheidungskinder – Sorgenkinder! Kann der Kindergarten helfen. In: Unsere Kinder, Heft 3/2000, S. 66ff. Hrsg. Österreichische Caritaszentrale Wien.

Theorie und Praxis der Sozialpädagogik (TPS) (Hrsg. Ev. Bundesarbeitsgemeinschaft für Sozialpädagogik im Kindesalter e.V.): Heft 6/1996: Schwerpunkt „Trennungen und Weitergehen". Luther Verlag Bielefeld

Beispiele von Bilderbüchern zum Thema **Behinderte Kinder**:
- Karin Schliehe u.a. „Meine Schwester ist behindert" (Bundesvereinigung Lebenshilfe Marburg) – Mehrfachbehinderung
- Virginia Fleming u.a. „Sei nett zu Eddie" (Lappan) – Down-Syndrom
- Cora Halder „Albin Jonathan, unser Bruder mit Down-Syndrom" (Seubert)
- Franz-Joseph Huainigg „Meine Füße sind im Rollstuhl" (Ellermann)
- Jeanne Willis u.a. „Susi lacht" (Oldenburg) – Körperbehinderung, Rollstuhl
- Ragnhild Tangen/Odd Furenes „Michael" (Oncken) – Fotobilderbuch des sechsjährigen geistig behinderten Michael
- Hanne Larsen „Ein Tag mit Thomas" (Otto Maier) – geistige Behinderung
- Marit Norbv „Ole-Martin redet ohne Worte" (Dressler) – Sprachbehinderung
- Bernhard Wolf „Anne kann nicht hören" (Reich Luzern) – Hörbehinderung
- Palle Petersen „Susanne kann nicht allein sein" (Finken) – Sehbehinderung
- Diana Peter „Heike und Jutta können nicht hören" (Finken) – Taubheit
- Palle Petersen „Thorsten lernt jetzt laufen" (Finken) – Lähmung
- Paul White „Andrea kann nicht laufen" (Finken) – Lähmung
- A. Becker/E. Niggemeyer „Ich bin doch auch wie ihr" (Otto Maier) – behinderte Kinder
- Joraine Löhr/Angelika Schube „Felix und die Eule" (Anrich) – Körperbehinderung, Rollstuhl
- Cooper/Floyd „Sei nett zu Eddi" (Odenburg) – geistig behinderte Kinder
- Albin Jonathan „Unser Bruder mit Down-Syndrom" (Seubert)

Einige dieser oben aufgeführten Bilderbücher sind in der Broschüre: Arbeitskreis Jugendliteratur (Hrsg): Das Bilderbuch a.a.O. und von Astrid Baumgartner in: Unsere Kinder H. 5/2001, S. 132ff. (Hrsg.: Österreichische Caritaszentrale Wien) besprochen und pädagogisch beurteilt.

Inhaltliche Beurteilungskriterien zu Bilderbüchern mit dem Thema „Behinderung" (nach Baumgartner 2001, a.a.O.):

- Wie wird die Beeinträchtigung der behinderten Person dargestellt?

Text und Bild stehen oft im Spannungsverhältnis zwischen dem Anspruch auf Kindgemäßheit und jenem auf sachliche Richtigkeit. Es ist oftmals notwendig, Inhalte zu vereinfachen. Sie dürfen jedoch keinesfalls so vereinfacht werden, dass sie nur mehr teilweise oder überhaupt nicht mehr richtig sind.

- Wie wird der behinderte Bilderbuchakteur dargestellt?

Die behinderte Person soll so dargestellt werden, dass man sich mit ihr identifizieren kann. Wichtig ist es, die Ähnlichkeit der behinderten und nichtbehinderten Personen in ihren Gefühlen, Bedürfnissen und Wünschen hervorzuheben. Gelegenheit zur Identifikation findet das Kind vorzugsweise in solchen Bilderbüchern, die ihm ein Gefühl der Ähnlichkeit vermitteln („Ein Mädchen/Junge wie ich!"). Die Behinderung wird dabei als eines von vielen Merkmalen des betroffenen Menschen angesprochen.

- Wie werden Interaktionen zwischen behinderten und nichtbehinderten Personen dargestellt?

Positive soziale Interaktionen zwischen behinderten und nichtbehinderten Menschen sollen gezeigt werden. Auch wenn misslungene Interaktionen stattfinden, sollte es zumindest eine Person geben, die als positives Modell anzusehen ist. Die behinderte Person sollte auch an Orten sozialer Integration (Familie, integrativer Kindergarten etc.) gezeigt werden und nicht überwiegend in behinderungsspezifischen Einrichtungen.

- Werden konkrete Probleme und Konflikte aufgezeigt, die mit der Behinderung in Zusammenhang stehen?

Wenn ja, sollten Ursachen und unterschiedliche Sichtweisen der Probleme beziehungsweise Konflikte erkennbar sein. Die Lösung der Probleme ergibt sich nicht durch unwahrscheinliche Ereignisse wie zum Beispiel Wunderheilungen.

Baumgartner (a.a.O.) schlägt vor, Schwächen eines Bilderbuches zur Sprache zu bringen, in dem man Kindern etwa folgende Fragen stellt: „Hätte die Geschichte auch anders ausgehen können?" oder „Hätte man auch anders handeln können?" oder: „Angenommen, dir ginge es so. Was würdest du tun?".

Einen weiteren (sehr ausführlichen) Beurteilungskatalog zu Bilderbüchern mit dem Thema „Behinderung" findet sich in: Diakonisches Werk Schweinfurt (Hrsg.): Behinderte in Bilder-, Kinder- und Jugendbüchern. Schweinfurt 1983.

Beispiele von Bilderbüchern zum Thema **Sexualität**:
- Babette Cole „Mami hat ein Ei gelegt" (Sauerländer)
- Per Holm Knudsen „Wie Vater und Mutter ein Kind bekommen" (Quelle & Meyer)
- Birgitt und Werner Knubben „Von mir da drinnen" (Herder)
- G. Fagerström/G. Hansson „Peter, Ida und Minimum" (Ravensburger); **Jugendliteraturpreis**
- Ursula Endres/Dorothee Wolters „Wir können was, was ihr nicht könnt" (anrich) – ein Bilderbuch über Zärtlichkeit und Doktorspiele
- Malcolm und Meryl Doney/Mick Inkpen „Wo kommen die kleinen Babys her? Vater, Mutter + Ich" (Brunnen)
- Janosch „Mutter sag, wer macht die Kinder" (Bertelsmann)

- Werner Tiki Küstenmacher „Adam und Evi" (Pattloch)
- Dr. Thaddäus Troll „Was isch eigentlich los mit mir?" (Hoffmann & Campe)
- Dr. Thaddäus Troll „Wo kommet denn dia kloine Kender her?" (Hoffman & Campe)
- Viviane Abel Prot/Philippe Delorme/Rozier Gaudriault „Ein Kind wird geboren" (Otto Maier) 1989
- Joachim Bruaer/Gerhard Regel/Herbert Rogge „Tanja und Fabian" (Güterloher) 1980
- Anthony Browe „Alles wird anders" (Lappan)

Sexualpädagogische Beurteilungskriterien nach Furian (1992):

- Die Informationen müssen stets richtig sein, sie müssen sich am Verständnis des Kindes orientieren und an der Bedeutsamkeit für sein Alter. Auch in Bereichen, in denen Fragehemmungen bestehen, ist Aufklärung wichtig, zum Beispiel über Geschlechtsverkehr.

- Bücher sollten mit Einfühlungsvermögen für die Unterschiede zwischen Erwachsenenrealität und Kinderrealität geschrieben worden sein.

- Bücher sollten beim Lesen oder Anschauen keine Angst auslösen, sondern diese abbauen.

- Bücher sollten nicht dazu beitragen, körperliche Attraktivitätsmerkmale unserer Gesellschaft zu verstärken, sondern sie zu hinterfragen und zu verdeutlichen, dass das äußere Erscheinungsbild wenig verlässliche Schlüsse auf innere Qualitäten zulässt.

- Bücher sollten Sexualität, Fortpflanzung, emotionale und rationale Zuwendung als gleichwertig betrachten. Sind nur einzelne Teilbereiche angesprochen, sollten die Bezüge zu den anderen deutlich bleiben.

- Werden in einem Buch sexuelle Verhaltensweisen als positiv bewertet, so dürfen sie nicht von sexueller Ausbeutung und Lieblosigkeit gekennzeichnet sein. Die Tatsache eines von vorherrschenden gesellschaftlichen Auffassungen abweichenden sexuellen Verhaltens ist dagegen nicht zu beanstanden.

- Bücher sollten keine Rollenklischees vermitteln: Geschlechtsrollenzuweisungen sollten abgebaut und nicht gefördert werden.

- In Büchern sollten Fragen der Verhütung beziehungsweise Geburtenregelung als Partnerschaftsproblem, nicht als individuelles Problem der Frau dargestellt werden.

- Bücher sollten Kindern und Jugendlichen sprachliche Modelle im sexuellen Bereich anbieten, die sozial akzeptabel sind und ihnen die Möglichkeit geben, sich situationsgerecht auszudrücken.

- Bücher sollten Respekt vor den Entscheidungen, Wünschen und Bedürfnissen anderer vermitteln.

- Positiv dargestellt werden sollte die Fähigkeit, eigene Bedürfnisse anzuerkennen, sie aber gleichzeitig auch rational kontrollieren zu können.

- In Büchern sollen Vertrauen und Verlässlichkeit als tragende Säulen von Partnerschaft dargestellt sein.

- In Büchern soll eine positive Darstellung von persönlichen Freiräumen im Rahmen einer Partnerschaft vermittelt werden.

Quelle, Literatur

Furian, Martin: Mit Lust und Liebe. Hrsg.: aktion jugendschutz Stuttgart. Jahrestagungsband 1992

Geschlechtsrollenspezifische Verhaltensweisen in Bilderbüchern

„Jungen handeln – Mädchen kommen vor". Es gibt keinen Rollenwechsel in modernen Bilderbüchern. Zwei Drittel der Bilderbücher stammen von Autorinnen. Der Klassiker ist die Ausnahme: Bei Astrid Lindgrens „Pippi Langstrumpf" gibt schon seit Jahrzehnten ein Mädchen den Ton an. „Mutter steht am Herd, Vater kehrt aus dem Büro zurück, der Sohn baut kunstvoll eine Burg aus Holzklötzchen, die Tochter schaut zu – das sind Szenen aus aktuellen Bilderbüchern der neunziger Jahre. Traditionelle Rollenverteilungen und Klischees spiegeln sich nach wie vor auf den bunten Seiten für die Kleinsten …"
Zu einem ähnlichen Urteil kam die Ausstellung „Mädchen im Bilderbuch" des Bundesministeriums für Jugend, Familie, Frauen und Gesundheit (2. Auflage 1987).
Beurteilungskriterien nach Berger (1984) zu geschlechtsrollenspezifischen Verhaltensweisen in Bilderbüchern:

Kriterien für die Analyse der Bilder

- Welches Geschlecht haben die auf dem Titelbild dargestellten Figuren?

- Welches Geschlecht haben die im Bilderbuch abgebildeten Figuren und wie oft werden sie gezeigt? Wie viele der abgebildeten Figuren sind Kinder, wie viele Erwachsene?

- Zeigen die im Bilderbuch abgebildeten Figuren Aktivität? Wenn ja, welche und wo?
- Wo halten sich die Figuren auf: im Freien, im geschlossenen Raum, am Arbeitsplatz im Freien, am Arbeitsplatz im geschlossenen Raum, im Fahrzeug?
- In welchen Berufen sind Frauen und Männer zu sehen?
- In welchem Größenverhältnis werden weibliche und männliche Figuren auf Abbildungen dargestellt?
- Welche Mimik und Gestik zeigen die Figuren?
- Mit welchem Spielzeug werden Jungen und Mädchen dargestellt?
- Sind Geschlechtsdifferenzierungen in Bezug auf die äußere Erscheinung der im Bilderbuch vorkommenden Figuren festzustellen?

Kriterien für die Analyse des Textes

- Welches Geschlecht wird aus dem Titel ersichtlich?

Ist die Hauptperson:
- weiblich,
- männlich,
- weiblich und männlich,
- Tier mit weiblichen Eigenschaften,
- Tier mit männlichen Eigenschaften,
- Tier nicht vermenschlicht,
- ohne Hauptperson?

Wie häufig werden im Text erwähnt
- Frauen mit Namen,
- Frauen ohne Namen,
- Mädchen ohne Namen,
- weibliche Tiere mit Namen,
- weibliche Tiere ohne Namen,
- Mütter,
- Männer mit Namen,
- Männer ohne Namen,
- Jungen mit Namen,
- Jungen ohne Namen,
- männliche Tiere ohne Namen,

- Väter?
- Welche Tätigkeiten führen die im Bilderbuch auftretenden Personen aus?
- In welchen Berufen werden die weiblichen und männlichen Figuren beschrieben?
- Wer verdient, wer besitzt?
- Welche Eigenschaften und Gefühlszustände werden den Personen zugeschrieben?
- Wer ist älter: Junge oder Mädchen?
- Welche Interaktionen haben die Haupthandlungsfiguren
- mit Einzelnen,
- mit Gruppen?
- Wie verhalten sich Mädchen und Junge zueinander? Wie verhalten sich Geschwister zueinander?
- Wie verhalten sich Erwachsene zu Mädchen und Jungen?
- Werden im Bilderbuch Zukunftserwartungen angesprochen?

Quelle, Literatur

Arbeitskreis für Jugendliteratur (Hrsg.): „Ich Tarzan – du Jane?" Geschlechtsspezifisches Rollenverhalten in Kinderbüchern (zusammengestellt von Susanne Stark und Kattrin Stier). München 1998

Berger, Manfred: Kriterien zur Beurteilung geschlechtsrollenspezifischer Verhaltensweisen in Bilderbüchern. In: Informationen des Arbeitskreises für Jugendliteratur, Heft 3/1984. München

Metamorfoss (Hrsg.): „Brave Mädchen kommen in den Himmel, Böse Mädchen kommen überall hin!" Mädchenfreundliche Kinder- und Jugendbücher. („Trau Dich", Kinder- und Jugendbuchladen Kiel)

Das Sachbilderbuch

Im Unterschied zur Bilderbuchgeschichte dient das Sachbilderbuch in erster Linie der Vermittlung von Wissen. Es stellt einerseits die Fortsetzung des im Elementar- und Szenenbilderbuch dargebotenen „ersten Wissens" dar und ist andererseits die erste Stufe des Kindersachbuches. Von diesem unterscheidet es sich aber, weil es inhaltlich auf dem Kenntnisstand und der Erfahrung einer früheren Altersstufe aufbaut und formal sich in Bild und Wort der Wahrnehmungs- und Verstehensfähigkeit der kleinsten Literaturteilnehmer anzupassen versucht.

Beispiele für **Sachbilderbücher**
- Erich Carle „Die kleine Raupe Nimmersatt" (Gerstenberg 1988 Neuausgabe); **Jugendliteraturpreis**
- Erich Carle „Der kleine Käfer Immerfrech" (Gerstenberg)
- B. Wildsmith/D. Ikeda „Der Kirschbaum blüht wieder" (Freies Geistesleben)
- Elenore Schmid „Die Erde lebt" (Nord-Süd)

Weitere Sachbilderbücher – in Lebensaltersstufen eingeteilt – finden sich in:

Arbeitskreis für Jugendliteratur: Das Bilderbuch. Kap.: Wer? Wie? Was? Sachbücher. München 1999 (11. Aufl.).
Maier, Karl Ernst: Jugendliteratur. Klinkhardt 1993 (10. Aufl.), S. 30ff.
Marquardt, Manfred: Einführung in die Kinder- und Jugendliteratur. Stam 1991 (8. Aufl.), S. 21ff.

3.2.3 Pädagogische Bedeutung des Bilderbuches

Die folgenden Funktionen des Bilderbuches sind entnommen aus Maier (1993):

Umweltzeigende und umweltklärende Funktion

Das Bild und das Bilderbuch werden dem Kind zu einer wichtigen Hilfe, die Umwelt zu geistigem Besitz zu machen. (Das Bilderbuch, „das erste Fenster zur Welt".) Das wiederholte Betrachten, das verweilende Eindringen, das vielfältige Sich-in-Beziehung-Setzen unterstützen das Kennenlernen und Habhaftwerden der Umwelt. Das Bild kann Dinge vor die Sinne stellen, die im Augenblick gar nicht real gegenwärtig sind. Das hat den Vorteil, dass sie aus der Distanz übersichtlicher und klarer betrachtet werden können.

Geistige Anregung und Übung

Das Kind „lernt" bei der Erschließung des Bildgehalts logische Folgerungen zu ziehen, phantasievoll die Bildergeschichte weiterzuspinnen oder umzudeuten, sachliche Erläuterungen zu geben, sinnvolle Vergleiche anzustellen, kritische Anmerkungen zu machen.
Die aktive Beschäftigung mit dem Bilderbuch ist für das Kind kein aufgabenbewusstes, zielstrebiges, mühevolles geistiges Tun, sondern eine aus der spontanen Freude für Bild und Geschichte sich entfaltende und eine am erfolgreichen Erkennen und Auseinandersetzen sich spielerisch steigernde Aktivität. Dabei werden sozusagen „spielerisch-kreativ" das Erkennen, Deuten, Interpretieren von Bild und Text gefördert.

Erzieherische und entwicklungsfördernde Funktion

Das Bilderbuch kann einen Einfluss auf die Entwicklung des sittlich-moralischen Denkens und Wertens, auf Haltung und Verhaltensweise des Kindes und auch auf sein äußeres Benehmen haben.

Denken, Urteilen und Verhalten können – je nach Inhalt des Bilderbuches – in folgenden Bereichen beeinflusst werden:
- Mitverantwortung für Natur und Umwelt;
- emotionale Bedürfnisse, zum Beispiel Freude, Spannung, Spaß, intensive Gefühlserlebnisse;
- soziale Bedürfnisse, zum Beispiel Geborgenheit, Bestätigung, Möglichkeit zur Identifikation mit den handelnden Personen, Tieren oder anderen Wesen; emanzipatorische Chancen;
- kognitive Bedürfnisse, zum Beispiel Unterhaltung, Ablenkung, Anregung der Phantasie, Befriedigung des Frage- und Neugierverhaltens; kritisches Wahrnehmungsvermögen;
- Verarbeitung von Problemen und Konflikten im Alltag (kindliche Ängste, Tod eines Angehörigen oder eines Tieres, Familienzerrüttung, Trennung und Scheidung der Eltern, Behinderung, Sexualität, Geschlechterrollen ...).

Literarpädagogische Bedeutung

Das Bilderbuch ermöglicht literarische Ersterlebnisse, es kann die spätere Einstellung zum Buch bestimmen. Es ist ein „Ausstrahlungskern" für spätere Lesestoffe und ihre Gattungen.

Ferner hat das Bilderbuch eine wichtige Aufgabe für die Entwicklung des Sprachverständnisses und der Sprachbefähigung. Noch nicht oder nur ungenau benannte Erscheinungen können dem Kind sprachlich begreifbar und zugänglich gemacht werden. Das Bild unterstützt das bildhaft-anschauliche Erfassen der Sprache.

Huppertz u.a. (1977) halten das Bilderbuch als ein besonders geeignetes Mittel zu **Sprachförderung** des Kindes:

- Das Bilderbuch hat einen *kommunikationsfördernden* Wert; Kinder mit Bilderbüchern lernen besser sprechen.

- Ihr *Sprachgedächtnis* und ihre *sprachliche Kreativität* werden gefördert.

- Durch den Text der Bücher und die freie, kommentierende Erzählung des Erziehers wird neben der *Differenzierung des kindlichen Sprachgebrauchs* vor allem auch das Sprachgedächtnis geübt. Manche Kinder kennen den gesamten Text auswendig, erzählen ihn beim Spielen ihren Kameraden oder Puppen. Andere „spielen" mit Texten und entfalten damit Fähigkeiten der sprachlichen Kreativität. Sie „erfinden" nicht nur neue Wortverbindungen und Wörter, sondern auch ganz neue Geschichten.

- Das Bilderbuch ist auch eine *Hilfe für Dialektkinder*. Es kann zum Vermittler werden. Huppertz a.a.O. behaupten sogar, dass Kinder mit Bilderbüchern bessere Schüler werden.

Bedeutung für die musisch-ästhetische Erziehung

- Das Gefühl für den Klang der Sprache wird angeregt, vor allem durch Verse, Reime, Lieder und Rätsel im Bilderbuch.
- Das Kind entwickelt Formgefühl und Formverständnis und einen „guten" Geschmack.
- Es lernt verschiedene Darstellungstechniken kennen und Fähigkeiten wie Sinn für Anordnung der Bildelemente, Wahrnehmung von nur Angedeutetem, Bereitschaft zum Verweilen und eindringliches Betrachten.

Quelle, Literatur

Huppertz, Monika und Norbert: Bilderbuch und didaktische Spiele. Sprachförderung im Kindergarten. Bonz 1977.
Kainz-Kazda, Elfie: Das ästhetische Potential des Bilderbuches – eine ungenützte Chance: In: Unser Kinder, Heft 6/1991. Fachzeitschrift für Kindergarten und Kleinkindpädagogik. Hrsg.: Österreichische Caritaszentrale Wien
Maier, Karl Ernst: Jugendliteratur. Klinkhardt 1993. 10. Aufl.

3.2.4 Methodische Grundsätze bei der Bilderbuchbetrachtung

Sitzordnung

Alle Kinder müssen die Bilder gut sehen können. Die Kinder sitzen im Halbkreis, der/die Erzieher/-in im Abstand davor. Der Abstand zu den Bildern hängt ab von der Größe der Bilder. Geborgene Atmosphäre, Lichtverhältnisse berücksichtigen, direkte Sonneneinstrahlung vermeiden, Raum lüften, Temperatur überprüfen, Spielsachen weglassen. Die Sitzordnung muss unter Umständen beeinflusst werden (Problemkinder auseinander setzen). Für eine Bildbetrachtung einen Notenständer, Fenster im Rücken der Kinder.

Einstieg

- Natürlichen Anknüpfungspunkt finden (Jahreszeit, Rahmenplan, Wochen- oder Monatsthema, allgemeine Situation: Alter, Interessen, Entwicklungsstand der Kinder, passend zur Zielsetzung ...)
- oder: Kurze Bekanntgabe des Themas der Bilderbuchbetrachtung, wenn sich kein natürlicher Anknüpfungspunkt findet.

Praktisches Vorgehen beim Betrachten

Zu unterscheiden sind:
- Die erarbeitende Methode,
- die vortragende Methode,
- die Kombination von Erarbeitung und Vortrag.

Die Auswahl der drei möglichen Vorgehensweisen ist abhängig von der Art des Buches und manchmal muss man sich sogar von Seite zu Seite anders entscheiden.

Zu hinterfragen ist:
- Stimmen Bild und Text überein?
- Stellt die Illustration das dar, was im Text formuliert wird?
- Ist das Bild alleine aussagekräftig genug?

Zum Beispiel: **Text**
- Gedichte oder Reime: mehr vortragen,
- anschaulicher, treffender Text: mehr vortragen,
- schwieriger Text: mehr erarbeiten.

Zum Beispiel: **Bild**
- Bild mit wenig Handlung: mehr vortragen,
- Bild mit viel Handlung: mehr erarbeiten,
- Bild ohne Text: erarbeiten.

Vor der praktischen Durchführung der Bilderbuchbetrachtung müssen *fremde, unbekannte Begriffe* geklärt werden, unter Umständen mit Hilfe von Anschauungsmaterial (zum Beispiel Armee, Regiment, Uniform, Kommandant, General bei dem Bilderbuch „Kartoffeln … Kartoffeln" von Anita Lobel, Verlag Sauerländer Frankfurt 1974.)

Die erarbeitende Methode

- Die Entdeckung der Wirklichkeit im Bild muss den Kindern überlassen werden.

- Die Aktivität liegt hauptsächlich bei den Kindern.

- Die Erzieherin oder der Erzieher soll sich zurückhalten.

- Die Kinder sollen sich äußern können und motiviert werden, zum Beispiel durch Impulse und Fragen, die zum Betrachten, Nachdenken und Sprechen anregen (Vorsicht vor zu engen Fragen und Impulsen!).

- Vor allem stille Kinder sollen zum Sprechen angeregt werden, zum Beispiel durch Fragen, die sie leicht beantworten können.

- Beiträge der Kinder sollen nicht überhört oder gar unterdrückt werden. (Die Kinder ordnen einzelne Begriffe unterschiedlichen Erfahrungen zu.)
- Keine zu direkten Fragen stellen (offene Fragen!).
- Die Bilder intensiv betrachten, den Kindern Zeit lassen. Eine schnelle, oberflächliche Betrachtung vermeiden.
- Negative Wertungen vermeiden.
- Das genaue Hinsehen der Kinder ermöglichen und herausfordern.
- Mit den Kindern Gemeinsamkeiten und Unterschiede herausarbeiten, Einzelheiten und Zusammenhänge finden und verbalisieren lassen.
- Zunächst alle spontanen Äußerungen der Kinder zulassen, ohne allzusehr zu korrigieren. Dann langsam mit indirekten Impulsen auf das Wesentliche leiten; zum Beispiel beim *Szenenbilderbuch* auf die einzelnen Handlungsvollzüge, beim *Geschichtenbilderbuch* auf die Hauptpersonen im aktuellen Verhalten. Beispiele: „Schau auf diese Stelle des Bildes! Erzähle, was die Soldaten machen", „Sag etwas über die Farben", „Was denkt die Mutter?", „Du kannst dazu noch mehr berichten".
- Bei der Betrachtung systematisch vorgehen, das heißt, mit den Kindern Seite für Seite betrachten.
- Bei einer doppelseitigen Bebilderung jeweils eine Seite mit einem weißen Karton abdecken. Den Vorgriff auf die nächste Seite vermeiden.
- Einen Übergang herstellen von einer Seite zur anderen, zum Beispiel: „Was könnte die nächste Seite erzählen?".
- Die Handlung nicht zerreden, die Spannung muss erhalten bleiben.
- Die Bilderreihe wird dann fortgesetzt, wenn die wichtigsten Gesichtspunkte genannt worden sind.
- Bringen die Kinder falsche Argumente, diese durch die anderen Kinder korrigieren lassen, zum Beispiel: „Was meinst du dazu?"
- Schulisches Frage- und Antwortspiel vermeiden!

Die vortragende Methode

Wenn der Redefluss der Kinder ins Stocken gerät, wenn Bild und Text es erlauben oder fordern.

- Das Vortragen sollte abwechslungsreich und dynamisch sein.

- Die Stimmlage sollte der Handlungssituation angepasst werden.
- Die Vortragsgeschwindigkeit sollte dem Alter der Kinder entsprechen, bei jüngeren Kindern etwas langsamer, bei älteren Kindern etwas schneller.
- Die Kinder vom Handlungsablauf faszinieren, manchmal ist etwas Übertreibung nötig, um die Spannung zu erhalten.

Die Kombination der erarbeitenden und vortragenden Methode

- Meist ist in jeder Bilderbuchbetrachtung die Kombination beider Methoden notwendig.
- An geeigneten Stellen sollten die Kinder zum Mit- beziehungsweise Nachmachen des Buchinhaltes angeregt werden.

Abschluss

- Zum Abschluss wird der Sinn des Bilderbuches kurz zusammengefasst, er wird von den Kindern zusammengetragen, zum Beispiel mit stummen Impulsen, indem man auf einzelne zentrale Bilder zeigt.
- Oder die Kinder teilen sich die beeindruckendste Stelle des Buches mit.
- Manchmal wollen einige Kinder das Buch hinterher nochmals alleine betrachten. Dies sollte den Kindern erlaubt werden.
- Manchmal bietet sich eine bildnerische Tätigkeit oder ein kleines Rollenspiel an (Vorsicht, da dies meist eine eigene Beschäftigung ist).

3.2.5 Bilderbuch-Projekte

- Sylvia Näger „Bilderbuchwoche im Kindergarten". In: kindergarten heute, Heft 5/1996, S. 19ff. Herder Freiburg.
- Ein Projekt zu einem beliebten Bilderbuch mit den Kindern aufstellen; zum Beispiel zu dem klassischen Bilderbuch von Maurice Sendak „Wo die wilden Kerle wohnen"; Eva-Maria Kohl: Im Land der wilden Kerle. In: Klein & Groß, Heft 1/1995, S. 21ff. Fachzeitschrift für Erzieherinnen und sozialpädagogische Fachkräfte. Beltz Weinheim.
- Ingrid Lechner „Bilderbuch und Kinderbibliothek". In: Unsere Kinder: Methoden des Kindergartens. 1. Sonderdruck. Seite 121ff. Hrsg. Österreichische Caritaszentrale Wien.

3.2.6 Beurteilung von Bilderbüchern

Deckblatt

Vor- und Zuname des Studierenden
Kurs/Jahr
Thema
Dozent/-in
Fachschule

Bibliografische Angaben

Titel
Autor-/in
Illustrator/-in
Erscheinungsort/-jahr, Verlag

Formale Gesichtspunkte

- Format;
- Seitenanzahl;
- äußere Erscheinung des Bilderbuches (zum Beispiel gebunden, geleimt, Spiralbilderbuch, Klappbilderbuch, Leporello, Panoramabilderbuch, Bilderbuch als Gegenstandsform, Bildkarten);
- Material: abwaschbar, Papier: glänzend oder matt, Karton, Plastik …;
- Format: Größe (DIN A3, A4), Minibilderbuch, Riesenbilderbuch;
- sonstige Aufmacharten: Bilderbücher zum Spielen, Suchbilderbuch, Tastbilderbuch, Felder zum Öffnen, Verwandlungsbilderbuch oder sonstige Effekte …;
- Aufforderungscharakter: Motivation – Anmutungsqualität;
- Relation von Leistung und Preis.

Kriterien zur inhaltlichen Beurteilung

- Inhaltsangabe
- Auseinandersetzung mit dem Inhalt, zum Beispiel sachliche Richtigkeit der Informationen; Altersgemäßheit der Informationen (Entwicklungsstand angemessen); Aktualität der Inhalte; Anregungen zum Weiterdenken und Transfermöglichkeiten (Weckung und Erweiterung von Interessen); werden sinnvolle Kenntnisse wirkungsvoll vermittelt?

Bildanalyse

- Technik,

- Farbgestaltung (Aussagekraft),
- Darstellung von Personen, Tieren, Objekten,
- inhaltliche Aspekte,
- künstlerischer Anspruch,
- Bild – Textgestaltung.

Aspekte für eine Bildanalyse

Inhaltliche Aspekte

- Ergibt sich eine Übereinstimmung zwischen der vermuteten Intention des Autors und der Text- und Bildgestaltung?
- Entspricht die Art der Bildgestaltung der jeweiligen literarischen Gattung? (Märchen, Sachgeschichten, phantastische Erzählungen, Bücher über kindliche Erlebnisse verlangen wegen des unterschiedlichen thematischen Gehaltes verschiedene Ausdrucksmittel.)

Erkennbarkeit der Sachverhalte

- Ist das Bild auch ohne Text im Wesentlichen „lesbar"?
- Ist eine „Hierarchie" des Bildlesens möglich (rasches Erfassen, Erkennen von Details, Anregung zum längeren Betrachten)?
- Ergeben die Bilder des Buches im Gesamtzusammenhang eine sinnvolle Abfolge?

Darstellung von Personen

- Ist der Gesichtsausdruck gut charakterisiert?
- Ist der Gesichtsausdruck verfremdet dargestellt (Überzeichnung von charakteristischen Details)?
- Ist er schematisiert (Vereinfachung auf wesentliche Merkmale)?
- Ist er stereotyp (festgelegte Vorstellungsklischees)?
- Ist er übertrieben (Möglichkeit, auch negative Einstellung auszulösen durch Überzeichnung der Augen, der Nase …)?
- Sind die Proportionen des Körpers entsprechend?
- Sind die Bewegungen sachrichtig?
- Sind negative, falsche Assoziationen bei den dargestellten Personen möglich?

- Ist die farbliche Gestaltung naturgetreu?

Tierdarstellungen

- Ist der Ausdruck, die Gestalt, die Bewegung des Tieres gut charakterisiert?
- Ist die Tierdarstellung naturgetreu, sachrichtig, verfremdet, anthropomorphisiert, stereotyp-klischeehaft oder durch ein übertriebenes „Kindchenschema" gekennzeichnet?

Objekte, Bäume, Pflanzen

- Stimmen die Größenverhältnisse? Entspricht die Darstellung der Objekte der Umgebung?
- Ist die Darstellung eher nostalgisch oder sachrichtig?

Raumdarstellung

- Ist eine Räumlichkeit angestrebt?
- Werden bestimmte Orte (Stadt, Land …) auf unsere heutige Zeit bezogen dargestellt?
- Sind die „Orte" für das Kind lesbar, an sachrichtigen Details erfassbar?

Farbgestaltung

- **Farbwahl:** Sind die Farben realistisch, naturgetreu, differenziert, angenehm, warm, intensiv oder eher plakativ, schrill, disharmonisch, ausdrucksschwach?
- Was für **Stimmungen** und **Gefühle** lösen die Farben aus?
- Gibt es eine **Dominanz** einzelner Farben (Ausdruckswert)? Welche Farben herrschen vor?
- **Farbanordnung:** Kontraste, Harmonie, ineinanderfließend, abgesetzt?

Bildnerischer Stil

- **Stil:** grafisch, malerisch, dekorativ.
- **Technik:** Aquarell, Collage, Foto, Holzschnitt, kolorierte Federzeichnung, Hologramm, Linolschnitt, Radierung, Spritztechnik, Temparafarben, Farblithografie, Kreidezeichnung …

Bild – Textgestaltung

- Parallelführung von Bild und Text?
- Alternierendes Voranschreiten von Text und Bild?
- Simultandarstellung?

Textanalyse

- Bild – Textbeziehung,
- literarische Gattung,
- literarästhetischer Aspekt,
- entwicklungspsychologischer Aspekt (Verständlichkeit).

Aspekte für eine Textanalyse:

Bild-Text-Beziehung

- Ist der Text in Kleinkindbilderbüchern mit dem dazugehörigen Bild gleichzeitig sichtbar?
- Stimmt der Text mit dem Inhalt des Bildes überein?
- Ist der Text dem Bild unter- oder gleichgeordnet (der Text sollte nicht das im Bild Gezeigte verdoppeln, sondern so kurz wie möglich erklären)?
- Lässt der Text Raum für Phantasie? Er soll nicht alles aussprechen, zerreden.
- Hat der Text bei bebilderten Geschichten Vorrang? (Hier wird das Bild zur „Illustration" und zur Stütze der kindlichen Vorstellung, dem Betrachten und beim Nacherzählen.)

Literarische Gattung

- Welche literarische Gattung hat das Bilderbuch (Märchenerzählung, sachliche Beschreibung, lyrische Dichtung, Fabelerzählung, dramatische Dichtung, Trivialerzählung, Comicerzählstil …)?
- Erzählebene: Ich-Erzählung, Rahmenerzählung, aus der Perspektive des Erzählers …

Der entwicklungspsychologische Aspekt

Sprachförderung im Bilderbuch muss mit dem Entwicklungsstand der Sprachentwicklung des Kindes in Zusammenhang gesehen werden:

- Berücksichtigt das Bilderbuch den Entwicklungsstand des Kindes?

- Ermöglicht es dem Kind, seine Sprachkreativität zu entfalten?
- Zeigt der Text starken oder schwachen Aufforderungscharakter?
- Berücksichtigt der Text tiefenpsychologische Vorgänge, wie zum Beispiel Projektions- und Identifikationsmechanismen?
- Enthält der Text sprachliche Ansätze zu Problemlösungsverhalten, Konfliktbewältigung, Denkanstöße?

Der kommunikative Aspekt

- Wie werden Inhalte mitgeteilt (schildernd, erzählend, monologisch, dialogisch)?
- Wird in einer bestimmten Sprachschicht geredet?
- In welchem Verhältnis steht die Mitteilungsform zur „Altersmundart", aber auch zur Regionalmundart? (Unter Umständen können für Vorschulkinder mundartliche Texte besonders anschaulich, kreativ, humorvoll sein.)
- „Tiersprache"?

Im Tierbilderbuch reden Tiere miteinander oder mit Menschen. Das ist in Märchen, phantastischen Geschichten in Ordnung. Bedenklich wird es, wenn in Sachbilderbüchern oder realistischen Bilderbüchern die Tiere „Menschengespräche" führen. Hier gilt: verdolmetschen ja, vermenschlichen nein! Das heißt, es ist durchaus möglich, tierische Signalsysteme in Menschensprache zu übersetzen, um sie den Kindern verständlich zu machen, aber was die Tiere reden, muss ihrem Verhalten entsprechen.

Der literarästhetische Aspekt

Wortschatz, Syntax, Sprachmelodie und Rhythmus sollten im Zusammenhang mit der Aussage des Textes analysiert werden.

- Ist der verwendete Ausdruck oder Satz sprachmelodisch gut?
- Leiden die Gedichte für Kinder unter Reimzwang und unnötigen Satzumstellungen?
- Sind bestimmte Ausdrücke wichtig für den Sinnzusammenhang oder überflüssig, ersetzbar?

Kriterien zur pädagogisch-psychologischen Beurteilung

Emotionaler Bereich

- Sensibilisierung von Werten und Normen.

- Erzieherische Funktion: Zum Beispiel hat das Bilderbuch einen Einfluss auf die sittlich-moralische Vorstellung von Werten? Werden viele Ermahnungen und Strafen verteilt (zum Beispiel Struwwelpeter)? Behandelt es alltägliche, lebenspraktische Probleme, auch mit erzieherischer Absicht (Vorurteile, Außenseiter, Angstbewältigung, Behinderung, Arztbesuch …)?
- Fördert das Buch neben Kenntnissen die emotionale Urteilsfähigkeit?
- Sensibilisierung von Gefühlserlebnissen, wie zum Beispiel Freude, Spannung, Spaß, Betroffenheit, Wohlbefinden …?

Sozialer Bereich

- Ermöglicht das Bilderbuch Identifikation, Distanz, Projektion?
- Ermöglicht das Bilderbuch eine Erfahrung von Geborgenheit, Bestätigung, Ich-Identität, Toleranzfähigkeit …?
- Lernen die Kinder unterschiedliche Handlungsmöglichkeiten kennen?
- Bietet es Anregungen zur Verhaltensänderung?

Kognitiver Bereich

- Sprachliche Interessen (Befriedigung des Frage- und Neugierdeverhaltens)?
- Abstraktionsvermögen?
- Konzentration?
- Kombinationsfähigkeit?
- Kritikfähigkeit?
- Kreativität?
- Förderung des Gedächtnisses (Verstehen und Speichern von Sachzusammenhängen)?
- Phantasie und Imagination?

Eigene Stellungnahme

Zusammenfassung wesentlicher Gesichtspunkte:
- Aus welchen Gründen würde ich das Bilderbuch empfehlen oder nicht empfehlen?
- Für welches Alter? (Grad der Wahrnehmungsfähigkeit – niedrig, mittel, differenziert –; Grad der Konzentrationsfähigkeit – niedrig, mittelmäßig, stark –; Grad der Phantasie und Imaginationsfähigkeit; Grad der Kombinationsfähigkeit; Umfang der Kenntnisse über die

Umwelt; vorausgesetzte Erfahrungen mit sich und anderen; Grad des sprachlichen Verstehens.)
- Für welche Situationen (Einsatzmöglichkeiten)?
- Welche Erkenntnisse habe ich aus der Beurteilung gewonnen?
- Literaturliste.

Quelle, Literatur

Grömminger, Arnold: Bilderbücher in Kindergarten und Grundschule. Beurteilungskriterien, Herder Freiburg 1990

Hartmann, Waltraud/Heginger, Walter/Rieder, Albert: Buch – Partner des Kindes. Wissenswertes über Bücher für die ersten acht Lebensjahre. (Hrsg. vom österreichischen Bundesministerium für Unterricht und Kunst.) Otto Maier Ravensburg 1980 (2. Aufl.)

Oberhuemer, Pamela/Müller, Helga/von Engelbrechten, Erika: Kinder- und Bilderbuch. Erfahrungen, Beispiele, Informationen für Praxis, Ausbildung und Fortbildung. Herder Freiburg 1988

Schaufelberger, Hildegard: Kinder- und Jugendliteratur heute. Kap. 1: Das Bilderbuch. Herder Freiburg 1990

Wiederholungsfragen

1. Erläutern Sie die Kennzeichen (Merkmale) eines Bilderbuches an einem Bilderbuch Ihrer Wahl (Abschnitt 3.2.1).
2. Beschreiben Sie verschiedene Kategorien des Bilderbuches (Typen, Themengruppen) und bringen Sie jeweils ein charakteristisches Beispiel (Abschnitt 3.2.2).
3. Erläutern Sie die pädagogische Bedeutung von Bilderbüchern für Kinder (Abschnitt 3.2.3).
4. Stellen Sie verschiedene methodische Grundsätze für die Bilderbuchbetrachtung mit Kindern dar (Abschnitt 3.2.4).

Anwendungsfragen

1. Beurteilen Sie ein Bilderbuch Ihrer Wahl zu den Themen: Angst, Tod, Scheidung, Behinderung, Sexualität, geschlechtsspezifische Verhaltensweisen nach den aufgeführten Beurteilungskriterien (Abschnitt 3.2.2/3.2.6).
2. Erstellen Sie einen Entwurf einer Lehr- oder Arbeitsprobe zu einem Bilderbuch Ihrer Wahl für Kinder (Bezug zur Lebenswelt der Kinder) (Abschnitt 3.2.4).
3. Erstellen Sie mit Kindern ein Eigenbilderbuch. (Beispiel: Ulla Davids und Petra Weickgenannt: Was ist los in Gustavs Bauch. Lambertus. Freiburg)
4. Führen Sie mit Kindern ein Bilderbuchprojekt durch (Abschnitt 3.2.5).

3.3 Das Kinderbuch

3.3.1 Bereiche der erzählenden Kinderliteratur

Kinderbücher (-geschichten) sind Erzählungen für Kinder bis etwa zum elften, zwölften Lebensjahr.
Stier/Breitmoser (1998) begründen das Lesen von Kinderbüchern wie folgt:

> „Immer wieder kann man miterleben, mit welcher Begeisterung sich Kinder auf das Lesenlernen stürzen. Endlich erhalten sie Einblick in diese geheime Zeichenwelt der Erwachsenen, die Information und

Unterhaltung, aber auch Freiräume und Rückzugsmöglichkeiten verspricht. Allzu oft ebbt diese Begeisterung aber schon nach kurzer Zeit ab, wenn Lesen als mühsam erfahren wird und andere Medien einfacher und bequemer zugänglich scheinen. Es gilt also, die Faszination des geschriebenen Wortes langfristig zu erhalten und zu pflegen und die besondere Qualität von Leseerlebnissen zu vermitteln. Dabei ist es zum einen wichtig, das Lesen nicht nur als isolierte Einzelerfahrung, sondern auch in der Geborgenheit der Vorlesesituation und im Gespräch über Gelesenes erfahren wird. Zum anderen sind vor allem gute Bücher erforderlich: Bücher, die halten, was der Klappentext verspricht. Bücher, die die Anstrengungen des Lesens belohnen mit spannenden, ergreifenden und lustigen Geschichten. Bücher, die weiterhelfen in schwierigen Situationen, und Bücher, die Fragen beantworten können."

Anstelle der herkömmlichen Einteilung der Kinderbücher in realistische, phantastische und wirklichkeitsnahe Kinderbücher (-geschichten) etwa nach Maier (1993) oder Marquardt (1995) soll eine für Kinder und Jugendliche ansprechende Einteilung von Breitmoser/Blume (2000) gewählt werden. Diese Einteilung richtet sich danach, was in Realität und Phantasie von Kindern wichtig ist, was ihnen ihre Welt verstehbar macht, was gültig ist für das menschliche Miteinander, für Großwerden in einer Welt, in der der kindliche Spiel-Raum zum Entdecken und Erfahren eher eingeschränkt als erweitert wird.

Ein unabhängiges Expertenteam hat für den Katalog „Das Kinderbuch" 321 Kinderbücher mit ausführlichen Rezessionen zu folgenden **Themen** ausgesucht und empfohlen.

Mittwochs darf ich spielen
Alltag in Familie und Schule

Schön und traurig und alles zugleich
Von Trauer und Angst, Verzweiflung und Hoffnung

Ich mit dir und du mit mir
Geschichten von Freundschaft und Liebe

Es liegt ein Kichern in der Luft
Witzige und hintersinnige Geschichten

Spannung bis zuletzt
Abenteuer, Grusel, Schmöker und Krimis

Alice, Emil & Co.
Klassiker der Kinderliteratur

Es war einmal ...
Märchen, Sagen und Fabeln

Anderswo und überall
Von fernen Ländern und fremden Kulturen

Jung und Alt
Vom Zusammenleben der Generationen

Wie es früher war
Geschichte und Geschichten

Wo endet die Unendlichkeit?
Nachdenkliches und Philosophisches

Schnigula, schnagula
Lyrik und Sprachspielereien

Nichts als Musik im Kopf
Singen, Spielen, Musizieren

Mit Pinsel und Palette
Künstler, Kunst und Kreativität

Ganz schön aufgeklärt
Sexualität und Körperbewusstsein

Entdeckungsreisen
Von Tieren und Pflanzen

Wer nicht fragt, bleibt dumm
Forschung, Technik und Wissen

Bücher über Kinderbücher
Bibliografie der Fachliteratur

Quelle, Literatur

Stier, Kattrin/Breitmoser, Doris: Das Kinderbuch. Eine Auswahl empfehlenswerter Kinderbücher. Hrsg.: Arbeitskreis für Jugendliteratur. München 1998

Breitmoser, Doris/Blume, Monika: Das Kinderbuch. Eine Auswahl empfehlenswerter Kinderbücher. Hrsg.: Arbeitskreis für Jugendliteratur. München 2000 (4. überarbeitete Ausgabe)

3.3.2 Kennzeichen eines guten Kinder- und Jugendbuches

Furian (1988) hat folgende Beurteilungskriterien für gute Kinder- und Jugendbücher aufgestellt:

Unterhaltungswert

Ein gutes Kinder- und Jugendbuch muss unterhaltsam sein. Es muss Spaß machen, es zu lesen, es muss ablenken können von dem auch für Kinder nicht immer sonnigen Alltag, es muss Spannung und Entspannung sowie Erholung bieten. Gute Sachbücher für Kinder kommt oftmals dem Unterhaltungsbedürfnis dadurch besonders entgegen, dass die Sachinformationen in die Form von Handlungen, von Geschichten gekleidet sind.

Spannung und der Reiz von Unbekanntem

Für das kleinere Kind ist es spannend, wenn bekannte Motive wiederkehren, was bis zur wiederholten Redewendung geht. Etwas später liegt für Kinder die Spannung im Erfahren von immer Neuem. Sachbücher haben dann einen hohen Spannungswert. So etwa um die neun bis zwölf Jahre herum lockt das Auffallende, das Außergewöhnliche, das Unverhältnismäßige, das Unerwartete, das Bewegte. Während das gute Kinder- und Jugendbuch die Spannung stets im Zusammenhang mit der Wirklichkeit oder zumindest mit der möglichen Wirklichkeit erzeugt, ist die triviale Literatur davon gekennzeichnet, dass die innerseelische Spannung zum Selbstzweck erhoben wird. In der trivialen Literatur manipuliert der Autor mit Stoffen um der Reizwirkung willen, er spekuliert auf die Spannungsbereitschaft der Leser und die Erregbarkeit der Sinne und Nerven.

Realität und innere Wahrheit

Ein gutes Kinder- und Jugendbuch muss wirklichkeitsnah und wahr sein, wobei es vor allem um die innere Wahrheit geht. Wie werden die Charaktere dargestellt? Haben sie eine Entwicklung? Alles, was die dargestellten Handelnden tun, denken und reden, muss sich folgerichtig aus dem Gesamtzusammenhang der Handlung ergeben. Das Verhalten der Handelnden muss sich wirklich so zutragen können. Phantastische Geschichten vermögen durch ihre eigene Verfremdung Einstellungen und Verhaltensweisen verdeutlichen und zur Identifikation mit diesen Verhaltensweisen führen. Wahrsein heißt aber auch: die Wahrheit der Gewichtung. Geschichten über Kriegshelden etwa vernachlässigen oft das Prinzip der Gewichtung, weil das Kennzeichen des Krieges nicht Heldentum, sondern Not, Elend, Grausamkeit, Angst und Tod sind. Der Held verkürzt diese Realität. Der lachende, unbeugsame, draufgängerische, vernichtende Held ist in Wahrheit ein Barbar.

Einheit der Handlung

Hier geht es um die innere Geschlossenheit und Einheit einer Handlung, ihre organische Einheit. Das Verhalten der Personen darf nicht unmotiviert und erklärungsbedürftig sein, sondern muss durch Geschehen, Verhalten und Dialoge deutlich werden. Es wäre eine schlechte Verarbeitung des Stoffs, wenn zum Beispiel der Autor seinen Lesern sagen müsste, eine Person liebt die andere oder hasst sie. Dies muss aus dem Verhalten der handelnden Personen selbst deutlich werden. Ein organisch geschlossenes Werk ist auch frei von unnötigen Vergleichen und Widersprüchen und unangebrachten Wiederholungen.

Kinder und Erwachsene als Adressaten

Ein gutes Kinder- und Jugendbuch muss altersspezifisch oder allgemeiner adressatenspezifisch geschrieben und gestaltet sein.

Zu den **formalen Gesichtspunkten**: Bildliche Gestaltung muss dem Bildverständnis angepasst, die Schrift in Typ und Größe dem Lesevermögen und die Wortwahl und der Satzbau den Kenntnissen und Verstehensmöglichkeiten angemessen sein. Das heißt nicht, dass der Autor über das vorhandene Sprachniveau nicht hinausgehen darf.

Zur **inhaltlichen Seite**: Hier ist zu fragen, was für eine bestimmte Altersgruppe in diesem konkreten Lebensabschnitt besonders wichtig und bedeutsam ist. Der Inhalt ist mit den Augen der Kinder zu beurteilen, nicht aus der Sicht der Erwachsenen. Den Erwachsenen fällt oft schwer, ihre eigenen Wünsche, Empfindungen und Erlebnisweisen zurückzunehmen und sich in die eines Kindes zu versetzen.

Förderung sozialen Verhaltens

Gute Kinder- und Jugendliteratur muss soziales Verhalten und soziale Phantasie fördern. Eine Literatur, die Gewalttätigkeit legitimiert und im Namen der Gerechtigkeit demonstriert, die Auswege aus schwierigen Situationen allein durch Führerpersönlichkeiten eröffnet, die Fremde als böse oder Ungewöhnliche als fragwürdig schildert, die überkommene und überholte Geschlechterrollen festigt, Generationenkonflikte verschärft, Lieblosigkeit als selbstverständlich oder Menschen beziehungsweise Charaktere als unveränderbar schildert, ist eine Literatur, die zutiefst unsoziale Einstellungs- und Verhaltensweisen fördert.

In die gleiche Richtung zielt die Frage nach der Form der Phantasie, die ein Buch hervorruft. Ist es eine Phantasie, die in irreale Traumwelten entgleitet und zu ebensolchen Traumbildern und -vorstellungen verführt und damit zutiefst handlungsunfähig macht, oder wird eine Phantasie ermöglicht, die von der Realität ausgeht, sie untersucht und zur Übertragung auf eigenes Handeln im Sinne mitmenschlichen Zusammenlebens zielt?

Weitere Fragen sind: Baut das Buch Ängste auf, die nicht zu bewältigen sind? Ist Glück und Zufriedenheit allein an den Besitz von Gütern geknüpft?

Quelle, Literatur

Furian, Martin: Was kennzeichnet gute Jugendbücher? Nicht alle Bücher eignen sich für jedes Kind. In: informationen Heft 6/1988. Hrsg.: Aktion Jugendschutz Baden-Württemberg

3.3.3 Beispiele pädagogisch wertvoller Kinderbücher

3.3.3.1 „Ben liebt Anna" (Peter Härtling, bei Beltz & Gelberg, Weinheim 1979)

Kurzporträt von Peter Härtling

Peter Härtling gehört zu den wenigen deutschen Autoren, die sowohl für Kinder als auch für Erwachsene schreiben. Er begann als Journalist und war von 1962 – 1970 Mitherausgeber der Zeitschrift **Der Monat**, danach Cheflektor und bis Ende 1973 in der Geschäftsführung des Fischer Verlages in Frankfurt tätig. Seit 1974 widmet er sich ganz der Schriftstellerei. Seine Bücher wurden mit zahlreichen Preisen ausgezeichnet und in mehr als zwanzig Sprachen übersetzt.

Der Anstoß, auch für Kinder zu schreiben, kam von seinen eigenen vier Kindern. Die Kinderliteratur, die sie lasen, gefiel ihm nicht, und er beschloss, ihnen selbst etwas zu schreiben. Der Vorschlag seines siebenjährigen Sohnes, „erzähl doch einfach von uns", wurde zu seinem Programm. Die erste Geschichte für Kinder hieß denn auch **... und das ist die ganze Familie** (1970). Bekannt wurde er dann mit dem Roman **Das war der Hirbel** (1973) – Auswahlliste zum Deutschen Jugendliteraturpreis –, in dem er die bedrückende Wirklichkeit eines geistig behinderten Jungen schildert; und das zu einer Zeit, als es noch kaum Literatur über behinderte Kinder gab, schon gar nicht für Kinder Auch in seinem nächsten Buch greift Härtling ein Thema auf, das 1975 noch mit einem Tabu belegt war: Alter und Sterben. **Oma** (1975) wurde 1976 mit dem Deutschen Jugendliteraturpreis ausgezeichnet. **Alter John** (1981) behandelt ebenfalls die Beziehung zwischen den Generationen, aber anders als bei der patenten und humorvollen Großmutter in **Oma**, gestaltet sich das Zusammenleben der Familie mit dem alten John als schwierig. Dieser schrullige, kindliche, aber auch weise alte Mann ist Peter Härtlings Lieblingsfigur.

Das erfolgreichste Buch des Autors wurde **Ben liebt Anna** (1979), das 1980 auf der Auswahlliste zum Deutschen Jugendliteraturpreis stand. Es ist die anrührende Liebesgeschichte zwischen dem zehnjährigen Ben und dem russischen Aussiedlermädchen Anna.

Härtlings einzigstes Kinderbuch, das autobiografische Elemente enthält, ist **Krücke** (1986), die vielfach preisgekrönte und verfilmte Geschichte des neunjährigen Thomas, der bei Kriegsende auf dem Transport aus der CSSR seine Mutter verliert und sich in seiner Not einem Kriegsinvaliden, den er Krücke nennt, anschließt.

„Bücher, die ich meine, sollen nicht beschwichtigen, sie sollen beunruhigen und wecken. Neugierig sollen sie machen auf Menschen und Dinge", hat Peter Härtling in seiner berühmt gewordenen Wiener Rede 1977 gesagt und damit die alles andere als „Heile Welt" der Kinder unserer Zeit zum zentralen Thema seiner Kinderbücher gemacht. Heute sind es nicht mehr Krieg und Hunger, sondern vor allem zerrüttete Familienver-

hältnisse und Lieblosigkeit der Erwachsenen, unter denen die Kinder in Deutschland leiden. In **Fränze** (1989), **Lena auf dem Dach** (1993) und **Tante Tilli macht Theater** (1997) erzählt Härtling ohne Schuldzuweisungen von betroffenen Kindern, die sich wegen ihrer inneren Stärke für die kindlichen Leser als Identifikationsfiguren eignen (aus: Raecke/Gronemeier (1999).

Inhalt von „Ben liebt Anna"

Anna, Tochter polnischer Aussiedler, kommt zu Beginn des 4. Schuljahres neu in Bens Klasse. Die Kinder nehmen sie nicht sehr freundlich in die Klassengemeinschaft auf. Weil sie wenig redet und eigentlich alles an ihr so ganz anders ist als an ihnen selbst, wird sie verspottet und ausgelacht. Bens Verhältnis zu Anna ist zunächst zwiespältig. Einerseits findet er sie unmöglich wie all die anderen, andererseits aber möchte er sie näher kennen lernen. Er schwankt zwischen dem Wunsch, sie gegen die Hänseleien in Schutz zu nehmen, und dem Ärger darüber, dass sie sich seiner Hilfe entzieht. Aus Trotz wirft er ihr einen Tennisball an den Kopf. Als Anna weint, weil niemand sie leiden kann, sagt er ihr, ohne es eigentlich zu wollen, dass er sie mag.

Nun finden die beiden Vertrauen zueinander, schreiben sich Briefe und treffen sich. Ben scheut sich zwar, seine Gefühle offen zu zeigen, weil er Angst hat, sich in der Schule vor der Klasse und zu Hause vor seinem Bruder und seinen Eltern lächerlich zu machen; auch ist Annas Verhalten zuweilen noch recht widersprüchlich: beim Fußballspiel lacht sie ihn aus, und dann wieder umarmt sie ihn mitten auf dem Schulhof und vor allen Leuten. Trotz aller Ungereimtheiten spüren sie, dass sie gern zusammen sind.

In den Pfingstferien kommen sich die beiden ganz nah: Ben lernt in der Barackensiedlung Annas große Familie kennen; sie nimmt ihn mit in „ihre" Hütte, wo sie ganz eng beieinander liegen und er ihr zum Abschied einen Kuss gibt; sie lachen miteinander über Onkel Gerhard, der Suppe zum Krachen bringt und elektronische Trudis baut; sie baden zusammen nackt im See und wärmen sich gegenseitig.

Doch nach den Ferien ist alles ganz anders: Anna steht bei Jens, und die Klasse gröhlt über den Satz „Ben liebt Anna", den jemand an die Tafel geschrieben hat. Auch Anna lacht mit, sie verspottet ihn zusammen mit den anderen. Der Lehrer reagiert einfühlsam, er schreibt eine zweite Zeile darunter, „Anna liebt Ben", und er sagt: „Zur Liebe gehören nämlich zwei." Aus lauter Verzweiflung möchte Ben am liebsten krank werden. Und als er dann wirklich mit Fieber im Bett liegt, erfährt er, dass Annas Familie wegzieht, weil der Vater Arbeit in einer anderen Stadt gefunden hat. Anna sagt Ben, dass sie traurig darüber ist, traurig wegen ihm. Das Ende bleibt offen. Ben nimmt sich vor, Anna zu schreiben, und hofft, dass sie ihn besucht.

Kurzinterpretation

„Ben liebt Anna" ist eine gelungene literarische Bestätigung der Intention Peter Härtlings: seine Bücher sollen jungen Lesern nicht dazu verhelfen, aus der Wirklichkeit zu fliehen, sondern dazu beitragen, dass sie ihre Welt verstehen, durchschauen, bezweifeln, befragen und, „wenn es nötig ist", angreifen; sie sollen ihnen dazu verhelfen, ihre Gefühle auszusprechen, weil sie das in ihrem Verhältnis zu sich selbst und zu anderen weiterbringt.

Jüngeren Kindern wird es in aller Regel von ihrer Umwelt nicht leicht gemacht, ihre Gefühle zu artikulieren. Dabei vermag jeder aufmerksame und einigermaßen sensible Beobachter wahrzunehmen, dass es bei Zehn- bis Zwölfjährigen bereits innige Zuneigung, ja Liebe zwischen Jungen und Mädchen geben kann. Peter Härtling stellt diese Gefühle sehr überzeugend dar. Er zeigt positive Möglichkeiten, mit ihnen umzugehen, ohne andererseits die Widerstände zu verschweigen, denen sie ausgesetzt sind. Er beschreibt anschaulich, wie sich die Gefühle in Handlungen ausdrücken können, wenn die Worte dafür noch fehlen. Und er wählt eine Sprache, die der Bewusstseinslage der Figuren gerecht wird: eine einfache, überwiegend praktisch verfahrende Erzählsprache mit umgangssprachlichem Wortschatz. Zwölf ganzseitige, in zarten Grau- und Rottönen gehaltene Bilder von Sophie Brandes illustrieren zudem auf ansprechende Weise einzelne Erzählinhalte. Da die im Grunde alltägliche, für die beiden Betroffenen freilich einmalige Liebesgeschichte außerdem mit viel Humor erzählt wird, bekommt das Buch insgesamt einen unterhaltsam-vergnüglichen Grundtenor, ohne dass dies der Ernsthaftigkeit seiner Thematik schadet.

Beurteilungen

- **Zürcher Kinderbuchpreis 1980:** „Was passiert mit einem selbst, wenn man liebt? Was bei andern? Und in welcher Weise ist unser Lieben mitbestimmt durch die übrigen Geschichten, in denen wir mit anderen verknüpft sind? Diesen Doppelaspekt der Liebe auch für Kinder fasslich gemacht zu haben, scheint mir das wichtigste Verdienst von Peter Härtlings Geschichte zwischen und um Ben und Anna."

- **Arbeitskreis für Jugendliteratur e.V. München:** „Peter Härtling beschreibt die Aufregungen und Unsicherheiten, die wir erfahren, wenn wir zum ersten Mal Zuneigung oder gar Liebe für einen Menschen empfinden, der nicht zu unserer Familie gehört. Auch Gefühle wie Eifersucht, Wut, Angst, Gekränktsein neben dem schönen Gefühl, sich zu einem anderen Menschen hingezogen zu fühlen, spielen eine große Rolle. Peter Härtlings Anliegen ist es, zu zeigen, dass Zuneigung unabhängig vom Alter ist, und dass auch Kinder Liebe empfinden können. Doch sein Blick gilt auch den Eltern und Lehrern, die viel Verständnis haben sollten für die Kinder, die, wenn sie ihre Gefühlswelt für sich entdecken, nicht ganz konzentriert Schule oder das, was Erwachsene für wichtig halten, verfolgen."

Didaktisch-methodische Anregungen

Der didaktische Wert des Kinderromans liegt in seinem Charakter als realistische Kindergeschichte. Das Wirklichkeitsmodell, das er entwirft, bieten den Schülern oder Studierenden hinreichende Anstöße zu literarischer Erfahrungserweiterung. Sie können entweder eigene Erlebnisse auf die Geschichte projizieren und sie im Spiegel der literarischen Erzählung einordnen, relativieren und vielleicht besser verstehen; sie können aber auch durch die nachvollziehbare Übernahme fremder Erfahrungen den eigenen Horizont erweitern. Die jungen Leser empfinden mit Ben die Angst, sich lächerlich zu machen, oder die Angst, Gefühle offen zu zeigen, und sie empfinden mit ihm die Enttäuschung, wenn er durch unsensibles Verhalten der anderen verletzt wird. Mit Anna können sie nacherleben, wie schwer es ist, sich als Fremde in einer neuen Umgebung zurechtzufinden, und von denen freundlich aufgenommen zu werden, deren gewohnter Erwartung man nicht entspricht.

Das Buch eignet sich für kreativ-produktive Tätigkeiten der Schüler oder Studierenden. So können Schlüsselszenen – zum Beispiel: Anna kommt neu in die Schule; Anna umarmt Ben (Schulhofszene); Ben macht sich schön – nachgespielt oder in eine Bildfolge nach Comicart umgesetzt werden. Beim Schreiben von Texten wird nicht nur die Eigentätigkeit der Schüler aktiviert, es wird so außerdem eine sinnvolle Verbindung zwischen dem Literaturunterricht und dem literarischen Verfassen von Texten geschaffen. Der offene Schluss des Buches kann beispielsweise dazu motivieren, eine Fortsetzungsgeschichte zu erfinden, in der sich Ben und Anna wiedersehen. Denkbar ist auch, dass die Schüler oder Studierenden Bens Rolle übernehmen und aus seiner Perspektive den Brief schreiben, den er im Buch nicht schreibt. Und nicht zuletzt können die Schüler oder Studierenden in der Rolle von Anna Briefe verfassen, die diese an eine gute Freundin schickt, die in Polen verblieben ist; ihr Thema kann alles sein, was Anna erlebt, vom Anfang, wie sie neu in die Klasse kommt, bis zum Schluss, dem Umzug in die andere Stadt.

Verfilmungen des Buches:

EMZ (KF 1028/VC 1192, Spielfilm 1980, 50 Min.) oder: fm (Video: 51-5842, Kurzfilm 1992, 16 Min.).

Quelle, Literatur

Barlet, Brigitta: „Ben liebt Anna" als Beispiel für eine verändertes Kindheits- und Kinderliteraturkonzept. In: Daubert u.a.: Veränderte Kindheit in der aktuellen Kinderliteratur. Praxis Pädagogik, S. 49ff. Westermann 1995

Höppner, Martina/Spinner, Kaspar H.: „Ben liebt Anna". Vorschläge zur Lektüre von Peter Härtlings Buch. In: Praxis Deutsch (Sonderheft). Kinder- und Jugendliteratur im Unterricht. Friedrich Verlag Seelze 1995

Raecke, Renate/Gronenmeier, Heike: Kinder- und Jugendliteratur in Deutschland, S. 273f.. Hrsg.: Arbeitskreis für Jugendliteratur. München 1999

3.3.3.2 „Ronja Räubertochter" (Astrid Lindgren, bei: Oetinger, Hamburg 1982)

Kurzporträt von Astrid Lindgren (geboren 1907, gestorben 2002)

Astrid Anna Emilia Lindgren, geborene Ericsson, ist die Tochter eines Pfarrhofpächters in Smaland, hatte drei Geschwister und wuchs auf dem Lande auf. 1914 kam sie in die Schule, arbeitete danach in der Redaktion „Wimmerby Tidingen" und ab 1926 in Stockholm als Sekretärin. Sie heiratete 1931 Sture Lindgren, den Direktor des Königlichen Automobilclubs. Astrid Lindgren bekam zwei Kinder und schrieb ab 1944 Kinderbücher. Sie gewann ein solches Ansehen, dass sie mit ihren Ansichten und Aussagen über Steuerpolitik, Tier- und Landschaftsschutz und anderem die schwedische Politik beeinflusste. 1952 starb Sture Lindgren, 1986 Astrid Lindgrens Sohn Lars. Astrid Lindgren erhielt zahlreiche nationale und internationale Preise, darunter 1944 den Alternativen Nobelpreis.

Intentionen der Astrid Lindgren

Astrid Lindgrens Anliegen war es, Kinder glücklich zu machen; sie sollen in Frieden und ohne Gewalt aufwachsen dürfen. Dieses Motiv nannte sie öfters in öffentlichen Stellungnahmen, zum Beispiel in ihrer Rede zur Verleihung des Friedenspreises des Deutschen Buchhandels 1978. Ihre Rede endete:

> „… In unserer Gegenwart gibt es – selbst ohne Krieg – so unfassbar viel Grausamkeit, Gewalt und Unterdrückung auf Erden, und das bleibt den Kindern keineswegs verborgen. Sie sehen und hören und lesen es täglich, und schließlich glauben sie gar, Gewalt sei ein natürlicher Zustand. Müssen wir ihnen dann nicht wenigstens daheim durch unser Beispiel zeigen, dass es eine andere Art zu leben gibt? Vielleicht wäre es gut, wenn wir alle einen kleinen Stein auf das Küchenbord legten, als Mahnung für uns und für die Kinder: **Niemals Gewalt!** Es könnte trotz allem mit der Zeit ein winziger Beitrag sein zum Frieden in der Welt."

(In: Schulfunk Westdeutscher Rundfunk. Lernziel – Frieden. Schulj. 1987/88 – II, S. 8.)

In einem Radiointerview sagte sie einmal:

> „… Ich kann nicht eine Welt ertragen, in der nicht zumindest die Kinder glücklich sein dürfen. Es ist schwer, ein Mensch zu sein, und das muss es vielleicht sein, aber ich finde, dass unschuldige kleine Kinder glücklich und geborgen sein sollten, solange sie Kinder sind" (Schönfeldt 1997).

Am deutlichsten kommt ihr „Herzens"-Anliegen für Frieden und Gewaltlosigkeit in einem Briefwechsel zwischen ihr und Michail Gorbatschow zum Ausdruck. 1987 erhielt Astrid Lindgren den sowjetischen Leo-Tolstoi-Preis, anschließend eine Einladung zum Friedensforum nach Moskau. Da sie daran aus gesundheitlichen Gründen nicht teilnehmen konn-

te, schrieb sie einen Brief an Michail Gorbatschow, der ihm persönlich überbracht wurde. Sein Text:

> Lieber Herr Gorbatschow,
>
> ich möchte Ihnen dafür danken, dass Sie die Initiative zu dieser Friedenskonferenz ergriffen haben. In einer Zeit der Hoffnungslosigkeit sendet sie uns einen Hoffnungsstrahl. Vor allem danke ich Ihnen der Kinder wegen, sie sind es ja, die unter unserer Unfähigkeit, hier

auf Erden Frieden zu bewahren, am meisten zu leiden haben. Vor kurzem bekam ich einen Brief von einem kleinen schwedischen Jungen. Er konnte kaum schreiben, und es war kein langer Brief. Darin stand nur mit eckigen Druckbuchstaben: „Ich habe Angst vor dem Krieg. Du auch?" Was sollte ich antworten? Ich wollte ja ehrlich sein, und darum schrieb ich ihm: „Ja, ich habe auch Angst. Alle Menschen haben Angst."

Aber ich wollte ihn ja doch ein wenig trösten, und so fügte ich noch etwas hinzu, das hoffentlich wahr ist.

Ich schrieb: „Aber weißt du, es gibt so viele, viele Menschen in allen Ländern der Erde, die den Frieden möchten, die wollen, dass mit allen Kriegen ein für allemal Schluss ist. Und du wirst sehen, so kommt es schließlich auch. Die Menschen kriegen das, wonach sie sich am meisten sehnen – Frieden auf Erden." Lieber Herr Gorbatschow, ich glaube, Sie tun, was Sie können, damit unsere Kinder nicht in ständiger Furcht vor dem Krieg leben. Und ich hoffe, dass diese Friedenskonferenz ein Schritt auf dem langen, schweren Weg zum ersehnten Frieden ist.

Astrid Lindgren

Umgehend antwortete Gorbatschow, und Astrid Lindgren gab seinen Brief zur Veröffentlichung frei. Er lautet:

Sehr geehrte Frau Astrid Lindgren!

Ich bin Ihnen für Ihren Brief tief dankbar. Millionen sowjetischer Kinder lesen Ihre Bücher. Diese Bücher lehren Güte und Mitgefühl und tragen dadurch zu der Erziehung der jungen Generation auch in unserem Land bei.

In Ihrem Brief bezeichnen Sie das Moskauforum als „einen Hoffnungsstrahl". Auch wir messen diesem Ereignis große Bedeutung bei. Die Unruhe über die Zukunft der Menschheit versammelte in Moskau Menschen, von denen viele nicht nur in den eigenen Ländern, sondern in der ganzen Welt wohlbekannt sind.

Wissenschaftler, Schriftsteller, Politiker, Geschäftsleute, Ärzte, Vertreter verschiedener Kulturbereiche und der Kirchen trugen ihre Ansichten zum Hauptproblem der Gegenwart vor. Es gab viele unterschiedliche Auffassungen und Beurteilungen, auch viele Streitpunkte. Doch in einem Gedanken waren sich alle Teilnehmer einig: Für das Überleben der Zivilisation muss die Strategie der Abschreckung durch Kernwaffen durch eine Strategie des Vertrauens und der Stärkung des Friedens ersetzt werden, und dies sollte ohne Aufschub geschehen. An den Frieden denken heißt, an die Kinder denken. Niemand hat das Recht, auf internationaler Ebene so zu handeln, dass die Kinder, wo sie auch leben, der Zukunft beraubt und Opfer der unbedachten Politik der Erwachsenen werden. Ich möchte Ihnen und Ihrem kleinen Landsmann, der Ihnen die Frage über den Krieg gestellt hat, versichern: Wir in der Sowjetunion werden alles tun, was in unseren Kräften steht, um eine weltweite Katstrophe zu verhindern, damit diejenigen, die heute ihre ersten selbstständigen Schritte ins Leben tun, am Ende des Jahrhunderts die Schwelle überschritten haben, mit der sie die Bedrohung durch Kernwaffen für ewig hinter sich gelassen haben. Für so eine sichere Welt wollen wir gemeinsam mit allen auf unserem einzigartigen Planeten unverdrossen kämpfen.

Ich wünsche Ihnen, Frau Lindgren, gute Gesundheit und neue Erfolge in Ihrer schöpferischen Tätigkeit, die den Interessen des Friedens und des Fortschritts dient.

Mit Dank für das überreichte Buch.

M. Gorbatschow

Eine beeindruckende Charakterisierung zum 90. Geburtstag von Astrid Lindgren stammt von ihrer „Freundin" und Biografin Sybil Gräfin von Schönfeldt (1997):

„… Astrid Lindgren beantwortet den Kinder in ihren Geschichten Fragen, die die Kinder noch gar nicht formulieren können. Und deshalb fühlen sie sich von ihr so verstanden wie von einer Fee oder vom besten Freund. Astrid Lindgren ist imstande, Probleme – ähnlich wie im Märchen – in Geschichten und Gestalten zu verwandeln und zu lösen. Und wie im Märchen spielt es gar keine Rolle, dass in ihren Geschichten scheinbar nicht von der Gegenwart gesprochen wird.

Sie weiß nur zu gut, dass jedes Kind schweren inneren Konflikten ausgesetzt ist, gleichgültig, wie optimistisch und fortschrittsgläubig, wie wohlwollend und nachgiebig seine Erzieher versuchen, das Böse, die leidenschaftliche Primitivität unserer Triebe, den Ausbruch in Gewalt und Hass wegzudiskutieren und als Folge falscher gesellschaftlicher Verhältnisse zu korrigieren. Astrid Lindgren erzählt von dem einsamen Jungen, der Angst hat, von allen verlassen zu sein und von keinem geliebt zu werden. Sie erzählt von den Brüdern Löwenherz und ihrer Furcht vor dem Tod, vor dem Sterben, von der Furcht vor fremder Gewalt, aber auch von ihrer Treue, vom Mut und von der Tapferkeit, endlich vom Sieg über das Böse, über den schwarzen Fürsten, über den Feuerdrachen.

Kinder leben und denken noch in einer polarisierten Welt, und Astrid Lindgren erzählt ihnen vom Guten und vom Bösen. Sie führt ihren Leser(inne)n beides vor und zeigt damit, dass man sich nicht entscheiden muss und entscheiden kann; dass es Freiheit gibt, auch Freiheit zur Wahl zwischen Gut und Böse. Sie polarisiert, weil sie weiß, dass Kinder von den guten Kräften zutiefst angerührt werden, und sie erzählt immer wieder von Lönneberga, von Bullerbü, von den kleinen Dorfgemeinden, und diese Geschichten sind ein Musterbeispiel dafür, wie man Kindern die ersten Geschichten erzählen soll und welche Fülle des Lebens und Empfindens man damit vermitteln kann …

Verantwortung, aber nur für das Verantwortbare, nicht für die gesamte Gesellschaft, die Erkenntnis von Grenzen und die Erkenntnis, dass Leid, Schmerz und Erlösungsbedürftigkeit Teil unserer Gesellschaft sind. Aber vor allem: dass es sich lohnt, auf die Welt neugierig zu sein. Und Lebensfreude: sie erfüllt alle Geschichten Astrid Lendgrens, und diese Freude gestattet den Kindern, auch das zu akzeptieren, was sich nicht lösen lässt."

Inhalt

In der Nacht, in der Ronja geboren wird, rollen gewaltige Donner über die Berge. Es ist eine Gewitternacht, in der die uralte Räuberburg auf dem Mattisberg von den obersten Zinnen bis hinab zum tiefsten Kellergewölbe in zwei Hälften zerbirst. Mattis, den mächtigsten Räuberhauptmann in allen Bergen und Wäldern kümmert es wenig. Er ist von Sinnen vor Glück über die Geburt seiner kleinen Tochter.

Ronja wächst heran und lernt, sich in ihrer Welt zurechtzufinden, erst im Gemäuer der Burg, dann, als sie größer ist, auch in dem großen Mattiswald ringsum mit seinen Weihern, Bächen und Flüssen, seinen Höhlen und Schluchten, den wilden Tieren und den unheimlichen Gestalten: Graugnomen, Donnerdrummeln und Rumpelwichte, von denen er bevölkert ist. Sie lernt, sich vor den Gefahren zu hüten und ihre Angst zu überwinden.

Als Ronja ungefähr elf Jahre alt ist, begegnet ihr Birk, der Sohn des gegnerischen Räumerhauptmanns Borka, der in derselben Gewitternacht geboren wurde wie sie. Ronja möchte am liebsten Birks Schwester sein, aber Ronjas Vater hasst und verachtet Birks Vater. Deshalb verlässt Ronja Burg, Eltern und Räubervolk. Bevor noch der Hass der Väter und Vorväter auch zwischen ihnen aufflammen kann, schließt sie Freundschaft mit Birk. Einen Sommer lang leben die beiden in einer Höhle im Wald, zähmen Wildpferde, verscheuchen Unholde und lernen, mit und von der Natur zu leben, bestehen Gefahren, streiten und versöhnen sich wieder.

Die von den Eltern nur sehr unwillig akzeptierte Freundschaft zwischen Ronja und Birk überwindet die uralten Feindseligkeiten zwischen dem Mattisgeschlecht und der Borkasippe. Ebenso mutig wie eindeutig sagen die beiden auch, dass sie später einmal das Räuberleben ihrer Väter nicht fortsetzen werden.

Kurzinterpretation

„Ronja Räubertochter" ist ein Entwicklungsroman, eine Erzählung vom Bruch der Jugend mit der Elterngeneration, die sich darin ankündigt, dass die Burg bei der Geburt zerbirst. Am Schluss ist die Elternautorität nicht länger selbstverständlich und ebensowenig das alte Wort, dass die Alten es am besten wissen. Die neue Generation hat sich emanzipiert, sie entscheidet selber ihre Zukunft und die Räuberhauptleute müssen sich damit abfinden.

Der Roman ist auch eine Romeo- und Julia-Erzählung von zwei Kindern, die ohne einander nicht leben können und wegen der Unversöhnlichkeit der Väter gezwungen sind, fortzugehen.

Ronja ist ein Kind am Ende der Kindheit. Sie lernt ihre Ängste überwinden, ist hin- und hergerissen zwischen der Liebe zu ihren Eltern und ihrem Freund Birk, zwischen dem Ausgeliefertsein an die geliebten anderen und dem Bedürfnis nach innerer und äußerer Selbstständigkeit, zwischen dem, was bequem wäre, und dem, was das Gewissen ihr zu tun befiehlt.

Birk ist der ritterliche Junge und jugendliche Ritter, der stolz und eigensinnig ist und zugleich verletzbar und zärtlich, was er aber noch weniger zeigen kann als Ronja. Seine Tapferkeit und mutige Selbstlosigkeit entlarvt die großen Räuberhauptleute als naive Wichtigtuer.

Didaktisch-methodische Anmerkungen

Die Thematik in „Ronja Räubertochter": Aufbruch aus dem Elternhaus und der Versuch der Ablösung, Vater-Tochter-Verhältnis, Autorität der Eltern, erste Liebe, Überwindung von Familienstreitigkeiten, Überwindung von entwicklungsbedingten Ängsten … spricht auch junge Erwachsene sehr an.

Diskussionsthemen und methodische Anregungen für den Unterricht

- Warum ist die Ablösung aus dem Elternhaus für Kinder oder Jugendliche und für die Eltern so schwierig?
- Welche Rolle als Autoritätspersonen spielen Mattis und Lovis für Ronja (der schwache Vater, die starke Mutter)?
- Meine Erinnerung an die erste Liebe (zum Beispiel mit Metaphermeditation: Wenn ich an meine erste Liebe denke …)?
- Wie können am Beispiel des Stückes Familien- und Nachbarstreitigkeiten „gelöst" werden?
- Ronja als Beispiel für die Überwindung von Ängsten: In welchen Situationen konfrontiert sich Ronja mit Ängsten?
- Film-Buch-Vergleich nach Gerhard Haas (Hrsg.) in: Praxis Deutsch. Sonderheft S. 79ff. Friedrich-Verlag Seelze.
- Der Film ist ausleihbar zum Beispiel bei: fm (VHS 52-5650/16 mm: 12-1973, 126 Min.) oder: EMZ (SF 136/VS 2163; siehe auch dort die gleichnamige CD-ROM).
- Gestaltung eines Marionettenspiels (Rückfragen bei Michael Renner: Institut für soziale Berufe Ravensburg, Kapuzinerstraße 2, 88212 Ravensburg).
- Gestaltung eines Theaterspiels (Rückfragen bei Anton Brehm: Institut für soziale Berufe Ravensburg, a.a.O.).

> Quelle, Literatur
>
> Schönfeldt von, Sybil: Astrid Lindgren. rowohlts monographien 371. Reinbek/Hamburg 1987
> Schönfeldt von, Sybil: „Kinder sollen glücklich sein dürfen!" Zum 90. Geburtstag von Astrid Lindgren. In: kindergarten heute. Heft 11-12/1997, S. 25ff. Herder Freiburg

3.3.3.3 „Konrad oder Das Kind aus der Konservenbüchse" (Christine Nöstlinger, bei Oetinger, Hamburg 2000)

Kurzporträt von Christine Nöstlinger (geborene 1936)

Ihr Vater war Uhrmacher, ihre Mutter Kindergärtnerin. Christine Nöstlinger wuchs im Arbeitermilieu der Wiener Vorstadt Hernals auf und besuchte die Höhere Schule. Sie wollte Malerin werden, studierte dann aber Gebrauchsgrafik an der Wiener Akademie für Angewandte Kunst. Sie arbeitete einige Jahre als Grafikerin. Christine Nöstlinger ist mit dem Journalisten Ernst Nöstlinger verheiratet und hat zwei Töchter. Heute lebt sie abwechselnd in Wien und auf einem Bauernhof in Niederösterreich. Sie hat zahlreiche nationale und internationale Auszeichnungen und Preise erhalten.

Christine Nöstlinger: Die Miriam fragt mich. Ich über mich

Manchmal ist die Miriam bei mir zu Besuch. Die Miriam ist zehn Jahr alt und will später einmal Schriftstellerin werden. Deshalb will sie mir immer bei der Arbeit zusehen. Gern mag ich das zwar nicht, aber zu Kindern, die auf Besuch sind, muss man freundlich sein. Also tue ich, als wäre ich froh darüber, wenn die Miriam zu mir ins Zimmer kommt. Und denke mir: Morgen am Abend stehe ich das schon durch! Ich sitze also am Schreibtisch, und die Miriam sitzt auf dem Sofa. Ich ziehe eine vollgetippte Seite aus der Schreibmaschine. Die Miriam fragt: „Wie viele Schreibmaschinenseiten sind eine Buchseite?"
Ich antworte: „Wenn ich 30 Zeilen zu 65 Anschlägen tippe, dann ist eine Schreibmaschinenseite eine Buchseite!"
Die Miriam nickt, ich stecke ein Blatt Papier in die Schreibmaschine, drücke eine Taste, das Papier flutscht in die Maschine rein, ich tippe weiter. Die Miriam starrt mich an. Ich werde nicht gern angestarrt.
„Ist was, mein Schatz?" frage ich.
„Ich hab auf die Uhr geschaut", sagt die Miriam. „Für die letzte Seite hast du sechs Minuten gebraucht!"
„Und?" frage ich.
„Macht in der Stunde 10 Seiten", sagt sie. „Wenn ein Buch 200 Seiten hat, dann brauchst du zwanzig Stunden für ein Buch!"
Ich zeige auf den großen Weidenkorb neben dem Schreibtisch. Der ist

CHRISTINE NÖSTLINGER

Konrad
oder
Das Kind aus
der Konservenbüchse

OETINGER AUSLESE

randvoll mit beschriebenem Papier. „Du vergisst den Abfall", sage ich.
Die Miriam steht auf und kippt den Weidenkorb. Knöcheltief steht sie in den beschriebenen Seiten. „Warum hast du die weggeworfen?" fragt sie.
„Weil's lauter Mist war", sage ich.
„Wie merkst du, ob etwas Mist ist?" fragt sie.
„Wenn es mir nicht gefällt, dann ist es Mist", sage ich.
„Warum schreibst du etwas, das dir nicht gefällt?" fragt sie.
„Weil es mir eben oft nicht besser gelingt", sage ich.
Die Miriam setzt sich in den Papierhaufen und wühlt. Ich tippe wieder.
„Schreibst du gerade Mist?" fragt sie.
„Weiß ich noch nicht", sage ich. „Im Moment halte ich es nicht für Mist. Könnte aber leicht sein, dass es mir nachher, wenn ich es durchlese, wie Mist vorkommt!"
Hinter mir bleibt es still. Ich tippe Seite um Seite. Nanu, denke ich mir, ist die Miriam rausgegangen? Ich drehe mich um. Die Miriam ist noch da. Sie sortiert meinen Mist. Sie sagt: „Manche Seiten hast du ja gleich zehnmal geschrieben!" Ich nicke. Die Miriam sagt: „Dann brauchst du für ein Buch ja nicht 20 Stunden, sondern 200!"
„Schnecken!" sage ich. Ich ziehe die große Schreibtischschublade heraus und hole einen Packen linierter Hefte. Die werfe ich der Miriam zu. Ich sage: „Bevor ich die Geschichte auf der Schreibmaschine schreibe, schreibe ich sie doch zuerst mit der Hand. Und das dauert!"
Die Miriam blättert in den linierten Heften mit den vielen durchgestrichenen Wörtern und Zeilen. Dann sieht sie auf einer Seite nichts als viele Strichmännchen, die an Galgen baumeln.
„Wozu sind die?" fragt die Miriam.
„Da ist mir nichts eingefallen", sage ich. „Da habe ich nachgedacht!"
„Wie lange?" fragt die Miriam. Ich weiß nicht mehr, wie lange ich damals nachgedacht habe und mir trotzdem nichts eingefallen ist. Aber um der Miriam einen Gefallen zu tun, sage ich: „Zwei Stunden!"
Die Miriam blättert wieder. „Du malst aber oft Männchen", sagt sie. „Dir fällt ja oft nichts ein!"
„So ist es!" sage ich.
„Jeden Tag zwei Stunden lang?" fragt sie.
„Manchmal einen ganzen Tag lang" sage ich.
„Warum fällt dir nichts ein?" fragt die Miriam.
Ich sage: „Das passiert meistens, wenn ich mich in eine Sackgasse hineingeschrieben habe. Da geht es dann einfach nicht weiter. Da muss ich zuerst aus der Sackgasse heraus!"
„Wie geht das?" fragt die Miriam.
„Wie beim Stricken", sage ich. „Wenn man da etwas falsch gemacht hat, muss man bis zum Fehler hin aufribbeln!"
Die Miriam fragt: „Wie ribbelt man eine Geschichte auf?"
Ich sage: „Man liest sie. Einmal, zweimal, dreimal, vielleicht auch zehnmal. Und findet heraus, von welcher Seite an die Geschichte in die Sackgasse reingeht. Und von dort fängt man neu zu schreiben an!"

Die Miriam sagt: „Und wenn die Geschichte schon auf der dritten Seite in der Sackgasse drinnen ist?"
„Dann bleiben eben nur die ersten zwei Seiten über", sage ich.
„Aber wenn du schon 150 Seiten gestrickt hast?" fragt die Miriam.
Ich deute auf den Weidenkorb. „Dann landen eben 148 Seiten da drinnen!"
„Bist du dann traurig oder wütend?" fragt die Miriam.
„Mal so, mal so", sage ich.
„Aber ich schreibe ja schon so lange, da gewöhnt man sich daran."
Die Miriam stopft den Papierhaufen in den Weidenkorb zurück. „Warum", sagt sie, „überlegst du dir die ganze Geschichte nicht fertig, bevor du überhaupt zu schreiben anfängst? Dann müsstest du in keine Sackgasse rein."
„Weil ich nur beim Schreiben Geschichten ausdenken kann", sage ich. „Ohne Papier und Bleistift geht das bei mir einfach nicht. Und überhaupt weiß ich das alles nicht so genau. Ich habe das Geschichtenschreiben ja nicht gelernt. Dafür gibt's ja keine Schule. Ich probier halt so herum!"
Die Miriam hat alles Papier im Weidenkorb drinnen. „Wann wirst du es denn ordentlich gut können?" fragt sie.
„Wahrscheinlich nie", sage ich.
„Ich geh jetzt in den Garten raus", sagt die Miriam.
„Tu das, mein Schatz", sage ich.
Die Miriam geht zur Tür. Sie hat schon die Türklinke in der Hand, da sagt sie: „Meine Mama ist Zahnärztin. Die macht nie Mist. Und muss nie ganz umsonst nachdenken. Und Plomben aufribbeln muss sie schon gar nicht!"
„Na siehst du", sage ich, „also lern gefälligst etwas Vernünftiges!"
Aber die Miriam ist schon zur Tür draußen.

(In: Öetinger Lesebuch. Almanach 1990/91, 27. Jg. Friedrich Oetinger Hamburg, Seite 112ff.).

Intentionen ihrer schriftstellerischen Arbeit

„Ich kann nur über Dinge schreiben, die ich kenne, Indianer, Filmstars und Söhne von Atomphysikern mit Nobelpreis fallen also weg", hat sie einmal gesagt. Das, was sie kennt – Alltag von Kindern und Jugendlichen mit Sorgen, Nöten und Freuden – füllt mittlerweile rund 90 Bücher und hat ihr viel Erfolg gebracht. Erziehung ist der zweifachen Mutter ein Gräuel – als Wort und erst recht als Tat. Und so schreibt sie auch; bedingungslos auf Seiten der Kinder, sensibel für deren Empfindungen und Kümmernisse und dennoch immer voller Witz.
Meist aus der Sicht eines Kindes führen ihre Geschichten sie, in kurzen, unkomplizierten Sätzen, durchwirkt von Wiener Dialektik, in die Hinterhöfe und Häuserblocks und das vom Kleinbürgertum bestimmte Milieu Wiens. Sie macht die realen Fluchtwünsche der Kinder vor einer Welt,

„die am Versagen der anderen den eigenen Erfolg misst", verständlich und versteht es auch, der Flucht in die Phantasiewelt zu folgen. Christine Nöstlinger bezieht Stellung für Minderheiten, aber sie vermeidet Konfrontation und neigt eher dazu, die Perspektive jeder Person erklärend darzustellen. Ihre Texte haben häufig kein „Happy End", doch, und das ist ihr wichtig, ein „Batzerl Hoffnung" wird vermittelt.

Inhalt von „Konrad oder Das Kind aus der Konservenbüchse"

Eines Tages erhält Frau Bartolotti, die ihren Lebensunterhalt mit dem Weben und Knüpfen von Teppichen verdient, mit der Post ein Paket. Obwohl sie fast sicher ist, nichts bestellt zu haben, öffnet sie es aus Neugier. Zum Vorschein kommt eine Dose. Nachdem sie sich der von der Fabrik für „Instant-Kinder" mitgelieferten Gebrauchsanweisung entsprechend verhalten hat, kommt der siebenjährige Konrad zum Vorschein. Er ist ein durch die Fabrik geschulter, wohlerzogener Junge. Frau Bartolotti, die bisher ein durch Spontaneität und Chaos gekennzeichnetes Leben geführt hat, versteht von Kindererziehung nichts. Nur soviel weiß sie, Kinder sind spontan, laut und lebhaft und bisweilen auch frech und das sollen sie auch ruhig sein. Nur: Dies alles ist Konrad nicht. Er ist klug, verhält sich stets friedlich, ist im Gegensatz zu Frau Bartolotti sehr ordentlich und verhält sich besonders zu Erwachsenen immer freundlich, sehr zur Freude von Egon, dem Apotheker und Freund von Frau Bartolotti. So hat er sich immer ein Kind vorgestellt, ganz im Gegensatz zu seiner „zweimal in der Woche Bekanntschaft". Sie versucht ihrerseits, um ihr Verhalten nicht ständig als Fehlverhalten auffassen zu müssen, Konrad wenigstens ein paar seiner Artigkeiten abzugewöhnen, sehr zum Leidwesen des Apothekers. So ist Konrad ständig zwischen den Wünschen der beiden Elternteile hin- und hergerissen. Nach einigen Tagen erhält Frau Bartolotti erneut Post aus der Fabrik für „Instant-Kinder". Sie erfährt, dass es sich bei Konrad um eine Fehllieferung gehandelt habe und dass er wieder abzugeben sei. Doch abgeben möchten ihn beide Elternteile nicht mehr und auch Konrad möchte lieber bei ihnen bleiben und weiter zur Schule gehen, als wieder in die Fabrik zurück zu müssen. Die Männer aus der Fabrik dürfen Konrad, wenn sie ihn abholen wollen, nicht wiedererkennen, das heißt, er darf nicht mehr so brav und angepasst sein. Das ist nicht so einfach. Doch dabei kann das Nachbarskind Kitty helfen. Sie bringt Konrad Schimpfwörter und alles bei, was zu einem richtigen Kind gehört. Als Konrad nach einer Suchaktion schließlich beim Apotheker Egon gefunden wird und seinen rechtmäßigen Eltern übergeben werden soll, ist von seiner guten Erziehung nichts mehr übrig. Auch seine Klassenkameraden, die sich über seine Verhaltensänderungen freuen, helfen kräftig mit, als es darum geht, Fabrikangehörige sowie die potenziellen Käufer von „Instant-Kindern" zu vertreiben.

Interpretation

Konrad ist das Kind aus der Retorte, ein nach den Normen des Wohlverhaltens und der perfekten Anpassung an die Welt der Erwachsenen konstruiertes Fertigprodukt. Individualität und kritischer Geist sind unerwünscht und daher auch nicht in dem Erzeugnis enthalten. Christine Nöstlinger veranschaulicht in Konrad – der Name ruft Erinnerungen an Hoffmanns „Struwwelpeter" wach – die in der industriellen Umklammerung total entfremdete menschliche Existenz. Konrad ist ein Kind der modernen Genforschung. Die wissenschaftliche Manipulation gipfelt in der quasigöttlichen Erschaffung eines Kunstmenschen, wobei man exakt auf die Marktbedürfnisse hin produziert. Was sich in dem perfekt angepassten Konrad spiegelt, ist die weitgehend automatisierte Erwachsenenwelt, in der Kreativität und Kritik lediglich als unbequem und lästig empfunden werden.

Die Menschen sind im Zuge einer außer Kontrolle geratenen, sich mehr und mehr verselbstständigenden Industrialisierung selbst zu Automaten geworden, zu konditionierten Geschöpfen von Konsumstrategien. Konrad wird zum satirischen Paradigma ihrer eignen entfremdeten Existenz. Der technische Fortschritt entpuppt sich als fortschreitende Entseelung, als ein Prozess, der das Menschliche deformiert und es schließlich vernichtet.

Lebensweise als Gegenfigur zu dieser technischen Perfektion des Fertigprodukts. Der individuelle Mensch mit seinen Schwächen und Unebenheiten steht dem perfekt konstruierten Kunstgeschöpf gegenüber und gewinnt nach anfänglicher Bestürzung seine Fassung zurück. Frau Bartolotti gibt ihren individuellen Kern nicht preis.

Zunächst gestaltet sich das Zusammenleben jedoch als schwierig, da Konrad sich getreu seiner industriellen, an perfekte Funktionsabläufe orientierten Fertigungsweise wie ein Musterknabe benimmt. Er äußert Bedenken gegen eine allzu auffällige Kleidung, lehnt es ab, Eis im Winter zu essen und Bonbons zu lutschen wegen den Zähnen, gerät in einen Konflikt, als Frau Bartolotti nicht ganz stubenreine Lieder singt und erweist sich überhaupt in jeder Phase als äußerst gehorsam und korrekt, was sich vor allem niederschlägt in seiner ebenso gewählten wie unkindlichen und konventionalisierten Sprache. Automatisch repetiert er die Anstandsregeln und die Verhaltensmuster, die man in ihn wie in einen Computer hineingegeben hat. Konrad ist nichts anderes als das, was man in der Programmiersprache als die Hardware bezeichnet, während die Software aus den beliebig abrufbaren Anstandsregeln besteht. Man dürfe nicht öfter in den Spiegel sehen als notwendig, weil es eitel und selbstgefällig mache, müsse sich immer hübsch die Zähne putzen, dürfe Erwachsenen nicht in die Rede fallen und müsse bei Tisch alles aufessen. Exemplarisch werden hier die Inhalte bürgerlicher Sozialisation präsentiert, ihre auf Unterdrückung der Lust und des Individuums abzielenden Verbote.

Konrad ist weder eine Angst einflößende negative Utopie noch ein glorifiziertes Wunderwerk der Technik, sondern einfach ein parodistisches

Zerrbild, das zunächst Verwunderung und dann Gelächter auslöst. Wie in einem Spiegel entdeckt der junge Leser in ihm die bis zur Leblosigkeit standardisierte Erwachsenenwelt, die, in Normkonventionen und Funktionsabläufe eingezwängt, zur Karikatur verkümmert. Der groteske Einfall aus dem Repertoire der Science-Fiction-Motivik entlarvt die Unnatur moderner Zivilisation.

Parodistisch wirkt vor allem die im Grunde rührende Hilflosigkeit des Retortenkindes. Konrad ist darauf programmiert, allen Befehlen unverzüglich Folge zu leisten und das zu tun, was allgemein erwartet wird. Er gerät aber sofort in Konfliktsituationen, wenn er sich vor echte Entscheidungen gestellt sieht, zum Beispiel bei unterschiedlichen Vorstellungen und konkurrierenden Verhaltensweisen der Lehrer und Schüler oder auch dann, wenn sich die Familie, in die er hineingeraten ist, nicht nach den erwarteten Konventionen verhält. Pflicht, Gehorsam, Anpassung bestimmen ausschließlich sein Handeln, während ihm Neigungen, kritischer Widerstand und nonkonformes Verhalten fremd sind. Aber gerade dieses Verhaltensmuster lässt ihn zum Automaten erstarren. Vergebens versucht Frau Bartolotti zunächst, einen richtigen Jungen aus ihm zu machen, erst den anderen Kindern, unter ihnen insbesondere dem Mädchen Kitti, gelingt es, Konrad allmählich aus der konfektionierten Erstarrung zu lösen.

Wiederholt setzt er sich in Widerspruch zu den Erwartungen seiner Mitschüler, weil er unter einem inneren Zwang den Lehrern gehorcht und dabei den Gleichaltrigen so sehr schadet, dass sie ihm schließlich ewige Feindschaft schwören. Kitti erfasst die Lage und appelliert an ihren Freund: „Konrad, du musst dich ändern!"

Frau Bartolotti und Kitti bekommen unerwartet Hilfestellung durch die Fertigungsfirma, die nach einiger Zeit ihr Produkt zurückfordert, weil offenbar eine Verwechslung vorliege. Doch Konrad will unter keinen Umständen zurück, ebensowenig möchte ihn seine Pflegemutter wieder hergeben. Die offen bekundete gegenseitige Zuneigung, ungewöhnlich für den bisher eher zurückhaltenden Konrad, bildet die Voraussetzung für die sich nun anbahnende persönliche Wandlung. Kitti übernimmt die Umschulung, indem sie Konrad für besonders schlechtes Benehmen lobt, während sie das angepasste Musterknabenverhalten rigoros tadelt. Sie dreht also das erwartete Erziehungsverhalten einfach um. Als Konrad am Ende mit Gewalt abgeholt werden soll, hat er soviel gelernt, dass er den Direktor der Herstellungsfirma und die eigentlich vorgesehenen Pflegeeltern durch sein rüpelhaftes Benehmen entsetzt und schließlich bei Frau Bartolotti und Kitti bleiben kann. Aus dem konfektionierten Retortenkind ist ein echter lebendiger Junge geworden, der eingesehen hat, dass auch dem Heranwachsenden das Recht auf Widerstand zugesprochen werden muss, wenn man sein subjektives Lebensrecht missachtet. Konrads aufbegehrender Wille äußert sich anschaulich in der altmodisch und steif eingerichteten Wohnung des als Pflegevater anerkannten Apothekers, wo er nach Kittis Anweisung die Wände bemalt, Teppichgießen übt und die Quasten von einem schwarzseidenen Tischtuch abschneidet.

Systematisch werden alle Konventionen, in denen sich die Erwachsenen eingerichtet haben, gelockert und schließlich aufgelöst.
Ein listiger Schwank beendet die Herrschaft der inhumanen Technik und der supermodernen Konstrukteure. Siegreich bleibt der menschliche Einfallsreichtum und damit der Mensch selbst, weil aus der toten Ware doch noch ein geliebter und liebender Mensch aus Fleich und Blut geworden ist (nach: Freund 1982).

Didaktisch-methodische Anmerkungen

- Spielfilm: Konrad aus der Konservenbüchse; mit Begleitheft (fm: Video 52-5455, 80 Min.).

- Es empfiehlt sich ein Projekt zum Thema mit den Studierenden durchzuführen: „Dürfen wir Menschen klonen? Dürfen wir alles tun, was wir können? Was ist ein Mensch?" Zusammenarbeit mit den Fächern Ethik/Religion und Pädagogik (Anthropologie).

Quelle, Literatur zum Thema „Klonen"

Arens, Christoph: Ethische Fragen in der Medizin. Von der Humangenetik bis zur Sterbehilfe. Katholische Nachrichten-Agentur Bonn 2000

Bischöfliches Ordinariat der Diözese Rottenburg-Stuttgart (Hrsg.): „Biomedizin" – eine (ethische) Gratwanderung. In: informationen Heft 7/1999

Enquête-Kommission des Deutschen Bundestages „Ethik und Recht in der modernen Medizin" (dip.bundestag.de/btd/14/090/1409020.pdf)

Ev. Zentralstelle für Weltanschauungsfragen (Hg.): Impulse Nr. 38/III/1994; Cornelius, Gerd: Gentechnik – Segen für die Menschheit oder Eingriff in die Schöpfung? Stuttgart (ISBN 0344-8959)

Goebel, Bernd; Kruip, Gerhard (Hrsg.): Gentechnologie und die Zukunft der Menschenwürde. Münster. Lit-Verlag, 2003

Graf, Roland: Ethik in der medizinischen Forschung rund um den Beginn des menschlichen Lebens. Darmstadt: Wiss. Buchgesellschaft, 1999. Der Autor betreibt auch eine Web-Seite zum Thema „Klonen" aus ethischer Sicht: www.cloning.ch

Mieth, Dietmar: Was sollen wir können? Ethik im Zeitalter der Biotechnik. Herder/Freiburg 2002

> **Quelle, Literatur zum Kinderbuch**
>
> Breitmoser, Doris und Stelzner, Bettina (Hrsg.): Das Kinderbuch – eine Auswahl empfehlenswerter Kinderbücher. Arbeitskreis Jugendliteratur München 2000, 4. Aufl.
> Freund, Winfried: Der fragwürdige Fortschritt – Christine Nöstlingers Konrad. In: Das zeitgenössische Kinder- und Jugendbuch. Schöningh 1982
> Lange, Günter (Hrsg.): Taschenbuch der Kinder- und Jugendliteratur, Bd. 1, Kap. 2; Schneider-Verlag Hohengehren 2000
> Maier, Karl Ernst: Jugendliteratur; Kap: Die Kindergeschichte (S. 129ff.); Klinkhardt Bad Heilbrunn 1993. 10. Aufl.
> Maier, Karl-Ernst: Die Kindergeschichte; in: Kinder- und Jugendliteratur – Ein Lexikon (Hrsg. Kurt Franz, Günter Lange und Franz-Josef Payrhuber); Teil 5: Literarische Begriffe; Corian-Verlag Meitingen 1996
> Marquardt, Manfred: Das Kinderbuch. In: Einführung in die Kinder- und Jugendliteratur; Stam, Köln 1995. 9. Aufl. (S. 86 ff.)

3.3.4 Wie kann ich Kinder zum Lesen motivieren?

Vorschläge für Eltern

„Lesen ist ein grenzenloses Abenteuer der Kindheit", so Astrid Lindgren.
Lesen stärkt die Vorstellungskraft, ist ein Schlüssel zur Sprache, zum Denken, zum Lernen. Dass Lesen so wichtig ist für die Entwicklung von Kindern, hat nicht nur mit unserer Kultur zu tun, die schlicht voraussetzt, dass jeder lesen und schreiben kann. Es hängt auch damit zusammen, dass die Schriftsprache abstrakter ist als die mündliche Sprache und so die Phantasie und die Begriffsbildung besonders herausfordert.
Kinder merken das, und deshalb wollen die meisten gern lesen lernen. Sie brauchen dabei aber Hilfe. Eltern sind die wichtigsten Partner und Unterstützer der Leseentwicklung ihrer Kinder. Das fängt lange vor der Schulzeit an und hört auch nicht auf, sobald die Kinder lesen können. Das hat wenig mit planmäßigem Lernen zu tun. Im Gegenteil: Je selbstverständlicher das Lesen zum Familienalltag gehört, desto mehr Chancen haben die Kinder, zu Lesern zu werden.
Denn: Leser stecken Leser an.

1. Hilfe, mein Kind will nicht lesen! Was habe ich falsch gemacht?

Eltern machen sich Vorwürfe: Sie haben das Gefühl, es ist etwas schief gelaufen. Aber schon der Blick auf Geschwisterkinder lehrt, dass kein Kind ist wie das andere. Und Eltern sind nicht allmächtig. Es gibt „unerwartete Nichtleser", wie es „unerwartete Leser" gibt. Die erste Regel für die Leseerziehung ist Geduld – und Respekt vor der Persönlichkeit des Kindes. Und das von Anfang an.

2. Für das Lesen-Lernen ist doch die Schule da! Sollen sich Eltern etwa als Hilfslehrer einspannen lassen?

Nein, ganz und gar nicht. Denn die grundlegenden Leseerfahrungen machen Kinder schon in der Kleinkindzeit in der Familie. Wenn die Mutter oder der Vater Bilderbücher mit ihnen anschauen, lernen sie, dass die Welt hier noch einmal da ist – in symbolischer Darstellung. Darauf folgt das Geschichten-Erzählen und danach das so wichtige Vorlesen. Damit ist ein Fundament gelegt für alle späteren Leseerfahrungen.

3. Alltag mit Kindern ist Hektik und Stress. Wie soll man da Freude am Vorlesen finden?

Gegen Alltagsstress hilft nur ein Mittel: bewusst Ruhezonen einzurichten. Schaffen Sie Rituale des Vorlesens zu festen Zeiten, zum Beispiel nach dem Kindergarten, abends vor dem Einschlafen. Sie selbst werden die Ruhe auch genießen, das dichte Beisammensein mit Ihrem Kind. Vorlesen wird dann zu einer einzigartigen Situation, weil Sie die Gedanken und Gefühle Ihres Kindes kennen lernen.

4. Wenn aber mein Kind überhaupt nicht zuhört, sich gar nicht konzentrieren kann?

Haben Sie schon einmal darauf geachtet, dass Sie Geschichten nicht nur herunterlesen? Bei schwierigen Worten ist es besser, selbst zu erzählen. Auf jeden Fall sind Pausen wichtig, damit Fragen gestellt werden können. Versuchen Sie, die Ereignisse in der Geschichte mit ähnlichen Erfahrungen Ihres Kindes zu verbinden. Und für die Erklärung der Illustrationen ist natürlich das Kind „Experte". Vorlesen sollte ein Gespräch sein, kein Monolog.

5. Mein Kind will nicht selber lesen, weil es so schön ist, vorgelesen zu bekommen. Habe ich nur Bequemlichkeit erreicht?

Sicher nicht. Aber Sie sollten wissen, dass viele Kinder das Lesen benutzen, um die Zuwendung ihrer Eltern zu erzwingen. Nicht-Lesen kann ein versteckter Protest sein. Oft ist es aber auch ein Zeichen dafür, dass das Kind noch viel Hilfe, viel Beachtung und viel Lob für seine Lesefortschritte braucht. Damit sollten Sie nicht geizig sein! Und wie wäre es mit abwechselndem Vorlesen?

6. Es gibt so viele Kinderbücher, dass man nicht weiß, was man kaufen soll. Wo bekomme ich Hilfe?

Sie müssen gar nicht kaufen. In der Bibliothek können Sie anschauen, auswählen, ausleihen – und sich beraten lassen. Auf Beratung haben Sie auch in der Buchhandlung Anspruch. Vor allem aber können Sie die Erzieherin oder Lehrerin ihres Kindes bitten, eine Buchaufstellung zu machen und gezielte Lesetipps zu geben.
(Eine sehr gute Hilfe zur Auswahl sind die beiden Kataloge des Arbeitskreises für Jugendliteratur München: Das Bilderbuch – eine Auswahl empfehlenswerter Bilderbücher – hrsg. von Doris Breitmoser und Bettina Stelzner, München 2003, 12. Aufl.; und: Das Kinderbuch – eine Auswahl empfehlenswerter Kinderbücher – hrsg. von Doris Breitmoser und Monika Blume, München 2000, 4. Aufl.)

7. Unser Jüngster liest nur Comics. Ein Medium für Analphabeten?

Das ist eine längst überholte pädagogische Ansicht. Comics sind vor allem für Jungen oft eine Brücke zum Bücherlesen. Überhaupt brauchen Kinder, denen das Lesen noch Mühe macht, viele Bilder, eine große Schrift und Texte in kleinen Portionen. Auch Sachbücher mit vielen Abbildungen oder Kinder- und Jugendzeitschriften können da interessant sein.

8. Warum kommt man mit „guten Büchern" bei Kindern oft so schlecht an?

Kinder müssen ihren eigenen Lesegeschmack entwickeln. Hier zählen nicht nur die Interessen der Eltern. Auch die Freunde und Freundinnen spielen eine Rolle. Am besten ist ein gemischtes Angebot. Das Gefühl für Qualität kann sich nur am Unterschied ausbilden.

9. Sollte man Kinder von anderen Medien fernhalten, wenn man ihr Lesen fördern will?

Nein, denn es stimmt nicht, dass die Medien sich gegenseitig verdrängen. Stattdessen kommt es auf einen günstigen Medienmix an. Auch gibt es viele Medienangebote, zum Beispiel im Kino, im Fernsehen, auf Kassette oder CD-ROM, die Bücher verwerten – oder umgekehrt. Und bei den Printmedien sind nicht nur Bücher interessant, sondern mit wachsendem Alter der Leser auch Zeitschriften und Zeitungen.

10. Ist das Lesen nicht überflüssig geworden, seit es die „Neuen Medien" gibt?

Es könnte so aussehen, als Hörfunk und Fernsehen „neu" waren. Heute ist klar, dass die neuesten elektronischen Medien eine gut ausgebildete Lesekompetenz voraussetzen. Lesen ist keineswegs überflüssig, sondern eher wichtiger geworden. Man sollte es können – egal in welchem Medium.

Noch einige **zusätzliche Tipps für Eltern und Erzieher/-innen**, die den Kindern das Schmökern schmackhaft machen können (nach: Lorenz 2003):

- Sorgen Sie für genügend und vor allem abwechslungsreichen Lesestoff. Neben Kinderbuch-Klassikern und „Rennern" wie Harry Potter sollten ansprechend gestaltete Sachbücher und Nachschlagewerke zur Verfügung stehen. Achten Sie dabei sorgsam auf Sprache, Textmenge und Aufmachung eines Buches.

- Besorgen Sie zu einem Hobby oder Interessengebiet Ihres Kindes ergänzende Literatur. Es gibt auch niveauvolle Kinderzeitschriften. Aufwändig gestaltete Sachbücher können Wissensdurst und Leselust wecken.

- Beschaffen Sie Ihrem Kind einen Leihausweis für eine öffentliche Bücherei. Gehen Sie gelegentlich gemeinsam mit Ihrem Kind dort stöbern.

- Zeigen Sie Interesse für die Lektüre Ihres Kindes. Versuchen Sie auch, Ihre Kinder für Ihre eigenen Bücher zu interessieren: Vielleicht haben Sie zum Beispiel noch Bücher aus Ihrer Kindheit, die Sie geliebt haben. Erzählen Sie Ihren Kindern davon.

- Auch der Besuch einer Autorenlesung kann die Lust aufs Lesen wecken.
- Vergessen Sie nicht: Auch hier sind Sie Vorbild Ihres Kindes. Nur wer selbst viel liest, kann das auch von seinem Kind erwarten.

Quelle, Literatur

Hurrelmann, Bettina: Lesen: 10 Antworten. In: Medienpädagogischer Forschungsverband Südwest, Baden-Baden (o.J.)
Lorenz, Katharina: Gegenseitiges Vorlesen kann die Lust am Schmökern wecken. In: Kath. Sonntagsblatt. Kirchenzeitung der Diözese Rottenburg-Stuttgart. Ausg. 6/2003, S. 25. Ostfildern
Stiftung Lesen: Kinder wollen Bücher. Mainz 1998 (Loseblattsammlung mit Video zur Leseförderung der Kinder)

Wiederholungsfragen

1. Welche Themen behandeln Kinderbücher (Abschnitt 3.3.1)?
2. Was kennzeichnet ein gutes Kinder- und Jugendbuch (Abschnitt 3.3.2)?
3. Wie können Eltern und Erzieherinnen Kinder zum Lesen motivieren (Abschnitt 3.3.4)?

Anwendungsfragen

Fertigen Sie eine Inhaltsangabe an über ein Kinderbuch der Autor(inn)en: Peter Härtling, Astrid Lindgren, Christine Nöstlinger. Interpretieren und beurteilen Sie dieses Kinderbuch (analog Abschnitt 3.3.2).

3.4 Kinder- und Jugendzeitschriften

3.4.1 Typen von Kinder- und Jugendzeitschriften

Die Kinderzeitschrift im Wandel

Das Angebot an Kinderzeitschriften war schon im 18. Jahrhundert, als das „Leipziger Wochenblatt für Kinder" als erstes kinderspezifisches Presseerzeugnis erschien, verhältnismäßig umfangreich. Geistliche und Pädagogen hatten eine weitere Möglichkeit entdeckt, Kindern gehobener Schichten deutlich zu machen, welche Rolle ihnen die Gesellschaft zugeteilt hatte. In Geschichten und Märchen erhielten die Leser eine Lehrstunde in gesellschaftskonformem Benehmen, die durch Rateaufgaben, Sachinformationen und Ähnliches aufgelockert wurde.

Der Aufbau der Kinderzeitschriften hat sich in den letzten zwei Jahrhunderten nur geringfügig gewandelt. Der Zeitschrift haben sich lediglich weitere Medien hinzugesellt, die mehr oder weniger bewusst Normen transportieren. Dennoch sollte die Kinderzeitschrift nicht generell verurteilt werden. Der Vorteil einer Zeitschrift im Vergleich zu anderen, speziell audiovisuellen Medien, liegt darin, dass eine ausführliche Beschäftigung mit den Inhalten möglich ist: Ein Text kann mehrfach gelesen, ein Bild wiederholt angeschaut werden. Eine solche ausführliche Beschäftigung ist zugleich die Grundvoraussetzung für kritischen und bewussten Umgang mit dem Medium.

Typologie

Rogge (1984) schlägt folgende Einteilung für Kinder- und Jugendzeitschriften vor:

- Die „monothematische" Kinder- und Jugendzeitschrift: lediglich ein Thema steht im Vordergrund, zum Beispiel „Tu was" (Ökologie) oder „Geschichte mit Pfiff". Dazu gehören auch viele Erwachsenenzeitschriften, wie zum Beispiel Sportzeitschriften, die vor allem von Jungen häufig gelesen werden.

- Die „mehrthematische" Zeitschrift (Mischung aus mehreren, Kindern und Jugendlichen interessierenden Themen).

- Die „Spezial-Musikzeitschrift".

- Die „Zielgruppenzeitschrift", zum Beispiel „Mädchen".

- Die „Comic-Zeitschrift".

- Der „pädagogisch-konfessionell orientierte Mischtyp", zum Beispiel „X-Mag" in der Nachfolge der „Junge Zeit".

Kinderzeitschriften als gewinnbringendes Marktprodukt

Bei dem großen Angebot an Presseerzeugnissen für Kinder und Jugendliche ist es heute jedoch schwer zu entscheiden, welches die beste Zeitschrift ist. Dies ist um so schwieriger, da sich gerade die Hefte, die an Kiosken und anderen Verkaufsstellen ausliegen, nur geringfügig unterscheiden. Sie enthalten in der Regel neben verschiedenen Comics, Rätsel, Bastelvorlagen auch Seiten zum Ausmalen und Geschichten, in deren Mittelpunkt die Titelfigur steht, zum Beispiel „Goldbärchen" (in Anlehnung an Süßwaren).

Die Produzenten solcher Zeitschriften verwenden Namen, die erfolgversprechend klingen, angefangen von „Heidi" und „Biene Maja" nach Fernsehserien bis zu „Power Rangers", „Pokémon", „Dragon Ball" und ähnliche. Immer häufiger sind solche Zeitschriften nur Teil eines Medienverbundes. Als Magazin zur Unterhaltung und Ablenkung mögen solche Hefte geeignet sein, wenn die Sendeform nicht gerade „Ecken und Kanten" oder gar für Kinder „schwer verdaulich" ist. Viele Erwachsene, die selbst zu Unterhaltungszeitschriften greifen, erwarten jedoch darüber hinaus von den Kinderzeitschriften auch Informationen. Diesem Interesse, das Kinder ja schon früh haben, kommen die oben beschriebenen Zeitschriften kaum entgegen. Da eignen sich eher Hefte, die aufgrund pädagogischer Überlegungen hergestellt werden, und die gleichzeitig versuchen, ihre Zielgruppe ernst zu nehmen.

Bekannte Kinderzeitschriften – eine Übersicht (nach Marquardt 1995):

Kioskzeitschriften

Rolf Kaukas **Bussi Bär** (Verlagsunion E. Pabel-A. Moewig Rastatt). **Kinderrätsel** (M. Kelter Verlag Hamburg). **Kunterbunte Kinderkiste** (Proclama-Verlag Weichs). **Benjamin Blümchen/Conny** (Bastei Verlag Bergisch Gladbach). **Wendy** (Ehapa Verlag Stuttgart). **Mein kleines Pony** (Ehapa-Verlag Stuttgart). **Sesamstraße** (Condor Verlag Frankfurt). **Regina/Goldbärchen** (Conpart Verlag Berlin). **Dumbo** (Ehapa Verlag Stuttgart). **Bambi** (Ehapa Verlag Stuttgart).

Abonnementszeitschriften

spielen und lernen/Treff (Velber Verlag Seelze). **Spatz** (Klens Verlag Düsseldorf). **Teddy/Ted aktiv** (Verlag J.F. Schreiber Esslingen). **Benny** (Verlag W. Werk Augsburg). **Flohkiste 1** (6-7 Jahre); **Flohkiste 2** (7-9 Jahre); **Foh** (ab 9 Jahre, Domino Verlag München). **Mücke** (Universum Verlagsanstalt Wiesbaden). **Mücki und Max** (Universum Verlagsanstalt Wiesbaden). **Bimbo/Tierfreund** (Verlag Deutscher Tierschutz-Dienst Nürnberg). **Staffette** (J.M. Sailer Verlag Nürnberg).

> **Hinweis**
>
> Ein Verzeichnis sämtlicher Abonnementszeitschriften mit Inhalts-, Alters- und Preisangabe kann vom Deutschen Medienwerk, Fischtorplatz 23, 55116 Mainz; e-Mail: Lydia.Ewald@StiftungLesen.de bezogen werden.

Quelle, Literatur

Meier, Bernhard: Zwischen Pädagogik und Kommerz. Zeitschriften für Jugendliche. In: Kaminski, Winfred/Scharioth, Barbara (Hrsg.): Jugendliteratur. S. 83ff. Arbeitskreis für Jugendliteratur. München 1986, 1. Aufl.

Meier, Bernhard: Zeitschriften für Kinder- und Jugendliche. In: Lange, Günter (Hrsg.): Taschenbuch der Kinder- und Jugendliteratur, Bd. 2, S. 637ff. Schneider Verlag Hohengehren, 2000

Marquardt, Manfred: Einführung in die Kinder- und Jugendliteratur. Kap.: Kinder- und Jugendzeitschriften. S. 192ff. Stam Verlag Köln 1995, 9. Aufl.

3.4.2 Die Jugendzeitschrift „BRAVO"

Als Marktführer bei den Jugendzeitschriften soll „Bravo" vorgestellt und bewertet werden (Auflage Stand 1/2002 wöchentlich: 805.000; „Bravo-Girl" 14-tägig: 413.000).

Leserschaft

Bravo wendet sich an Dreizehn- bis Sechszehnjährige (wird aber bereits schon von Zehnjährigen gelesen), also an Jugendliche in der Pubertät und Vorpubertät. Etwa viermal soviel Mädchen als Jungen lesen die Zeitschrift. Die Leser/-innen stehen in ihrer seelischen Situation in der Auseinandersetzung mit dem Elternhaus, der Schule und den Gleichaltrigengruppen. Wesentliches Merkmal der Pubertät ist das Lernen, mit der eigenen Sexualität umzugehen, Partnerbeziehungen anzuknüpfen, sich in Gruppen einzufügen, sich unterzuordnen und dennoch seine Stellung zu behaupten. Jugendliche suchen ihre Identität (wie sehe ich mich, wie sehen die anderen mich, wie möchte ich sein, wie möchten die anderen mich haben?).

Programm

Die Redaktion bietet dem Jugendlichen etwas an, das er sonst nicht findet, einen Raum des Träumens und der Zuflucht vor den bedrängenden

Problemen des Alltags, der Schule, des Elternhauses, des Berufes. Die Bravo-Redaktion hat schon des Öfteren behauptet, Bravo wolle nicht informieren sondern unterhalten. Sie gehe auf die Fragen und Bedürfnisse der Jugendlichen ein und wecke keine Bedürfnisse, wie es der Zeitschrift vorgeworfen werde. Die Zeitschrift wird im Jahre 2006 ihr 50-jähriges Jubiläum feiern. Der Inhalt hat sich kaum geändert. „Bravo" ist eine Zeitschrift „ohne" Inhaltsverzeichnis, das heißt, dass sich der Aufbau der Zeitschrift seit dem ersten Erscheinen kaum geändert hat:

Bravo – Kino – Wochenschau,

Stars aktuell,

Bravo – Musik – Infos,

Aktuelle Porträts,

Poster/Porträts,

Fernsehen,

Sport,

Mode,

Serien in Wort und Bild, zum Beispiel Lovestorys,

Aufklärung/Beratung,

Unterhaltung,

Bravo Rubriken.

Der Star steht im Mittelpunkt

Informiert wird durch Bilder und kurze Begleittexte. Bravo bevorzugt plastisch wirkende Porträts und Aktionsbilder, oft mit Signalfarben umrandet. Bravo teilt Erfolge der Stars mit. Er oder sie ist attraktiv und nachahmenswert, durch Glück und Erfolg zu Ruhm gekommen, hat hohes Ansehen und einen hohen Lebensstandard. Er oder sie ist Verbrauchervorbild (Haartracht, Kleidung, Wohnung, Verhaltensweisen …).
Bravo bietet in den Stars *personale Identifikationsangebote*. Das nationale und internationale Angebot an Stars (Film, TV, Musik) ist unübersehbar. Bravo trifft eine Starauswahl für seine Leser. All diese Stars nehmen ihren Beruf ernst und arbeiten hart, alle haben kleine menschliche Schwächen, sie kommen häufig aus kleinen Verhältnissen, sie verehren ihre Eltern, sie machen „Geständnisse", verraten „Geheimnisse", sie verdanken den Fans ihre Karriere, bleiben auch im Reichtum menschlich, lieben die „Privatheit" und kennen meistens keine Politik. Sie haben Herz. Sie umgeben sich mit Statussymbolen des Luxuskonsums. Sie lieben ihre Heimat. Diese repräsentativen Grundmuster lassen sich etwa folgendermaßen umschreiben: Luxusstars, harte Männer, großer Junge, zahme Wilde.

Der Luxusstar

Er ist umgeben von Reichtum, ausgedrückt in Sachwerten. Entfernt ihn der Besitz von seinen Verehrern, so rückt er wieder in Identifikationsnähe durch die Haltung, in der er den Luxus leicht und lässig beherrscht. Das Idol als Muster, als immergleiche Schablone wird angeboten mit einem kleinen Anschein von Originalität, Individualität. Luxusstars sind das Non-plus-ultra einer wünschenden Phantasie und als solche in der Tat „Könige", Giganten oder einfach „Top".

Großer Junge (sauberes Mädchen)

Die Idole diesen Typs erlauben so weitgestreute Identifikationsmöglichkeiten, dass eigentlich jeder sie gern haben muss; und das ist fast wörtlich zu nehmen. Der „große Junge" ist lieb und charmant, unkompliziert und nett, fröhlich und freundlich. Er hat ein Herz für alle und stellt sich ganz auf seine Fans ein. Motto: „Ich bin wie ihr!" Er durchleidet oder hat durchlitten, was seine jugendlichen Verehrer alle kennen: Liebeskummer, Angst, Konflikte mit den Eltern, Schulnöte, Schwierigkeiten bei der Berufswahl. Der große Junge ist schließlich unverheiratet und wartet auf die große Liebe (wie seine Fans). Darum lieben sie sich gegenseitig: er liebt sie alle und sie alle ihr kollektives Idol.

Harte Männer

Harte Männer lächeln nicht in die Kamera, sie sind ständig auf dem Sprung, schlagen zu, sind voller Kraft und Geschicklichkeit. Sie stehen in Pose, blicken mit entschlossenen Augen. Nur Frauen machen sie schwach. Ihnen gegenüber sind sie Kavaliere, charmante Plauderer, Beschützer. Sie schaffen Ordnung und sorgen für Gerechtigkeit.
Die Funktion der Identifikationsangebote vom Typ „Harte Männer" ist ziemlich eindeutig: Einladung an den Leser zur Identifikation mit der Vaterautorität, die sich allerdings, im Unterschied zur womöglichen Schwäche des eigenen Vaters durch Lebenserfolg und Selbstsicherheit auszeichnet. Die Gefahr, dass so viel Sicherheit, Tollkühnheit, Kaltblütigkeit und in sich ruhende Charakterstärke den jugendlichen Leser einschüchtern könnten, begegnet Bravo durch Hinweise auf den weichen Kern des harten Mannes, auf sein Herz, das unter der rauen Schale schlägt. Kleine Schwächen leistet darüber hinaus auch er sich, so dass die Identifikationsnähe wieder hergestellt ist.

Zahme Wilde

Was die Darstellung von Musikgruppen angeht, so werden deren progressiven „revolutionären" Züge auf die äußere Erscheinung reduziert. Eine durchgehende Tendenz, die wilden, aufsässigen, unangepasst auftretenden und schockierend wirkenden jungen Musiker in ein bürgerliches Gehege zu stecken, ist unverkennbar. Die Funktion der „zahmen Wilden" als Identifikationsobjekt liegt, im Gegensatz zu den bisher besprochenen Idolen, in dem kollektiven Charakter dessen, wofür sie stehen. „Musikverrücktheit", Gefühl, Ungebundenheit, Enthemmung, Aggressionsabfuhr. So fördert die Identifikation mit den „zahmen Wilden" einerseits die Abfuhr von Aggressionen, das Luftmachen, das Mal-so-richtig-auf-die-Pauke-Hauen; gleichzeitig dient sie aber auch der Einübung in die Beschränkung und Beschneidung aufs Private.

Lebensberatung

Die Sprechstunde beim Dr. Sommer-Team ist ein wichtiger Bestandteil der Zeitschrift, weil die Leserbriefecke fast immer zuerst aufgeschlagen wird. „Was dich bewegt". Man will ja wissen, was andere Jugendliche für Probleme haben. Dem „Arzt und Psychologen" könnt ihr alles sagen, ihn alles fragen, wenn ihr Konflikte in der Liebe, Schule, Beruf oder Familie habt. Wenn ein Fall nicht beantwortet werden kann, wird vorsichtig auf andere Beratungsstellen hingewiesen. Aber gegen Fernberatung lassen sich Bedenken äußern. Es wird nachdrücklich auf Verhütung hingewiesen. Die Problematik früher fragwürdig motivierter Bindung wird genannt. Das private Luststreben wird eher als technisches Problem gesehen. Die Serien rücken die personale Verpflichtung und Verantwortung der Partner nicht in den Blick. Die Sexualität erscheint mehr als eine wertneutrale Triebbefriedigung mit formalen, inhaltsleeren Sätzen dargestellt. Hier liegt das entscheidende Problem, denn diese Lebensfrage wird vereinfacht und heruntergespielt. Es wird ein überholtes Triebmodell mit „Dampfkesselideologie" angeboten. Meist findet nur Enthüllung statt Aufklärung statt. Die Erfüllung der persönlichen Lustwünsche (und diese möglichst sofort!) wird als leicht und psychisch problemlos dargestellt. Die irrige Annahme wird verstärkt, Jugendliche stünden der Sexualität nur vergnügt gegenüber. Ethische, menschliche und erst recht weltanschauliche Wertüberlegungen und -setzungen bleiben unberücksichtigt, zum Beispiel, dass Sexualität allein kein tragender Faktor einer Partnerbeziehung sein kann. Es werden wohl echte seelische Nöte und Bedürfnisse angesprochen, aber fast immer zu einer Pseudobefriedigung geführt.

Werbung

Wofür wird in Bravo geworben? Kosmetika, Kleidung, Autos, Radio, Videos, CDs ...
Das wichtigste Angebot, das Bravo macht, ist die Einübung in das Konsumieren. Dabei ist nicht an die direkte Aufforderung zum Kauf durch Werbung gedacht, sondern an die im redaktionellen Teil durch Text und Bild mitgelieferten käuflichen Angebote. Die Strategie der Bravo-Redakteure ist, die Wünsche, Erwartungen, Sehnsüchte und Hoffnungen der Teenager in die verdinglichte Form käuflicher und konsumierbarer Objekte umzuwandeln. Bei der Kleidung geht es vornehmlich um die Steigerung

des Selbstwertgefühls der Jugendlichen. Motto: „Kleider machen Leute". Das Traumhaus vereinigt alles in sich, was sich der kleine Mann so wünscht. Das Auto aber spielt eine ganz besondere Rolle in Bravo. Bei den vorgestellten Fabrikaten handelt es sich um Traumautos der Spitzenklasse. Was sich auf höchster Ebene (Superstar = Superauto) als sichtbare Realisierung gesellschaftlicher Leitvorstellungen darstellt, enthält gleichzeitig an den Jugendlichen die Aufforderung zur Identifikation, und zwar zur Identifikation mit einem aufs Konsumieren ausgerichteten Leben: Alles Erstrebenswerte ist käuflich, erstrebenswert ist das Käufliche. Identifiziere dich mit dem allgemein Erstrebenswerten!

Didaktisch-methodische Anregungen für den Unterricht

- Rollenspiel: (Konfliktvorgabe durch die Lektüre eines Leserbriefes, ohne die „Lösung" der Redaktion zu kennen; Lösungsversuche im Rollenspiel; Vergleich: eigener Entwurf/Leserbrief-Antwort; oder: Schreiben einer eigenen Antwort auf den Leserbrief, Vergleich mit der Antwort des Dr. Sommer-Teams; oder: Wie würden Sie als Erzieher/-in die Frage persönlich beantworten?)

- Pro- und contra-Gespräche (Rollenspiel), zum Beispiel Idole in Bravo:

  pro: Pubertierende Jugendliche brauchen eine Scheinwelt für die emotionale Entfaltung; Kompensation der harten Alltagswelt durch Phantasie/Realitätsflucht;

  contra: Identifikationsbedürfnis wird schamlos ausgenutzt durch penetranten Starkult; die entstehende Traumwelt ist real wohl nie erreichbar: Phantasie.

- Filmgespräch über: „Petting, Pop & Leserbriefe (Bravo)". 1995, 45 Min. (EMZ, VC 1573).

Quelle, Literatur

Knoll, Joachim H./Stefen, Rudolf: Pro und Contra Bravo. Nomos Verlagsgesellschaft Baden-Baden 1. Aufl. 1978

Knoll, Joachim/ Monssen-Engberding, Elke (Hrsg.): Bravo, Sex und Zärtlichkeit. Forum Verlag Gjkodesberg 2000

Scarbarth, Horst/Straub, Veronika (Hrsg.): Die heimlichen Miterzieher (u.a. Dr. Sommer & Co. als pädagogischer Lückenbüßer? S. 133ff.). Katholische Akademie Hamburg 1986

Stiftung Lesen (Hrsg.): Zeitschriften in der Schule. Arbeitshilfen für Schule und Jugendbildung. Mainz 2002

Weyrauch, Jan: Boygroups – Das Teenie-FANomen der 90er; vor allem das Experten-Interview: „Das Bild ist das Wichtigste" – Boygroups und die Teenie-Magazine; Interview mit Norbert Lalla von der Bravo. S. 56 ff. Extent Verlag Berlin, 1. Aufl. 1997

Wiederholungsfragen

1. Stellen Sie Arten (Typen) von Kinder- und Jugendzeitschriften dar und nennen Sie dazu jeweils ein charakteristisches Beispiel (Abschnitt 3.5.1).
2. Erläutern Sie den Inhalt der Jugendzeitschrift „Bravo" und ihre Identifikationsangebote für Jugendliche (Abschnitt 3.5.2).

Anwendungsfragen

1. Lassen Sie von Kindern oder Jugendlichen aus Bravo-Heften Bilder, Texte … ihrer Wahl zu einem übergreifenden Thema ausschneiden und eine Collage erstellen. Sprechen Sie mit den Teilnehmer(inne)n, was sie mit ihrer Collage ausdrücken wollen.
2. Stellen Sie mit Kindern oder Jugendlichen eine eigene Bravo-Ausgabe her (evtl. eine Anti-Bravo; witzige, satirische Beiträge sind erwünscht!).

3.5 Das Jugendbuch

Der Begriff „Jugendbuch" umfasst im Allgemeinen alle Bücher, die für Heranwachsende vom zwölften Lebensjahr an gedacht beziehungsweise konzipiert sind. Es sind ähnlich wie beim Kinderbuch sowohl phantastische als auch realistische Texte, die als Leseangebot den Jugendlichen zur Verfügung stehen.

3.5.1 Bereiche der erzählenden Jugendliteratur

Auch hier soll die aktuelle Einteilung der Jugendbücher von Breitmoser/Stelzner (2002) übernommen werden:

Was heißt denn schon Familie?
Über Eltern, Kinder, Kindeskinder

Durch dick und dünn
Freundschaft mit allen Höhen und Tiefen

Ich, Über-Ich – wer bin ich?
Auf der Suche nach der eigenen Identität

Herzklopfen
Liebe, Sexualität und Eifersucht

Nur für Mädchen?
Frauenleben – Frauenthemen

Total normal?
Von Außenseitern und vom Anderssein

Und bist du nicht willig …
Gewalt und wie man sich dagegen wehren kann

Hart an der Grenze
Extremsituationen und Wendepunkte

Unterwegs
Auf Reisen – auf der Flucht

Im Sog der Metropole
Kult und Szene in der Großstadt

Die Welt ist ein Dorf
Bücher entführen in fremde Länder

Verdammt lang her
Wie es früher war: Geschichte und Geschichten

Zwischen gestern und morgen
Zukunftsszenarien, Utopien und Fantasy

Wissen ist Macht
Sachbücher und Nachschlagewerke

Christine Nöstlinger

Ilse Janda, 14

oder
Die Ilse ist weg

Oetinger

3.5.2 Beispiel „Ilse Janda, 14 oder Die Ilse ist weg" (Christine Nöstlinger, bei Oetinger, Hamburg 1974)

(Kurzportrait von Christine Nöstlinger siehe Kapitel 3.3.3.3)

Inhalt

„Ilse ist nicht hübsch oder lieb oder nett oder wie man das so sagt. Sie ist schön", erzählt die jüngere Schwester Erika. Und eines Tages sagt die 14-jährige Ilse: „Wenn's mir zu bunt wird, dann geh ich eben." Erika kapiert nicht gleich. Vielleicht will sie in ein anderes Zimmer oder aufs Klo. Das ist nämlich Erikas Zufluchtsort, wenn Mama zu lange mit ihr schimpft. Aber dann sagt Ilse noch: „Mir hängt das alles sowieso zum Hals heraus. Mir geht das auf die Nerven. Mir geht das so auf den Hammer, dass ich schreien möchte." Und sie verschwindet aus ihrer Familie in Wien, die man weder eine ganz intakte noch eine völlig zerrüttete Familie nennen kann. Die Mutter ist zum zweiten Mal verheiratet. Die beiden älteren Mädchen sind aus der ersten Ehe, Tatjana und Oliver aus der zweiten mit jenem Mann, zu dem Ilse und Erika „Kurt" sagen, die jüngeren Geschwister aber „Papa".

Ilse läuft also von zu Hause weg, und Erika stellt Nachforschungen an, wo sie steckt, weil sie sich verantwortlich fühlt, weil sie die Schwester gern hat, weil sie viel Verständnis für sie hat. Es wird aber auch erzählt, was dem Fortlaufen von daheim vorausging: Eltern, die ein bisschen zu streng sind, eine Tochter, die schwindelt, was zu einer Eskalation der Strenge führt. Gereiztheiten bei Eltern und Kindern. Aus der Suche nach Ilse macht die Autorin fast einen Krimi. Und das Ende: Ja, da ist eigentlich alles noch einigermaßen gut abgegangen. Der „Viertelplayboy", mit dem Ilse fort wollte, hat sie, als er hörte, wie alt sie in Wirklichkeit ist, bis zur Grenze gebracht und sie dort in einem Restaurant sitzen lassen. Fast ein Happy-End. Trotzdem heißt der letzte Satz des Buches: „Ich habe Angst. Nicht nur um Ilse. Ich habe um uns alle Angst." Man wird Erika recht geben. Diese Familie Janda, alles andere als eine Ausnahmeerscheinung, ist, kritisch und unkonventionell betrachtet, tatsächlich erschreckend genug. Das Buch ist auch eine Variation über den Mangel an Liebe in unseren Familien, ein Mangel, unter dem viele Kinder und Jugendliche heute leiden.

Interpretation

Zum Entstehungsprozess des Buches hat sich die Autorin selbst in einem Brief an den Lektor geäußert. Darin heißt es:

> „Und heuer, gleich nach den Schulferien, so komisch es auch ist, da ist mir meine eigene Tochter abhanden gekommen. Die ist 14. Ich mein, ich hab sie wieder. Sie wollte mit marxistisch-leninistischen Studenten im Auto nach Heidelberg und Bremen fahren, um dortige

Vereine selbiger Art zu besuchen. Und ich habe nein gesagt. Und sie ist trotzdem. Einfach weg. Während ich beim Fleischhauer um Speck war. Und dann hab ich halt erforscht, wo sie ist, und die Polizei schön außer Acht gelassen, und meinen Mund gehalten, und Geld geschickt und gewartet. Na, und dann war sie wieder da. Nun könnt man ja sagen, dann soll ich einfach aufschreiben, wie's wirklich ist. Und da kommt mein Problem. Ich glaub schon, dass ich weiß, wie es wirklich ist. Aber ich drück mich davor. Es ist so schwierig. Da gibt's doch jetzt schon eine Menge moderner Jugendbücher. So lebensnah! Und die sind grauenhaft, find ich. Zum Beispiel: Sex! Der hat dann in so einem modernen Jugendbuch höchstens eine Nebenfigur. Aber der Hauptheld oder die Hauptheldin, die ringt sich durch oder entdeckt – auf der drittletzten Seite –, dass es höhere und edlere Gefühle im Zwischenmenschlichen gibt. Da könnt ich nicht mithalten. Die Wände in unserer Wohnung sind dünn, und wenn die mittelständischen Freundinnen meiner großen Tochter im Kinderzimmer von den Partys und abendlichen Spaziergängen mit den Jungmännern berichten, dann hör ich das. Ich weiß, wie die reden. Ich weiß auch, dass sie gern so was lesen. Aber ob man das schreiben soll? Und ob man's auslassen kann. Ich weiß es nicht …"

Eine ausführliche Interpretation des Buches findet sich in: Klaus Jürgen Dilewsky: Christine Nöstlinger als Kinder- und Jugendbuchautorin: 1995, Seite 124ff. 2. überarbeitete Auflage, Verlag Haag + Herchen 1995.

Zur Diskussion im Unterricht

Ein Kind läuft aus einer Familie fort. Warum läuft es fort? Wie verhalten sich Mutter und Stiefvater? Ist das Interesse von Ilses jüngerer Schwester Erika glaubwürdig – oder vielleicht nur ein Trick, um die Vorfälle um Ilse direkt und zugleich doch distanziert erzählen zu können? Gibt es Stellen in der Geschichte, an der dieser „Kunstgriff" für den Leser zu offensichtlich wird? Von daher: Welche Wirkungsunterschiede kann der Autor damit erzielen, dass er eine Handlung entweder in der ersten oder in der dritten Person erzählt? Wer erzählt eigentlich dann jeweils? Erzählt in unserem Fall tatsächlich Erika, oder ist es doch die Autorin, die Erika vorschiebt, um den Erzählstil zu rechtfertigen, in dem sie am besten ihre Erzählkunst zur Geltung kommen lassen kann? Hat sie Verständnis für Ilses Flucht? Oder neigt Erika mehr der Haltung ihrer Eltern zu? Versucht sie vielleicht sogar zwischen beiden Standpunkten zu vermitteln?
Obwohl die Geschichte von Ilses Davonlaufen eigentlich eine traurige Geschichte ist, müssen wir doch über vieles, was wir da hören, lachen. Wie erklärt sich diese Diskrepanz? Lachen wir aus Schadenfreude, aus Mitgefühl? Oder was löst sonst dieses Lachen aus? Was geschieht mit uns, indem wir über Ilses und Erikas Erlebnisse lachen? Aus höchst verschiedenen Perspektiven (Verhältnis der Personen in der Familiengruppe, Erzählperspektive des Autors, Einsatz des Wiener Stadtdialekts als Mittel der Verfremdung, Humor als Vorgang der Selbstdistanzierung) bietet dieses Buch Anregungen zur Diskussion.

Beurteilung des Jugendbuches

von Silke Jost, Fachschule für Jugend- und Heimerziehung am Institut für soziale Berufe Ravensburg. Hausarbeit 2000:

Unterhaltungswert

„Aus meiner Sicht hat dieses Buch einen sehr hohen Unterhaltungswert. Mit jeder Seite, die man umblättert, fragt man sich aufs Neue: ‚Was kommt jetzt?'. Es macht Spaß, das Buch zu lesen. Die Handlungssituationen wechseln laufend. Es gibt traurige Momente, wenn man mit Erika fühlt, die ihre Schwester verloren hat, das Meerschweinchen Angelika stirbt oder über Oma und Opa Janda berichtet wird. Genauso enthält das Buch aber auch lustige und komische Situationen, in denen man lachen muss, obwohl das Drumherum eigentlich eher dramatisch ist, wie zum Beispiel der abendliche Besuch von Alibaba bei Erika daheim.

Die Sätze sind einfach geschrieben, eben in der ‚Teeniesprache' von Erika. Das macht das Lesen sehr leicht und man kann die Sätze geradezu verschlingen.

Es ist interessant und abwechslungsreich, mal in eine andere Familie hineinzuschnuppern; wie geht es da zu, sind die Eltern auch so streng, wie gehen die Kinder mit ihren Eltern um, haben die Mädchen auch schon einen Freund? Man kann abschalten von seinem eigenen Alltag und einfach mit Erika miterleben oder auch mitträumen, wenn sie von ihrer Schwester schwärmt und an deren Träume glaubt.

Spannung und der Reiz des Unbekannten

Spannung bleibt durch das ganze Buch vorhanden, ab und zu gibt es kleinere ‚Erholungspausen', die sich aber nicht zu einer Flaute entfalten, in der man einige Seiten lieber überspringen würde.

Direkt zu Beginn des Buches wird man mit der dramatischen Tatsache konfrontiert: ‚Ilse ist weg. Ilse kommt nicht wieder …' Der Leser fragt sich, wo hält sich Ilse auf, was macht sie? Darüber nachzudenken ist spannend, denn nicht jedes Mädchen ist mit 14 Jahren schon allein unterwegs, läuft weg mit eigenen Plänen und Zielen, macht, was es will.

Der Leser wird neugierig, weshalb Ilse verschwunden ist. Sind die bösen Eltern Schuld, gab es eine Liebesgeschichte, hat sie jemand ‚freiwillig entführt"? Eigentlich glaubt man nicht daran, dass Ilse wieder zurück kommt.

Im zweiten Drittel des Buches kommt dann die unerwartete Wende: Erika wird misstrauisch und muss feststellen, dass ihre Schwester sie angelogen hat. Fragen schiessen einem durch den Kopf, wenn man liest, dass Erika die Amrei auf dem Heimweg von der Schule antrifft und Amrei aussagt, dass sie Ilse schon seit langer Zeit nicht mehr gesehen habe.

Weiter begleitet den Leser die Frage, wie Erika nun reagieren wird. Durch ihren plötzlichen Kampfgeist, Nachforschungen über Ilses Verbleib zu betreiben, steigert sich die Spannung: Der Leser schlüpft mit in die Detektivrolle der kleinen Schwester.

Erika begibt sich in so manche unbekannte Situationen; wer klingelt schon einfach so an der Haustüre des schönsten Jungen der Oberstufe und fragt dort nach seiner Schwester? Oder: wie verhält man sich, wenn man mit einem auffällig peinlichen Jungen in eine Kneipe geht? Erst im letzten Teil des Buches klärt sich Ilses Verschwinden auf, doch die Spannung bleibt, denn nun stellt sich die Frage: Kommt Ilse wieder zurück, bleibt sie bei dem jungen Mann, muss sie in ein Heim?

Die Spannung, die dieses Buch durchgehend begleitet, steigt und fällt mal mehr, mal weniger. Sie trägt dazu bei, dass man das Buch in wenigen Stunden verschlingen kann. Selbst am Schluss ist es noch spannend, wenn man sich die Frage stellen muss, wie es mit den beiden Geschwistern weitergehen wird.

Realität und innere Wahrheit

Dieses Buch ist sehr realistisch. Es gibt eine Menge ‚Ilses', die sich in eine andere Lebenswelt flüchten möchten, weil sie mit ihrer derzeitigen nicht zurechtkommen. Manche träumen nur davon, manche laufen wirklich weg, manche nehmen sich sogar das Leben.

Viele Bücher berichten vom ‚Abhauen', jedoch wohl überwiegend aus der Sicht des Verschwundenen und was dieser erlebt.

‚Patchwork-Familien' sind heute keine Seltenheit mehr und nur zu oft kommt es vor, dass sich das eine oder andere Kind bei dem ganzen Durcheinander und Hin und Her allein und im Stich gelassen fühlt. Es findet keine Beachtung, weil die Erwachsenen so mit ihren eigenen Problemen beschäftigt sind.

Ilse hat niemanden, der ihr zuhört, der bereit ist, auf ihre Bedürfnisse einzugehen. Für den Leser ist es spannend zu beobachten: ‚Wie gehen andere damit um, wenn Mutter oder Vater an ihnen vorbeileben?'

Erika ist ratlos, was soll sie mit den neu gewonnenen Erkenntnissen über Ilses Verbleib anfangen? Sie sucht sich Rat und Hilfe bei ihrer Oma. Es tut gut, Hilflosigkeit zugeben zu dürfen und sich an jemand anderen wenden zu können, vorausgesetzt, es gibt „jemand anderen".

Die Eltern streiten sich, der Kontakt zu ihren Schwiegereltern ist auch schwierig. Vor den Kindern schimpft die Mutter über Oma

Janda – den Kindern bedeutet ihre Oma aber sehr viel. Gefühlschaos wird verursacht, etwas sehr Reales auch in unserem Leben: Auf wessen Seite soll ich stehen, wer hat Recht?

Als Erika im Gespräch mit Alibaba von seinem Familienleben erfährt, ist sie völlig erstaunt. Nicht jede Mutter ist so streng wie die ihre. Trotzdem kann – und möchte sie wahrscheinlich auch nicht – ihre Mutter austauschen.

Die Janda-Kinder müssen ihren eigenen Weg finden, wie sie in ihrer Familie überleben oder wie sie bei ihrer Mutter ‚wirkliches Zuhören' erreichen können. Auch als Leser stelle ich mir die Frage: Wie würde ich mit diesem Problem umgehen?

Oma Janda gibt mit ihren Erklärungen Erika etwas Halt: Auch für den Leser ist Oma Janda eine Hilfe. Sie öffnet einem den Blick hinter die Kulissen, erklärt Ilses Verhalten und auch das der Mutter.

Ob die Mutter etwas dazugelernt hat und sich von Kurt auch etwas sagen lässt? Ob die Mutter nun mehr Zeit und Offenheit für ihre Töchter hat, das bleibt offen. Vielleicht hat der Leser die gleichen Fragen. Das macht das Buch so realistisch. Es hat ein offenes Ende, es werden keine Patentrezepte verteilt, vielmehr wirft es im Leser viele Fragen auf.

Einheit der Handlung

Gefühle werden nicht erklärt, man erkennt und versteht sie, wenn man sich in die einzelnen Situationen hineinversetzt. Es ist zum Beispiel völlig logisch, dass Erika sich krank und schlecht fühlt, als sie erkennt, dass Ilse sie angelogen hat. Ilses Verhalten ist verständlich, wenn man ihre Rolle zu Hause betrachtet. Das Verhalten der Personen ist nicht erklärungsbedürftig: Die Einheit besteht in der Handlung.

Adressatenspezifisch

Das Buch ist in einfacher ‚Teeniesprache' aus der Sicht Erikas geschrieben. Es würde komisch wirken, wenn sich Erika gewählt ausdrücken würde. Die Autorin verwendet einfache, meist kurze Sätze, die trotzdem sehr aussagekräftig sind. Für Jugendliche ist dies aus meiner Sicht überhaupt keine Überforderung beim Lesen.

Man kann sich sehr gut in die Rolle der einzelnen Personen hineinversetzen, wütend werden, weil die Mutter überhaupt nicht auf ihre Tochter eingehen will. Der ‚Mutter-Tochter-Konflikt' oder das ‚Überleben in einer Familie, in der ich keinen Platz habe', sind hochaktuelle Themen, die Teenager in jeder Generation erleben. Damit spricht die Autorin auf jeden Fall die geplante Adressatengruppe an. Obwohl das Buch schon seit 26 Jahren auf dem Markt ist, wird dieses Thema immer aktuell bleiben.

Für einen Erwachsenen, dem diese Problematik vielleicht auch selbst noch in Erinnerung ist, wird dieses Buch auch ansprechend sein, so dass er es an einen Jugendlichen weiterempfehlen könnte. Damit ist der Autorin gelungen, auch Erwachsene zu erreichen: manchem Erwachsenen täte es auch ganz gut, dieses Buch zu lesen und darüber nachzudenken, wie viel Zeit habe ich für meine Kinder?

Förderung des Sozialverhaltens

Das für mich eindruckvollste Beispiel ist, dass für Erika ihre Schwester wertvoll ist, trotz ihrer ‚Traum-Geschichten' und trotzdem, dass sie sie angelogen hat; Erikas Zuneigung zu ihr schmälert das nicht.

Für Erika bleibt Oma Janda die geliebte Oma, obwohl ihre Mutter über sie schimpft und keinen Kontakt zu ihr hat. Für Erika ist nicht entscheidend, wie die Oma gekleidet ist, wo sie wohnt und dass es ihr finanziell nicht gut geht.

Alibabas Aussehen (ausgefranste Jeans mit bunten Flicken und Filzstiftzeichnungen, indisches Hemd, Zottelfelljacke, rosa Filzstumpen auf dem Kopf) stellt für Erika zunächst eine Herausforderung dar. Doch als sie ihn näher kennen lernt, wünscht sie sich, dass er ihr kumpelhafter Freund sei. Erika hat keine Vorurteile, sondern versucht, die Menschen kennen zu lernen.

Oma Jandas Antwort: ‚Um zu merken, dass jemand lügt, muss man sich schon für das interessieren, was derjenige sagt' zeigt, wie sie sich in Ilse hineinversetzen kann. Sie kann zuhören.

Trotzdem will sie mit ihrer Schwiegertochter (Ilses Mutter) und ihrem Sohn keinen Kontakt mehr halten. Auf Erikas Zureden bemerkt sie, dass sie vielleicht die einzige Hilfe für ihre Schwiegertochter sein kann.

Konflikte werden in diesem Buch ausgetragen. Erika meint: „Wenn die beiden streiten, dann versöhnen sie sich meistens über Nacht". Das vermittelt, dass man Konflikte nicht ewig gähren lassen soll.

Abschließende Meinung

Dieses Buch hat meine eigene Vergangenheit berührt. Ich konnte mich sehr gut mit Erika identifizieren, zumal ich selbst eine rebellische ältere Schwester hatte, die für viel Zündstoff in unserer Familie gesorgt hatte. Ich finde es sehr schade, dass ich dieses Buch jetzt erst zum ersten Mal gelesen habe; es hätte mir und meiner Schwester früher ganz gut getan, vielleicht auch meiner Mutter.

Es hat mir Spaß gemacht, dieses Buch zu lesen, es war spannend vom Anfang bis zum Schluss und ich war nach wenigen Stunden traurig, dass ich schon auf der letzten Seite angekommen war."

3.5.3 Sonntagskind (Gudrun Mebs, bei Verlag Sauerländer Aarau 1986, 7. Auflage)

Inhalt

Die Geschichte spielt in einem Heim, in dem elternlose Kinder aufwachsen. Diese Kinder leben mit der Hoffnung, sonntags von einem reichen Ehepaar abgeholt und verwöhnt zu werden. Die Achtjährige, von der das Buch erzählt, hat lange warten müssen. Sie empfindet sich als hässliches Entlein. Als auch sie endlich fort darf, kommt sie zu einer jungen Frau, die Kinderbücher schreibt und nichts von dem erwarteten Luxus zu bieten hat. Doch sie ist eine lustige und warmherzige Person. Ihre Schlampigkeit und Schusseligkeit geben der Eingeladenen Gelegenheit, selbst aktiv zu werden. Aus gemeinsamen Phantasiespielen, Kümmernissen und Glückserfahrungen entsteht ein Zusammengehörigkeitsgefühl, das stärker ist als das gewohnte Misstrauen der kleinen Heimbewohnerin. Am Schluss scheint es, dass diese nicht nur Sonntagskind für einen Tag ist, sondern dass sie als geborenes Sonntagskind auch dessen sprichwörtliches Glück hat: Die junge Frau und ihr Freund wollen heiraten und sie adoptieren.

Die Autorin

Gudrun Mebs wurde 1944 in Frankfurt am Main geboren. Sie absolvierte dort die Schauspielschule. Sie hatte Engagements quer durch Deutschland und einmal sogar um die ganze Welt. Sie lernte in Paris an einer Zirkusschule das Seiltanzen.
In den folgenden Jahren arbeitete Gudrun Mebs viel für das Fernsehen und den Rundfunk. 1980 schrieb sie ihre ersten Kindergeschichten für das Radio. Sie wurden später unter dem Titel „Geh nur, vielleicht triffst du einen Bären" als Buch veröffentlicht. Ihre Lesetourneen führten sie unter anderem in die Schweiz, nach Österreich, Griechenland, Italien, Schweden, Brasilien und Kanada. Gudrun Mebs lebt heute in München und in der Toscana.
Für ihre zahlreichen Werke erhielt sie viele nationale und internationale Auszeichnungen. Für das Buch „Sonntagskind" bekam sie 1984 den Deutschen Jugendliteraturpreis.

Unterhaltungswert

Der Unterhaltungswert ist sehr hoch, da die Autorin umgangssprachlich direkt die Probleme, Ängste, Freuden und Glücksgefühle der achtjährigen Hauptperson darstellt.
Die Geschichte ist eine Ich-Erzählung der Hauptperson und dadurch mit deren Gedanken und Gefühlen durchzogen.

„Schreiben" höre ich, und mein Magen klopft.

„Konzentration" höre ich, und der Tee hüpft in meinem Hals auf und ab.

„Für Kinder" höre ich, und drücke fest auf meinen Bauch, damit der Tee drinbleibt.

„Zusammen lesen" höre ich, und der Tee hüpft wieder in meinem Mund und sprudelt raus. (Seite 33).

Die genauen eindringlichen Beschreibungen der Sonntagsmami lassen sie sehr lebendig erscheinen. „Die Ulla merkt nichts, die Ulla redet und

zappelt dabei auf der Matratze herum" (S. 32). Oder: „Die Ulla hört mitten im Reden auf und reisst ihre Augen weit auf" (Seite 33). „Und ihre Augen sind dunkelbraun, ganz so wie beim Lutschihasi" (Seite 29).
Die Geschichte spielt sich in ungefähr fünf Wochen ab. Diese Zeit ist in acht Kapitel aufgeteilt. Die Kapitel zerteilen die Geschichte aber nicht, sondern kennzeichnen nur, dass zwischendrin eine Zeit liegt, die unwichtig war und deshalb ausgelassen wurde.
Die schwarz-weißen Illustrationen sind realitätsgetreu gemalt. Sie unterstreichen die Geschichte, lassen aber noch viel Freiheit für die eigene Phantasie.
Die Hauptperson des Buches hat keinen Namen. Sie wird nur mit „Du" oder „Sonntagskind" angesprochen. Dies trägt für den Leser zur besseren Identifikation mit ihr bei.

Spannung und Reiz des Unbekannten

Als das Sonntagskind an einem langweiligen Sonntag von der Schwester Franziska erfährt, dass sie eine Sonntagsmami bekommt, ist der Sonntag plötzlich gar nicht mehr langweilig. Sie überlegt zuerst alleine und dann gemeinsam mit Andrea, ihrer Zimmerkollegin, wie es bei der Sonntagsmami wohl aussieht. Ihre Phantasien werden immer außergewöhnlicher. Die Spannung steigt, als das Sonntagskind ins Bett muss und sich überlegt, dass sie jetzt eine ganze Woche aushalten muss, bis sie ihre Sonntagsmami sehen darf. Der Leser überlegt sich nun sicher, ob die Phantasien des Kindes wahr werden, zum Beispiel „lauter goldene Sessel stehen herum und ein goldenes Sofa ganz aus Samt" (Seite 14).
Der Leser wird nicht lange auf die Folter gespannt, weil das nächste Kapitel schon mit „Heute ist Sonntag! Heute werde ich abgeholt!" beginnt. Es dauert aber eine ganze Weile, bis die Sonntagsmami kommt. Zuerst muss das Mädchen noch frühstücken, aber: „Mein Magen ist wie zugeklebt". Vor lauter Aufregung kann sie nichts essen.
Als sie dann mit den anderen Kindern in der Halle sitzt und wartet, bekommt sie langsam Angst, weil ihre Sonntagsmami immer noch nicht da ist. Und als sie dann kommt, sieht sie ganz anders aus, als sie es sich vorgestellt hat: „... das kann ja gar nicht stimmen, das kann sie gar nicht sein. Die ist ja gar keine richtige Frau, das ist ja ein Bub. Mit Bommelmütze und Anorak. Überhaupt kein Pelzmantel, aber keine Spur."
Je mehr sich die beiden kennen lernen, um so mehr steigt die Spannung. Will die Sonntagsmami sie nur benutzen, um ihr Buch über ein Heimkind zu schreiben oder wird sie das Kind vielleicht doch bei sich behalten und adoptieren?

Realität und innere Wahrheit

Das Sonntagskind ist real dargestellt. Sie handelt und denkt wie jedes achtjährige Mädchen. Eigentlich denkt sie viel nach. Das merkt man daran, dass sie die Wertvorstellungen, die sie im Heim gelernt hat, auf ihre

Ulla übertragen will, sie dabei aber einige Schwierigkeiten damit bekommt. „Ich habe mich im Zimmer umgeschaut. So was Unordentliches. Wenn das die Schwester Franziska sehen würde, die würde die Hände über dem Kopf zusammenschlagen".

Der Leser kann sich auf die Personen einstellen und wird nicht enttäuscht. Das Mädchen bleibt, wie es ist. Sie wird ein bisschen lieber zum „doofen Karli", weil sie selbst so viel Liebe von ihrer Ulla erfährt. Aus ihr wird keine Superheldin, die alle Probleme im Handumdrehen meistert.

Sie träumt zusammen mit der Ulla allerhand Phantasien, kommt aber wieder auf den Boden der Realität zurück. „Aber fliegen geht nicht. Geht's wirklich nicht? ... fliegen geht eben bloß im Traum".

Einheit der Handlung

Das Verhalten der Hauptpersonen ist nicht erklärungsbedürftig. Die Liebesbeziehung zur Ulla zeigt sich darin, dass sie sehr eifersüchtig auf den Christian ist. „Der küsst einfach meine Ulla" (S. 85). Auch als sich der Karli mal ihrer Ulla nähert, wird sie eifersüchtig. „Ich bin ganz starr vor Schreck. Das ist meine Ulla, die kann man doch nicht einfach so anfassen!" (Seite 79).

Die Ulla ist ein verlässlicher Typ, trotzdem sie immer zu spät kommt. „Ich weiß ja, dass die Ulla zu spät kommt ... Die Ulla ist halt ein Schussel, das passt zu ihr."

Förderung sozialen Verhaltens

Das Mädchen erzählt am Anfang des Buches, dass sie nicht mit dem kleinen Karli spielt, weil auch die älteren Kinder nicht mit ihm spielen. Erst, als sie von ihrer Ulla so viel Liebe und Zuwendung erfährt, kann sie diese auch an den Karli weitergeben. Sie spielt jetzt mit ihm und stellt fest, dass er ja gar nicht so doof ist. Beispiele: „Der Karli ist viel kleiner als ich, mit dem spiele ich nicht, der sabbert immer beim Sprechen ... bei dem ist was schief im Kopf" (Seite 9). „Vielleicht spiele ich mal mit ihm, wenn ich Zeit habe" (Seite 53). „Darf der Karli uns besuchen kommen?" (S. 108).

Auch den Störenfried Christian kann sie später akzeptieren, obwohl sie anfangs große Vorurteile gegen ihn hatte. „Mich will er kennen lernen? Na gut, kann er haben, aber dann soll er gleich wieder gehen" (S. 85). „Der stört jetzt gar nicht mehr, der passt eigentlich ganz gut zu uns" (S. 90).

Das Verhalten der beiden Erwachsenen (Ulla und Christian) ist sehr ungewöhnlich. „Und dann balgen sich die zwei wie Kinder. Richtig albern. Sie kitzeln sich und kreischen und quietschen, und ich sitze daneben und muss grinsen" (S. 89).

Ulla ist insgesamt etwas Besonderes. Sie ist nicht wie eine Mutter aus dem Lesebuch. „Mamis sind so mehr würdevoll und breiter am Körper sind sie auch ... und lächeln lieb und still und versorgen einen" (S. 30). „Die Ulla-Mami lächelt nicht, die lacht ziemlich laut" (S. 32). „Die Ulla ist doch wie ich, nur ein bisschen anders. Ich erzähle ihr alles, und die Ulla hört zu. Ganz still" (S. 63).

Altersangabe

Die Schriftgröße und der Umfang des Buches entsprechen einem neunjährigen Kind. Auch der Satzbau und die Wortwahl sind für diese Altersstufe richtig gewählt. Das Thema entspricht auch der Altersstufe der Vorpubertierenden.

Quellen, Literatur

Autoren lesen vor Schülern – Autoren sprechen mit Schülern. Autorenverzeichnis. Hrsg. vom Bundesverband der Friedrich-Bödecker-Kreise e.V. Mainz: 6. Aufl. 1997

Blaubuch: Adressen und Register für die deutschsprachige Kinder- und Jugendliteratur. Hrsg. von Franz Meyer. München: Arbeitskreis für Jugendliteratur e.V., 4. Aufl. 2000

Dokumentation – 40 Jahre Deutscher Jugendliteraturpreis. Hrsg. von Heide Peetz und Dorothea Liesenhoff. München: Arbeitskreis für Jugendliteratur e.V. 1996 (mit aktueller Ergänzung für die Jahre 1997 bis 2000)

Breitmoser, Doris/Stelzner, Bettina (Hrsg.): Das Jugendbuch – Lesetipps für junge Leute. Arbeitskreis für Jugendliteratur. München 2002

Ewers, Hans-Heino: Literatur für Kinder und Jugendliche. Eine Einführung. München: Fink Verlag, 2000

Falschlehner, Gerhard: Vom Abenteuer des Lesens. Salzburg: Residenz Verlag, 1997

Fremde Welten. Kinder- und Jugendbücher zu den Themen: Afrika, Asien, Lateinamerika, ethnische Minderheiten und Rassismus, empfohlen von den Lesegruppen des Kinderbuchfonds Baobab. Erklärung von Bern, 13. Aufl. 1999

Gansel, Carsten: Moderne Kinder- und Jugendliteratur. Ein Praxisbuch für den Unterricht. Berlin: Cornelsen/Scriptor, 1999

Grenz, Dagmar/Wilkending, Gisela (Hrsg.): Geschichte der Mädchenlektüre. Mädchenliteratur und die gesellschaftliche Situation der Frauen vom 18. Jahrhundert bis zur Gegenwart. Weinheim/München: Juventa Verlag, 1997

Hesse-Hoerstrup, Dorothee: Lebensbeschreibungen für junge Leser. Die Biographie als Gattung der Jugendliteratur – am Beispiel von Frauenbiographien. Frankfurt/Main: Peter Lang 2000

Kinder- und Jugendliteratur in Deutschland: Hrsg. von Renate Raecke in Zusammenarbeit mit Heike Gronemeier. München: Arbeitskreis für Jugendliteratur e.V. 1999

Lange, Günter: Erwachsen werden. Jugendliterarische Adoleszenzromane im Deutschunterricht. Baltmannsweiler: Schneider Verlag, Hohengehren. 1999

Lange, Günter (Hrsg.): Taschenbuch der Kinder- und Jugendliteratur. Zwei Bände. Baltmannsweiler: Schneider Verlag Hohengehren, 2000

Maier, Karl Ernst: Jugendliteratur. Formen, Inhalte, pädagogische Bedeutung. Bad Heilbrunn: Verlag Julius Klinkhardt 1993, 10. überarbeitete und erweiterte Auflage

Marquardt, Manfred: Einführung in die Kinder- und Jugendliteratur. Köln/München: Stam Verlag 1995, 9. Auflage

Fachzeitschriften

Beiträge Jugendliteratur und Medien. Hrsg. von der Arbeitsgemeinschaft Jugendliteratur und Medien in der GEW. Redaktion: Dr. Gudrun Stenzel, Auf der Hude 9, 21421 Wohltorf bei Hamburg, e-Mail: stenzel@aol.com

Bookbird Hrsg. vom International Board on Books for Young People (IBBY). Redaktion: Barbara A. Lehman, The Ohio State University at Mansfield, 1680 University Drive, Mansfield, OH 44906 USA, e-Mail: lehmann.l@osu.edu

Bulletin Jugend & Literatur. Kritisches Monatsmagazin für Kinder- und Jugendmedien, Leseförderung und Lesekultur. Redaktion: Brigitte Briese, Neuland-Verlagsgesellschaft mbH, Postfach 1422, 21496 Geesthacht, e-Mail: bulletin@neuland.com

Eselsohr. Fachzeitschrift für Kinder- und Jugendmedien. Redaktion: Ina Nefzer, Kopernikusstr. 17, 70565 Stuttgart, e-Mail: Nefzer@eselsohr-online.de

Fundevogel. Kinder-Medien-Magazin. Hrsg. von Winfred Kaminski und Wolfgang Schneider. Redaktion: Schneider Verlag Hohengehren, Wilhelmstr. 13, 73666

JugendLiteratur. Hrsg. vom Schweizerischen Bund für Jugendliteratur. Redaktion: Stefanie Kappus, Chemin de la Baume 22, CH-1803 Chardonne, e-Mail: steffikappus@yahoo.de

JuLit. Hrsg. vom Arbeitskreis für Jugendliteratur e.V. Redaktion: Doris Breitmoser, Arbeitskreis für Jugendliteratur, Metzstr. 14c, 81667 München, e-Mail: breitmoser@jugendliteratur.org

Tausend und ein Buch: Hrsg. vom Internationalen Institut für Jugendliteratur und Leseforschung. Redaktion: Franz Lettner, Internationales Institut für Jugendliteratur und Leseforschung, Mayerhofgasse 6, A-1040 Wien, e-Mail: 1001buch@netway.at

Wiederholungsfragen

Nennen Sie Bereiche der erzählenden Jugendliteratur und jeweils ein charakteristisches Beispiel dazu (Abschnitt 3.6.1.1).

Anwendungsfragen

1. Beurteilen Sie ein Jugendbuch Ihrer Wahl mit den Themen: Scheidung, Patchworkfamilien, Heimkinder, Ausreissen von zu Hause ... (Beurteilungskriterien 3.3.2).
2. Organisieren Sie in einer sozialen Einrichtung eine Kinder- und Jugendbuchausstellung zu verschiedenen Jugendthemen. Laden Sie dazu einen Jugendbuchschriftsteller zu einer Lesung ein (Zusammenarbeit mit den örtlichen Stadt- und Landbibliotheken).
3. Führen Sie ein Projekt zu den oben erwähnten Jugendthemen durch (Vernetzung mit den Fächern Pädagogik, Psychologie, Theologie, Methodik ...).

3.6 Jung und Alt: Generationen im Dialog

Wir wissen es alle: Der Dialog zwischen den Generationen ist ins Stocken geraten, seit Kleinfamilien unsere westlichen Gesellschaften prägen und Jugendkult und Fortschrittsgläubigkeit alte Menschen ins Abseits gedrängt haben. Dabei brauchen die Jungen sie, die Großeltern, ihre Lebenserfahrung, ihre Zeit, ihre „andere" Weltsicht. Viele Autorinnen und Autoren der Kinder- und Jugendliteratur, und nicht nur sie, haben dies immer wieder thematisiert, und seit Peter Härtlings „Oma" (1975) sind Texte über die Beziehungen zwischen Jung und Alt sogar gelegentlich zum generationenverbindenden Lesestoff geworden. Denn es stellt sich bald heraus, dass gerade Großeltern Vergnügen an den Geschichten der zwölfjährigen Kalle und seiner Oma Erna Bittel, 67, fanden und bis heute immer wieder finden. Und Kinder stellen oft mit Staunen fest, dass Großeltern „ganz anders" sein können.

Es sei auf eine Empfehlungsbroschüre der Internationalen Jugendbibliothek (1995) hingewiesen, die pädagogisch wertvolle Kinder- und Jugendbücher für Jung und Alt erstellt hat. Darin werden Bücher zu folgenden wichtigen Themen vorgestellt:

- Verständnis und Abwehr zwischen den Generationen: freundliches Miteinander im Alltag, Schwierigkeiten miteinander, Konfliktbewältigung.

- Erfahrung und Erinnerung von Generationen: Rückblicke auf Leben in anderen Zeiten und auf Kindheit früher.

- Anfang und Abschied der Generationen: Ausblick nach einer tiefen prägenden Erfahrung; der Dialog der Generationen in vielen Facetten als Möglichkeit, neue Lebensentwürfe kennen zu lernen und zu diskutieren.

Quelle, Literatur

Breitmoser, Doris/Blume, Monika: Das Kinderbuch. Eine Auswahl empfehlenswerter Kinderbücher. Kap.: Jung und Alt - Vom Zusammenleben der Generationen. Hrsg.: Arbeitskreis für Jugendliteratur München 2000, 4. Aufl.

Füller, Klaus u.a.: Buchempfehlungen für Unterricht, Schulbibliothek und Freizeit zum Thema „Jugend und Alter". In: Lehren und Lernen. Heft 5/1991. Hrsg.: Landesinstitut für Erziehung und Unterricht. Stuttgart

Internationale Jugendbibliothek (Hrsg.): Jung und Alt. München 1995

Jung und Alt

Generationen im Dialog als Thema der Kinder- und Jugendliteratur

Anhang

Wo ist welches Märchen interpretiert?

In der folgenden Sekundärliteratur sind Märchen interpretiert:

Bettelheim, Bruno: Kinder brauchen Märchen. dtv 1980

Betz, Felicitas: Märchen als Schlüssel zur Welt. Ernst Kaufmann 1982 (4. Aufl.)

Birkhäuser-Oeri, Sybille: Die Mutter im Märchen. Bonz 1977

Brackert, Helmut (Hrsg.): Und wenn sie nicht gestorben sind... Perspektiven auf das Märchen. suhrkamp 1980

Diekmann, Hans: Gelebte Märchen. Kreuz Verlag 1991

Diergarten, A.F./Smeets, F.: Komm, ich erzähl dir was. Kösel 1996 (4. Aufl.)

Drewermann, Eugen: Lieb Schwesterlein, laß mich herein. dtv 1992

Europäische Märchengesellschaft -EMG - (Hrsg.):

- Gott im Märchen. Röth Verlag 1982
- Liebe und Eros im Märchen. Röth Verlag 1988
- Tod im Märchen. Röth Verlag 1991
- Vom Menschenbild im Märchen. Röth Verlag 1980

Estès, Clarissa Pinkola: Die Wolfsfrau. Die Kraft der weiblichen Urinstinkte. Heyne 1992

Fetscher; Iring: Wer hat Dornröschen wachgeküßt? Fischer Taschenbuch 1982

Ellwanger, Wolfram: Märchen – Erziehungshilfe oder Gefahr? Herder 1977

von Franz, Marie-Louise: Psychologische Märcheninterpretationen. Knaur 1986

Geiger, Rolf: Märchenkunde. Urachhaus 1982

Geiger, Rolf: Märchenkunde (neue Folge). Urachhaus 1991

Halbfas, Hubertus: Religionsunterricht in der Grundschule/Sekundarschule. Lehrerhandbände (LHB) 1 bis 8. Patmos 1983 bis 1997

Jakoby, M./Kast, V./ Riedel, J.: Das Böse im Märchen. Bonz Verlag 1985

Kast; Verena:

- Familienkonflikte im Märchen. Walter Verlag 1984 (2. Aufl.)
- Liebe im Märchen. Walter Verlag 1992
- Mann und Frau im Märchen. Walter 1984 (4. Aufl.)
- Märchen als Therapie. dtv 1989
- Wege aus Angst und Symbiose. Walter 1984 (6. Aufl.)

kindergarten heute – Zeitschrift für Erziehung – Herder Verlag

Lenz, Friederich: Bildsprache der Märchen. Urachhaus 1984

Koch Christina: Märchen christlich verstehen. Echter-Verlag 1983

Knoch Linde: Praxisbuch Märchen. Gütersloher Verlagshaus 2001

Mallet, Carl-Heinz: Das Einhorn bin ich. dtv 1985

Mallet, Carl-Heinz: Kennen Sie Kinder? dtv 1985

Meyer, Rudolf: Die Weisheit der deutschen Volksmärchen. Fischer Taschenbuch 1981

Randak, Oskar: Das Märchen. Ein Spiegelbild der Grunderfahrungen und der religiösen Dimension des Menschen. Patmos 1980

Riedel, Ingrid: Die weise Frau in uralt-neuen Erfahrungen. Walter Verlag 1995 (4. Aufl.)

Rötzer, Hans-Gerd: Märchen. cc. buchners verlag 1982

Schäfer, Marcella: Märchen lösen Lebenskrisen. Herder 1993

Schaufelberger; Hildegard: Märchenkunde für Erzieher. Herder 1987

Schieder, Brigitta: Märchen. Nahrung für die Kinderseele. Gütersloher Verlagshaus 1966

Schlechtinge, Ulrich: Was uns Märchen sagen wollen (Reihe). Novalis Verlag

Schmidt-Karakatsanis, Renate: Mit Märchen durchs Jahr. Don Bosco Verlag 1991 (2. Aufl.)

Zitzelsperger, Helga: Kinder spielen Märchen. Beltz 1980

Märcheninterpretationen:

Ali Baba und die vierzig Räuber
Kast, Verena: Wie man wirklich reich wird. Kreuz Verlag

Allerleirauh
Geiger, Märchenkunde (neue Folge)
Kast, Familienkonflikte
Lenz, Bildsprache
Meyer, Weisheit …
Randak, Märchen ein Spiegelbild …

Die Alte im Wald
kindergarten heute, 7– 8/93, S. 59ff.

Amor und Psyche
Bettelheim, Kinder brauchen Märchen

Der Arme und der Reiche
Geiger, Märchenkunde

Aschenputtel
Bettelheim, Kinder brauchen Märchen
Birkhäuser-Oeri, Die Mutter …
Brackert, Und wenn sie nicht …
EMG, Vom Menschenbild …
Fetscher, Wer hat Dornröschen …
kindergarten heute, H. 4/86, 10/93
Lenz, Bildsprache …
Meyer, Weisheit …
Rötzer, Märchen

Schäfer, Märchen lösen …
Schmidt-Karakatsanis, Mit Märchen …
Wöller, Hildegard: Aschenputtel – Energie und Liebe (Reihe: Weisheit der Märchen). Kreuz-Verlag 1984

Die Bienenkönigin
Bettelheim, Kinder brauchen Märchen
Betz, Märchen als Schlüssel …
Diergarten, Komm ich erzähl …
Halbfas, LHB 2, S. 72ff.
kindergarten heute, H. 3/92, S. 71ff.
Koch, Märchen christlich …
Knoch, Praxisbuch …
Meyer, Weisheit …
Schäfer, Märchen lösen …
Schieder, Märchen, Nahrung …

Die Bärenhäuter (KHM 101)
EMG, Gott im …, S. 103f.
Halbfas, LHB 6
Meyer, Weisheit …

Der Blaubart
Estés, Die Wolfsfrau
Jacoby u.a., Das Böse …

Der blaue Vogel
Dieckmann, Weisheit im Märchen

Die Bremer Stadtmusikaten
Fetscher, Wer hat Dornröschen …
Geiger, Märchenkunde
Lenz, Bildsprache …

Brüderchen und Schwesterchen
Bettelheim, Kinder brauchen Märchen
Drewermann, Lieb Schwesterchen …
Lenz, Bildsprache …
Mallet, Das Einhorn
Meyer, Weisheit …
Schäfer, Märchen lösen …

Von dem Burschen, der sich vor nichts fürchtet
Kast, Wege aus der Angst

Die Buschhexe
Zitzelsperger, Kinder spielen …

Dornröschen
Bettelheim, Kinder brauchen Märchen
Fetscher, Wer hat Dornröschen …
Geiger, Märchenkunde
Halbfas, LHB 7
Lenz, Bildsprache …
Meyer, Weisheit …
Rötzer, Märchen
Seifert, Angela: Auch des Vaters liebste Tochter wandelt sich zur Frau. Kreuz-Verlag

Die drei Federn
Bettelheim, Kinder brauchen Märchen
Betz, Märchen als Schlüssel …
Dieckmann, Gelebte Märchen, S. 48ff.
von Franz, Psychologische …, S. 40ff.
Geiger, Märchenkunde
Halbfas, LHB 2, 6
Lenz, Bildsprache …
Schieder, Märchen, Nahrung …

Die drei goldenen Äpfel
Meyer, Weisheit …

Die drei Männlein im Walde
Birkhäuser-Oeri, Die Mutter …
Geiger, Märchenkunde
Lenz, Bildsprache …
Mallet, Das Einhorn
Meyer, Weisheit …

Die drei Spinnerinnen
Birkhäuser-Oeri, Die Mutter …
Geiger, Märchenkunde
Mallet, Das Einhorn

Die drei Sprachen
Bettelheim, Kinder brauchen Märchen
Geiger, Märchenkunde
Meyer, Weisheit …

Die drei Schlangenblätter
Kast, Mann und Frau …

Einäuglein, Zweiäuglein, Dreiäuglein
EMG, Menschenbild ..., S. 46ff
Lenz, Bildsprache ...
Meyer, Weisheit ...

Der Eisenofen
Geiger, Märchenkunde (neue Folge)
kindergarten heute 4/86 (Frau im Märchen)

Der eiserne Heinrich (siehe auch: Der Froschkönig und ...)
Geiger, Märchenkunde (neue Folge)
Halbfas, LHB 1
Kast, Familienkonflikte ...
Knoch, Praxisbuch ...
Lenz, Bildsprache ...
Meyer, Weisheit ...
Schäfer, Märchen lösen ...

Erdkühlein
Birkhäuser-Oeri, Die Mutter ...
Kast, Familienkonflikte ...
Mallet, Das Einhorn ...
Meyer, Weisheit ...

Das Eselein
Diergarten, Komm ich erzähl ...
Kast, Liebe im Märchen
Lenz, Bildsprache ...
Möckel, Margarete. Das Eselein. Hauptstrasse 28, 96178 Rommersfelden
Schieder, Märchen, Nahrung ...
Schlechtinger, Was Märchen sagen ...

Fallada
Meyer, Weisheit ...

Vom Fischer und seiner Frau
Bettelheim, Kinder brauchen Märchen
Jellouscheck, Hans: Wie man besser mit den Wünschen seiner Frau umgeht. Kreuz-Verlag
Kast, Mann und Frau ...
Meyer, Weisheit ...
Schaufelberger, Märchenkunde ...
Schaufelberger, Frau im Märchen, in: kindergarten heute 4/86

Fitchers Vogel
kindergarten heute, 4/86, Frau im Märchen
Lenz, Bildsprache …

Der fliegende Robert
Schmidt-Karakatsanis, Mit Märchen …

Die Frau, die auszog, sich ihren Mann zurückzugewinnen
Kast, Liebe im Märchen

Die Frau, die den Mond und die Kehle heiratete
von Franz, Psychologische …, S. 176ff.

Die Frau, die zur Spinne wurde
von Franz, Psychologische …, S. 172ff.

Frau Holle
Drewermann, Lieb Schwesterlein …
Ellwanger u.a., Märchen – Erziehungshilfe
Fetscher, Wer hat Dornröschen …
Frank, kindergarten heute 1/92
Geiger, Märchenkunde
Lenz, Bildsprache …
Riedel, Ingrid: Wie aus der ungeliebten Tochter eine starke Frau wird. Kreuz-Verlag
Schaufelberger, kindergarten heute 4/86 (Frau im Märchen)

Die Frau mit dem Goldhaar
Estér, Die Wolfsfrau

Frau Trude
Birkhäuser-Oeri, Die Mutter …
Mallet, Das Einhorn

Der Froschkönig (oder der eiserne Heinrich)
Bettelheim, Kinder brauchen …
Fetscher, Wer hat Dornröschen …
Frank, kindergarten heute 5/92
Geiger, Märchenkunde (neue Folge)
Halbfas, LHB 6
Jellouschek, Hans: Ich liebe dich, weil ich dich brauche. Kreuz-Verlag
kindergarten heute 4/86 (Die Frau im Märchen)
Lenz, Bildsprache …
Meyer, Weisheit …
Schäfer, Märchen lösen …

Die Froschprinzessin
Jellouschek, Hans: Wie ein Mann zur Liebe findet. Kreuz-Verlag

Fundevogel
Birkhäuser-Oeri, Die Mutter …
Diergarten, Komm ich erzähl …
Geiger, Märchenkunde (neue Folge)
Kuhlmann, kindergarten heute 11/93
Meyer, Weisheit …
Schieder, Märchen, Nahrung …
Zitzelsperger, Helga: Märchenmotive: Entwicklungen des Denkens, in: Märchenspiegel, Zeitschrift für internationale Märchenforschung und Märchenpflege, H. 1/00, Febr. 2000, Schneider Verlag Hohengehren.

Die Gänsemagd am Brunnen
Bettelheim, Kinder brauchen …
EMG, Vom Menschenbild …, S. 51ff.
Geiger, Märchenkunde
Kast, Wege aus der Angst
Lenz, Bildsprache …
Mallet, Kennen Sie …
Meyer, Weisheit …
Riedel, Die weise Frau …

Gawan und die hässliche Alte
Halbfas, LHB 8

Die Geschichte vom Jungen, der keine Geschichte kannte
Zitzelsperger, Kinder spielen …

Die Geschichte von den drei kleinen Schweinchen
Bettelheim, Kinder brauchen …

Die Geschichte von den Rätseln der Turandocht
EMG, Menschenbild …, S. 121ff.

Der Geist im Glas
Geiger, Märchenkunde …

Der geraubte Schleier
Meyer, Weisheit …

Der gestiefelte Kater
Rötzer, Märchen

Gevatter Tod
EMG, Gott im Märchen, S. 76ff.
Halbfas, LHB 6
Meyer, Weisheit ...
Randak, Das Märchen, ein Spiegelbild ...

Der gläserne Sarg
Meyer, Weisheit ...

Die goldene Gans
Ellwanger, Märchen, Erziehungshilfe
Kuhlmann, kindergarten heute 3/93

Der goldene Schlüssel
Betz, Märchen als Schlüssel ...
Geiger, Märchenkunde (neue Folge)
Halbfas, LHB 2
Meyer, Weisheit ...

Der goldene Vogel
Geiger, Märchenkunde
Halbfas, LHB 6
Kuhlmann, kindergarten heute 12/93
Meyer, Weisheit ...

Goldener
Birkhäuser-Oeri, Die Mutter ...
Malltet, Das Einhorn ...

Goldilocks und die drei Bären
Bettelheim, Kinder brauchen Märchen

Die Goldkinder
EMG, Gott im Märchen ..., S. 35ff.
Geiger, Märchenkunde
Meyer, Weisheit

Graumantel
Kast, Wege aus der Angst ... (Angst vor Ablösung)

Großmütterchen Immergrün
Birkhäuser-Oeri, Die Mutter ...
Mallet, Das Einhorn ...

Die grüne Jungfer
Jacoby u.a., Das Böse ...

Der grüne Ritter
Kast, Liebe im Märchen

Das Gruseln
Mallet, Kennen Sie …

Hänsel und Gretel
Bettelheim, Kinder brauchen Märchen
Brackert, Und wenn sie nicht …
Dieckmann, Gelebte Märchen, S. 81ff.
Diergarten u.a., Komm ich erzähl …
Deutsches Jugendinstitut: Umgang mit Märchen. Curriculum soziales Lernen. Kösel-Verlag 1980
Eschenbach, Ursula: Hänsel und Gretel, das geheime Wissen der Kinder. Kreuz-Verlag
Fetscher, Wer hat Dornröschen …
Frank, kindergarten heute 6/92
Geiger, Märchenkunde
Lenz, Bildsprache …
Mallet, Kennen Sie …
Meyer, Weisheit …
Rötzer, Märchen
Schäfer, Märchen lösen …
Schaufelberger, Märchenkunde …
Schaufelberger, kindergarten heute 4/86 (Frau im Märchen)
Tschinkel, Hedwig-Maria: Kinder lieben Märchen – Kinder brauchen Märchen. In: KiTa aktuell BW Heft 502001, S. 108ff., Zeitschrift für Leiter/innen der Kindergärten, Horte und Krippen. Karl Link-Verlag Kronach
Zitzelsperger, Kinder spielen …

Das hässliche Entlein
Estés, Die Wolfsfrau

Hans im Glück
Brackert, Und wenn sie nicht …
Frank, kindergarten heute 4/92
Geiger, Märchenkunde
Koch, Märchen christlich …
Meyer, Weisheit …
Rückert, Gerhard: Wege zur Kindheitsliteratur. Herder 1980
Schmidt-Karakatsani, Mit Märchen …

Hans mein Igel
Geiger, Märchenkunde
Meyer, Weisheit

Riedel, Ingrid: Wie ein abgelenktes Kind sein Glück findet. Kreuz-Verlag

Hans und die Bohnenranke
Bettelheim, Kinder brauchen Märchen

Die Heckentür
Betz, Märchen als Schlüssel …
Schieder, Märchen, Nahrung …

Des Herrn und des Teufels Getier
EMG, Gott im Märchen …, S. 106ff.

Hirsedieb
Zitzelsperger, Kinder spielen …

Iwan, die Hexe
Mallet, Das Einhorn …

Die Jungfrau Zar
Franz, Psychologische …, S. 33ff.

Das junggeglühte Männlein
Geiger, Märchenkunde

Jorinde und Joringel
Birkhäuser-Oeri, Die Mutter …
EMG, Liebe und Eros …, S. 104ff.
Geiger, Märchenkunde
Halbfas, LHB 7, 8
Kuhlmann, kindergarten heute 4/93
Lenz, Bildsprache …
Mallet, Das Einhorn …
Meyer, Weisheit …
Schmidt-Karakatsani, Mit Märchen …

Vom Kalberlkönig
Kast, Familienkonflikte …

Kalif Storch
Dieckmann, Gelebte Märchen …, S. 110ff.

Klein Maja
Schieder, Märchen, Nahrung …

Die kleine Seejungfrau
Schmidt-Karaksanis, Mit Märchen …

Die kluge Else
Drewermann, Lieb Schwesterlein …
Geiger, Märchenkunde

König Drosselbart
Dieckmann, Gelebte Märchen …, S. 129ff.
Franz, Psychologische …, S. 159ff.
Geiger, Märchenkunde (neue Folge)
Meyer, Weisheit …
Schaufelberger, kindergarten heute 5/1990, S. 43ff.

Der König vom goldenen Berg
EMG, Vom Menschenbild …, S. 78ff.

Der Königsohnm, der sich vor nichts fürchtet
Lenz, Bildsprache …
Remmler, Helmut: Mit 40 fängt das Leben an. Kreuz-Verlag

Die Königstochter in der Flammenburg
Schieder, Märchen, Nahrung …

Der Kragen des Bären
Estés, Die Wolfsfrau …

Die Kristallkugel
Drewermann/Neuhaus: Die Kristallkugel. Walter-Verlag
Geiger, Märchenkunde
Meyer, Weisheit …
Schmidt-Karakatsanis, Mit Märchen …

Die Kürbiskinder
Schmidt-Karakatsanis, Mit Märchen …

Das Liebespaar
Schmidt-Karakatsanis, Mit Märchen …

Der liebste Roland
Kast, Märchen als Therapie

La Llorona
Estés, Die Wolfsfrau

Von dem Machandelboom
Meyer, Weisheit …

Das Mädchen des Schmieds
Jacoby u.a., Das Böse …

Das Mädchen mit den goldenen Zöpfen
Kast, Familienkonflikte …

Das Mädchen mit den Schwefelhölzern
Estés. Die Wolfsfrau

Das Mädchen ohne Hände
Dieckmann, Gelebte …, S. 153ff.
Drewermann, Lieb Schwesterlein …, S. 26ff.
Estés, Die Wolfsfrau
kindergarten heute, 4/86 (Frau im Märchen)
Meyer, Weisheit …
Mullack, Christa: Das Mädchen ohne Hände: Wie eine Tochter sich aus der Gewalt des Vaters befreit. Kreuz-Verlag
Schlechtinger, Was uns Märchen …

Das Märchen von der Unke
EMG, Tod und Wandel …

Das Märchen von einem, der auszog, das Fürchten zu lernen
Bettelheim, Kinder brauchen Märchen

Das Märchen vom Goldlaub
Schmidt-Karakatsanis, Mit Märchen …

Von dem Mäuschen, dem Vögelchen und der Bratwurst
Betz, Märchen als Schlüssel …

Manawee
Estés, Die Wolfsfrau

Mann und Frau im Essigkrug
EMG, Vom Menschenbild …, S. 91ff.

Marienkind
EMG, Gott im Märchen, S. 99ff.
Drewermann, Lieb Schwesterlein …
Meyer, Weisheit …

Das Meerhäschen
Geiger, Märchenkunde

Meister Pfriem
Geiger, Märchenkunde

Der Meisterdieb
Geiger, Märchenkunde
Randak: Das Märchen, ein Spiegelbild …

Der (arme) Müllerbursch und das Kätzchen
Lenz, Bildsprache …
Meyer, Weisheit …

Die Nixe im Teich
Birkhäuser-Oeri, Die Mutter …
Kast, Wege aus der Angst …
Kast, Verena: Die Nixe im Teich. Gefahr und Chance erotischer Leidenschaft. Kreuz-Verlag
Mallet, Das Einhorn …
Mayer, Weisheit
Riedel, Die weise Frau …

Der Pilger
Kast, Liebe im Märchen

Der Pfiffigste
EMG, Liebe und Eros …, S. 97ff.
Kast, Mann und Frau im Märchen

Prinz Ring
von Franz: Psychologische …, S. 107ff.

Der Rabe
Meyer, Weisheit

Das Rätsel
Birkhäuser-Oeri, Die Mutter …
Mallet, Das Einhorn …

Der Ranzen, das Hütlein und das Hörnlein
Brackert, Und wenn sie nicht …

Rapunzel
Birkhäuser-Oeri, Die Mutter …
Dieckmann, Gelebte Märchen …, S. 116ff.

Diergarten, Komm ich erzähl …
Geiger, Märchenkunde
Mallet, Das Einhorn …
Meyer, Weisheit …

Die roten Schuhe
Estés, Die Wolfsfrau

Rotkäppchen
Bettelheim, Kinder brauchen Märchen
Betz, Märchen als Schlüssel …
Deutsches Jugendinstitut (Hrsg.): Umgang mit Märchen. Curriculum soziales Lernen, Seite 27ff. Kösel Verlag
Geiger, Märchenkunde (neue Folge)
Kast, Märchen als Therapie
Koch, Märchen christlich …
Lenz, Bildsprache …
Mallet, Kennen Sie …
Randak, Das Märchen als Spiegelbild …
Rötzer, Märchen
Schaufelberger, Märchenkunde …
Schaufelberger, Hildegard: Rotkäppchens Verwandlungen. In: kindergarten heute 1984, Seite 22ff. Herder-Verlag Freiburg
Zitzelsperger, Kinder spielen …

Rumpelstilzchen
Fetscher, Wer hat Dornröschen …
Geiger, Märchenkunde
Meyer, Weisheit …
Seifert, Angela: Befreit durch einen Wutausbruch. Kreuz-Verlag
Schaufelberger, Märchenkunde …

Die sechs Schwäne
Geiger, Märchenkunde
Knoch, Praxisbuch

Sechse kommen durch die Welt
Geiger, Märchenkunde

Seehundfell, Seelenhaut
Estés, Die Wolfsfrau

Seejungfrau
Dieckmann, Gelebte Märchen, S. 103ff.

Die sieben Raben
Geiger, Märchenkunde (neue Folge)
Knoch, Praxisbuch …
Kuhlmann, kindergarten heute 6/93
Lenz, Bildsprache …
Meyer, Weisheit …
Schlechtinger, Was uns Märchen …

Similiberg
Geiger, Märchenkunde

Das singende und springende Löweneckerchen
Kast, Mann und Frau im Märchen
Kuhlmann, kindergarten heute 5/93
Meyer, Weisheit
Perrar, Welt des Kindes (Zeitschrift), H. 7-8/1976

Die Skelettfrau
Estés, Die Wolfsfrau

Spindel, Weberschiffchen und Nadel
Geiger, Märchenkunde

Der süße Brei
Betz, Märchen als Schlüssel …
Birkhäuser-Oeri, Die Mutter …
Geiger, Märchenkunde (neue Folge)
Knoch, Praxisbuch …
Lenz, Bildsprache …
Mallet, Das Einhorn …

Star und Badewännlein
Zitzelsperger, Kinder spielen …

Der starke Hans
Geiger, Märchenkunde

Der Stern (Indianermärchen)
von Franz, Psychologische …, S. 135ff.

Sterntaler
Betz, Märchen als Schlüssel …
Geiger, Märchenkunde
Halbfas LHB 1
Koch, Märchen christlich …
Lenz, Bildsprache …
Meyer, Weisheit …

Von dem in eine Schlange verzauberten Prinzen (albanisches Märchen)
Dieckmann, Gelebte Märchen, S. 25ff. (Erlösung durch Liebe)

Die Schneekönigin
Kast, Märchen als Therapie

Schneeweißchen und Rosenrot
Bettelheim, Kinder brauchen Märchen
Geiger, Märchenkunde
Meyer, Weisheit …
Randak, Das Märchen ein Spiegelbild …
Schieder, Märchen, Nahrung …

Schneewittchen (Sneewittchen)
Bettelheim, Kinder brauchen Märchen
Birkhäuser-Oeri, Die Mutter …
Brackert, Und wenn sie nicht …
Fetscher, Wer hat Dornröschen …
Geiger, Märchenkunde (neue Folge)
Lenz, Bildsprache …
Mallet, Das Einhorn …
Meyer, Weisheit …
Schlechtinger, Was uns Märchen …
Schmidt-Karakatsani, Mit Märchen …

Der Schneider im Himmel
Geiger, Märchenkunde
Meyer, Weisheit …

Die Schöne und das Tier
Halbfas, LHB 8

Schweinehaut
Kast, Liebe im Märchen

Das tapfere (kluge) Schneiderlein
Brackert, Und wenn sie nicht …
Ellwanger, Märchen – Erziehungshilfe
Fetscher, Wer hat Dornröschen …
Geiger, Märchenkunde
Kast, Märchen als Therapie
Lenz, Bildsprache
Meyer, Weisheit …
Müller, Lutz: Mit Pfiffigkeit durchs Leben. Kreuz-Verlag
Randak, Das Märchen ein Spiegelbild …
Schäfer, Märchen lösen …

Der Teufel als Lehrer
Kast, Mann und Frau im Märchen

Der Teufel in der Nuss
Schmidt-Karakatsanis; Mit Märchen …

Der Teufel mit den drei goldenen Haaren
Estés, Die Wolfsrau
Geiger, Märchenkunde
Kast, Verena: Vom Vertrauen in das eigene Schicksal. Kreuz-Verlag
Knoch, Praxisbuch …
Meyer, Weisheit …
Riedel, Die weise Frau …

Des Teufels rußiger Bruder
Geiger, Märchenkunde

Der Tierbräutigam
Bettelheim, Kinder brauchen Märchen

Tischlein deck dich
Ellwanger, Märchen – Erziehungshilfe
Fetscher, Wer hat Dornröschen
Geiger, Märchenkunde
Meyer, Weisheit …

Der treue Johannes
EMG, Gott im Märchen, S. 121ff.
EMG, Liebe und Eros im Märchen, S. 165ff.
Halbfas, LHB 7
Meyer, Weisheit …

Der Trommler
Birkhäuser-Oeri, Die Mutter …
Drewermann, Lieb Schwesterlein …
Geiger, Märchenkunde
Mallet, Das Einhorn …

Die ungleichen Kinder Evas
EMG, Gott im Märchen, S. 108ff.

Die unglückliche Prinzessin
Kast, Märchen als Therapie

Vasalisa, Die Weise
Estés, Die Wolfsrau

Die verdorrten Bäume
Estés, Die Wolfsfrau

Die verwünschte Prinzessin
Jacoby u.a., Das Böse …

Die verzauberte Prinzessin
von Franz, Psychologische …, S. 127ff.

Das verzauberte Schwein
Bettelheim, Kinder brauchen Märchen

Die vier kunstreichen Brüder
Geiger; Märchenkunde

Die vier Rabbiner
Estés, Die Wolfsfrau

Der Vogel Greif
Meyer, Weisheit …

Das Waldhaus
Geiger, Märchenkunde
Schlechtinger, Was uns Märchen …

Waldmännchen
Birkhäuser-Oeri, Die Mutter …
Mallet, Das Einhorn …

Das Wasser des Lebens
Geiger, Märchenkunde
Meyer, Weisheit …
Randak, Das Märchen ein Spiegelbild …
Schlechtinger, Was uns Märchen …

Die weiße und die schwarze Braut
von Franz, Psychologische …, S. 188ff.
Meyer, Weisheit …

Das weiße Hemd, das schwere Schwert und der goldene Ring
Kast, Märchen als Therapie

Die weiße Schlange
Geiger, Märchenkunde (neue Folge)
Meyer, Weisheit …

Der Wolf und die sieben Geißlein
Betz, Märchen als Schlüssel …
Frank, kindergarten heute, 2/1992
Geiger, Märchenkunde (neue Folge)
Lenz, Bildsprache …
Meyer, Weisheit …
Randak, Das Märchen, ein Spiegelbild …
La Loba, Die Wolfsfrau
Estés, Die Wolfsfrau

Was die Äffchen sagen
Betz, Märchen als Schlüssel …

Die wundersame Schildkröte
Zitzelsperger, Kinder spielen …

Xandi und das Ungeheuer
Zitzelsperger, Kinder spielen …

Die Zarin Wunderschön
Randak, Das Märchen, ein Spiegelbild …

Der Zaunkönig und der Bär
Kuhlmann, kindergarten heute, H. 9/1993

Die Zarentochter Frosch
von Franz, Psychologische …, S. 91ff.

Die zertanzten Schuhe
Meyer, Weisheit …

Zipfelpeter
Zitzelsperger, Kinder spielen …

Zottelhaube
von Franz, Psychologische …, S. 153ff.

Die zwei Brüder
Meyer, Weisheit

Zwergnase
Schmidt-Karakatsani, Mit Märchen …

Die zwölf Brüder
Meyer, Weisheit …

Der Autor

Anton Brehm ist Reallehrer, Diplompädagoge und Medienreferent der Diözese Rottenburg-Stuttgart und des Ev. Medienzentrums Stuttgart.
Er hat an der Realschule die Fächer Deutsch, Religion, Geschichte/Gemeinschaftskunde unterrichtet. Danach lehrte er über 20 Jahre am Institut für soziale Berufe Ravensburg als Dozent die Fächer Psychologie und Medienpädagogik. Seit über 30 Jahren gibt er Seminare in der Erwachsenenbildung bei kirchlichen Bildungswerken.